여성
그대의
사명은

여성
그대의 사명은

폴 투르니에 _ 홍병룡 옮김

IVP

IVP(InterVarsity Press)는
캠퍼스와 세상 속의 하나님 나라 운동을 지향하는
IVF(InterVarsity Christian Fellowship)의 출판부로
생각하는 그리스도인을 위한 문서 운동을 실천합니다.

Originally published by Delachaux et Niestlé
as *La Mission de la Femme* by Paul Tournier
ⓒ 1979 by Delachaux et Niestlé
Translated by permission of Delachaux et Niestlé
79, route d'Oron 1000 Lausanne 21, Suisse

This Korean edition is based upon English translation
The Gift of Feeling (John Knox Press Atlanta, 1981)

Korean Edition ⓒ 1991, 2004 by Korea InterVarsity Press
156-10 Donggyo-ro, Mapo-gu, Seoul 04031, Republic of Korea

La Mission de la Femme

- Paul Tournier

차례

추천의 글	9
1. 객관적 관계와 인격적 관계	15
2. 사물의 세계와 인격의 세계	27
3. 르네상스 이후의 서양 문명	43
4. 여성은 인격 감각을 지니고 있다	61
5. 감정 표현의 두려움	79
6. 가정과 직장 사이에서	95
7. 여성의 지위	111
8. 지루함이란 이름의 열병	127
9. 여성의 가치 확인	143
10. 여성 해방 운동의 진로	159
11. 여성들이 말하기를…	175
12. 남자는 여자 말을 듣지 않는다	193
13. 남자는 여자를 경멸한다	213
14. 유전학으로 본 남성과 여성	233
15. 여성의 사명	251
인용 도서	267

추천의 글

심리학자들은 우리의 자아 개념 형성에 중요한 영향을 미친 인물을 가리켜 '중요한 타인'(significant others)이라고 부른다. 당신이 손에 들고 있는 이 책의 저자 폴 투르니에는 예수님 다음으로 나에게 많은 영향을 미친 '중요한 타인'이다.

많은 분들은 그를 정신과 의사나 상담 심리학자로 알고 있다. 그러나 그는 내과 의사로서 '하나님이 인도하신 모험'으로 88년의 생애를 살다 간 아마추어 심리학자다. 투르니에는 1898년 5월 12일 제네바에서 태어났다. 그는 태어난 지 두 달 만에 아버지를, 그리고 여섯 살이 되었을 때 어머니를 여의고 고아가 된다. 알코올 중독자인 작은아버지 가정에서 자라난 그는 16세까지 자폐증에서 헤어나지 못하다가 그의 고등학교 선생님 쥘

뒤부아(Jules Dubois)의 지도와 격려로 자신감을 회복, 전국 총학생회장에 피선될 정도로 적극적인 사람으로 변한다. 제네바와 파리에서 의학을 공부한 그는 1923년 성 베드로 교회에서 함께 주일학교 교사 생활을 하던 넬리 부비에(Nelly Bouvier)와 결혼하고 제네바에서 개인 병원을 열었다.

투르니에는 이 책 제1장에서 고백하고 있는 대로 1932년 옥스퍼드 그룹을 통해서 의료 생활뿐 아니라 생애의 진로 자체에 일대 전환을 맞이한다. 매일의 묵상을 통해 하나님을 만나는 삶을 터득하게 된 그는 환자와의 관계에 '인격적인 대화'를 도입, 이른바 '인격 의학'(the medicine of the person)을 개발한다. 환자 개인의 문제와 하나님과의 관계가 그의 육체적 질병과 치유에 영향을 미친다는 확신에 따라, 그는 일반 의학에 심리치료를 활용한 대화 상담을 통해 수많은 난치병 환자를 치료할 수 있었다.

투르니에는 자신의 의료 상담 경험을 책으로 세상에 발표하기 시작했다. 모든 면에서 '아마추어'이기를 고집했던 투르니에의 정신 세계는 「인간 의미의 심리학」, 「인간 치유의 심리학」(이상 보이스사 역간), 「현대인의 피로와 휴식」(나침반 역간) 등 20여 권의 저술을 통해 우리에게 이미 소개된 바 있다.

「여성, 그대의 사명은」이라는 제목으로 번역된 이 책은 투르니에가 여든이 넘은 고령에 남성과 여성에 대한 그의 생각을 정리한 것으로, 책 전체에서 우리는 지혜롭고 자상한 할아버지의 번뜩이는 예지와 통찰을 대하게 된다. '전 세계 그리스도인들의 가장 많은 사랑을 받는 상담자' 투르니에의 야심작이 91년 우리말로 출간된 이래로 많은 남성과 여성들의 사랑과 관심을 받아 온 것을 무척 기쁘게 생각하며 이 책을 다시 적극 추천하고 싶다. 남성은 이 책을 읽고 여성을 격하시키거나 무시한 죄를 회개하게 될 것이고, 여성은 이 책을 통해 새로운 자아상을 형성하게 될 것이다.

내가 처음 투르니에에 대해서 알게 된 것은 1980년 말, 한국 목회자들을 위한 목회 상담 세미나를 개최하기 위해 처음으로 내한했던 캐나다 출신의 미국인 심리학자 게리 콜린스(Gary Collins)를 통해서였다. 당시 나는 미국 대사관 홍보 전문 위원으로, 대사의 연설을 통역하는 직책을 담당하고 있었다. 내가 콜린스 박사의 강의를 통역한 것은 서울 사랑의교회에서 예수 그리스도를 인격적으로 만난 직후였는데, 통역하던 내가 감격을 이기지 못해 자주 우는 바람에 상담 특강은 여러 차례 중단되었다. '심리적 고아'로 성장한 내가 30여 년 동안 가정과 이단 구원파에서 받았던 많은 상처가 치유되면서 그 아픔이 치유의 눈물로 쏟아져 나왔다. 예수님은 투르니에의 제자 콜린스 박사를 통해 나에게 사랑의 손길을 뻗치셨던 것이다. 이것이 계기가 되어 내가 그리스도인 상담 심리학자의 길을 걷게 되었다는 것은 널리 알려진 사실이다.

이미 여러 권의 책을 번역한 경험이 있는 나는 콜린스 박사의 책을 하나씩 번역하여 한국에 소개하기로 결심하고 그에게 먼저 번역할 책의 추천을 의뢰했는데 그가 제일 먼저 권한 책이 「훌륭한 상담자」(생명의 말씀사 역간)라는 제목으로 번역된 *How to Be a People Helper*였다. 그런데 콜린스는 이 책 서두에서 "나에게 참된 상담자의 도리를 가르쳐 준 나의 스승이며 친구인 폴 투르니에에게 이 책을 바친다"고 쓰고 있다. 이렇게 해서 나는 콜린스가 스위스 제네바에서 6개월 간 생활하면서 투르니에의 전기 「폴 투르니에의 기독교 심리학」(*The Christian Psychology of Paul Tournier*, 한국 IVP 역간)을 쓰게 된 경위를 알게 되었다. 새로운 세계에 접한 나는 투르니에의 저술을 하나씩 읽어 나가기 시작했다. 원서와 역서로 20여 권이 넘는 그의 책을 읽어 나가면서 우리 내외는 '투르니에가 베푸는 무료 상담'을 통해 거듭 치유되는 것을 경험했다.

"병을 치료하지 말고 인격을 치료하라." 그가 남기고 간 유명한 말이다. 그의 인격 의학에 의해 많은 도움을 받은 나는 스위스로 감사의 편지를 보냈고 투르니에는 친필로 답신을 보내왔다. 80대에 접어든 그는 나를 "한국의 새로운 친구"라고 불렀으며, 수차례 서신을 통해 나를 위로하고 격려했다.

투르니에는 1986년 88세를 일기로, 그가 이 책에서 "나의 세 번째 심리치료사"라고 부르는 아내 넬리가 기다리고 있는 천국으로 갔다. 또한 태어난 지 두 달 만에 돌아가신 아버지와 여섯 살 때 돌아가신 어머니를 예수님과 함께 만났을 것이다! 우리는 투르니에를 더 이상 이 세상에서 만날 수 없게 되었다. 그러나 그의 '인격 의학'은 일화식으로 전개되는 그의 '자기 나눔'을 통해 계속해서 우리를 감동시키고 있다.

나는 나의 여성관에 일대 변혁을 일으켰던 이 책이 13년 만에 참신한 얼굴로 새단장되어 독자들을 대하게 된 것을 진심으로 기뻐하며 다시 한 번 일독을 권한다. 또한 현대적 언어로 내용을 새롭게 다듬어 준 한국기독학생회출판부(IVP)에 독자를 대신하여 감사를 드린다. 여성을 은연중 무시하도록 사회화되었던 나는 이 책을 읽으면서 아내를 비롯한 여성을 새로운 시각으로 바라보게 되었고, 그들의 말에 귀를 기울일 수 있는 남성이 되었다. 투르니에의 한 세기에 걸친 생애와 사상을 종합한 이 책이, 입에서 입으로 소개되어 한국의 모든 남성과 여성에게 읽혀지기를 기대해 본다.

정동섭 교수(가족관계연구소 소장)

1. 객관적 관계와 인격적 관계

나는 오늘날 여성이 가진 사명이 있다고 믿는다. 남성들은 공적인 생활 영역에서 여성을 제외시키고 서양의 기술 문명을 이룩했다. 그 결과 서양은 남성적인 사회, 곧 남성적인 가치에 전적으로 부합하는 사회가 되어 여성의 기여를 차단해 버리는 비극을 초래했다.

본서에서 이 세상에서 여성의 역할 문제를 다루기 전에 먼저 나 자신의 생애에 대해, 유년 시절과 청소년기에 대해 잠깐 이야기하고자 한다. 내 생애에 관해서는, 강의할 때는 종종 언급한 적이 있으나 책에서는 거의 쓴 적이 없다. 여기서 이것을 언급하는 목적은, 독자들이 내 개인적인 경험 속으로 한걸음씩 따라 들어와서 어떻게 해서 내가 여성의 중요한 역할에 관해 생각하게 되었는지 더 잘 이해할 수 있도록 하기 위해서다.

내 아버지는 1828년에 태어나셨는데, 그 해는 적십자 창시자인 앙리 뒤낭(Henri Dunant)이 탄생한 해이기도 하다. 내가 알기로 아버지는 앙리 뒤낭과 같은 고향, 곧 유서 깊은 도시인 제네바의 한 동네에서 태어나셨다. 지금이 1978년이니까 살아 계셨다면 금년으로 150세가 되셨을 것이다. 아버지는 70세에 나를 낳으셨는데 현재 내 나이가 여든이니까 150년이 지난 셈이다.

최근에 나는 내가 태어난 집에서 사셨던 한 할머니를 만나게 되었다. 그 할머니는 당시 여덟 살 소녀였는데, 내가 태어난 날 우리 방에 올라와 나를 보셨다고 했다. 할머니는 노년에 아들을 얻어 대단히 기뻐하셨던 아버지의 모습이 특별히 기억난다고 하셨다.

아버지는 그로부터 두 달 후 돌아가셨다. 우리 어머니가 늙은 남편이 남기고 간 핏덩어리 자식에게 얼마나 애착을 가지셨는지는 상상할 수 있을 것이다. 아울러 내가 어머니에게 품은 애정도 쉽게 상상할 수 있을 것이다. 나에게는 네 살 위인 누나가 있었는데 어머니가 나를 편애하셨기 때문에 누나는 당연히 나를 질투했다.

그러다가 내가 6개월째 되었을 때 심한 병을 앓아 우리 집 전체가 곤경에 빠졌다. 나중에 나는 그 당시 나를 치료했던 소아과 의사와 친분을 갖게 되었는데 하루는 그분이 나를 자기 서재로 데려가서 당시의 진료 기록을 보여 주셨다. 거기에는 그분이 직접 쓰신 '이 아이는 가망 없음'이란 글이 있었다. 그런데 다행히도 한 나이 많은 교수님이 나에게 당나귀 젖을 먹여 보라고 제안하셨다고 한다. 그래서 당장 당나귀를 한 마리 사게 되었는데, 누나는 과수원 주위로 당나귀를 타고 다니며 괴롭히는 재미 때문에 대단히 기뻐했고, 그것은 누나 나름대로 앙갚음을 하는 좋은 방법이었다. 비록 당시 의술이 오늘날보다는 뒤떨어졌지만 그 의술과 가장 성경적인 동물이라는 당나귀가 내 생명의 은인인 셈이다.

그러나 내가 여섯 살 되던 해에, 지병으로 고생하시며 여러 차례 수술까지 받았던 어머니는 결국 돌아가시고 말았다. 그 후 누나와 나는 작은아버지 댁으로 들어가서 그 가족의 극진한 사랑을 받으며 자랐다. 나는 이 자리에서 그분들께 깊은 감사를 표한다. 특히 작은아버지는 내 입장을 잘 배려해 주셨다. 내가 당신의 아들이 아니라 내 아버지의 아들임을 항상 일깨워 주셨다. 그래서 결혼 계획을 말씀드렸을 때에도 그분은 이렇게 대답하셨다. "나는 네게 할 말이 없구나. 네 아버지가 살아 계신다면 네 결혼 계획에 대해 뭐라고 말씀하실지 한번 생각해 보렴."

그처럼 정성껏 나를 양육해 주신 그분들께는 전혀 불만이 없다. 그렇지만 어린아이에게 가장 중요한 것은 자신의 느낌이다. 어머니가 돌아가셨을 때 나는 상실감에 빠져 암흑 속에 떨어진 기분이었다. 나는 그 때 내가 아무에게도 쓸모 없는 존재라고 느꼈다. 그 때 내가 이미 여섯 살이나 되었는데도 지금 어머니에 관한 기억이 거의 없는 것을 보면 이상하다. 지난날의 행복했던 기억은 공허감만 남긴 채 비탄한 심정에 묻혀 버린 것 같다. 나는 나 자신에게만 몰입해서 외로워했고 수줍음 많고 또래들과 잘 어울리지 못하는 아이가 되어 버렸다.

나는 나무 타기를 좋아했다. 나무 위에서는 혼자만의 고립된 작은 세계를 만들 수 있기 때문이었다. 어떤 경우에는 작은아버지의 사냥개에게 비밀을 털어놓곤 했다. 학교 성적은 보통이었다. 그 당시만 해도 아동 발달에 영향을 미치는 정서적 요인이 밝혀지기 이전이었으므로 학업 성적이 별로 좋지 않은 것은 게으름이나 우둔함 탓으로 여겼다. 하지만 나는 내가 게을렀다고 생각하지 않는다.

더구나 우리는 환경에 잘 적응하지 못하는 아동에게 학교가 얼마나 비인격적일 수 있는지 알고 있다. 그 후 많은 세월이 흘러 열여섯 살이 되었을 때, 고전을 담당하셨던 선생님 한 분이 내 상처를 발견하셨다. 그분은 내가 숨기고 있었던 그 심리적 장벽을 허물기 위해 나를 자신의 집으로 초대하셨다. 바닥에서 천장까지 사면이 온통 책장으로 가득 찬 서재에 들어섰을 때 내가 느낀 위압감은 형용할 수 없을 정도였다. 나는 할 말을 잃어버렸다. 나중에 생각해 보니 그 때 선생님도 꽤 당황하셨던 것 같다.

여하튼 우리는 점점 더 친근한 관계가 되었다. 누군가 나에게 귀를 기울여 준 것이다. 문제가 있는 학생이 아니라 하나의 인간, 곧 인격체로 나를 대해 준 것이다. 그 선생님은 나에게 관심을 기울이고 나 자신을 표현할 기회를 만들어 주시면서 내가 스스로를 발견하게끔 이끌어 주셨다. 오랜 시간이 지나 나는 그분이 바로 나의 심리치료사였음을 깨닫게 되었다. 학교를 졸업한 후에도 나는 수년 동안 그분을 만나러 매주 학교를 찾아갔다.

그 결과는 굉장했다. 바로 그 다음해에 나는 우리 학급에서 학생회를 조직하여 회장으로 선출되었다. 우리는 학생회에서 온갖 종류의 흥미 있는 토론을 했다. 당시는 제1차 세계대전 기간이었는데, 스위스는 독일에 동조하는 북부 주(州)들과, 침략당한 벨기에와 프랑스에 동조하는 주들로 양분되어 있었다. 그때 우리는 연극의 밤을 개최했다. 그 중 한 연극은 선생님의 도움을 받아 그리스어로 된 "에우리피데스"(Euripides), 라틴어로 된 "플라우투스"(Plautus), 프랑스어로 된 "몰리에르"(Molière)에서 하나씩 발췌하여 구성한 것이었다. 곧이어 나는 한 친구와 함께 스위스에 평화를 선사한 영웅 니콜라(Nicolas de Flüe)에 관한 희곡을 쓰게 되었다.

이렇게 해서 나는 사회 활동에 가담하기 시작했고, 지적·정치적 논쟁에도 참여했다. 이러한 활동은 그 후 상당 기간 계속되었다. 러시아 혁명이 발발하자 패전국 독일에서는 동요가 일어났고 스위스에서도 반발이 있었는데 특히 학생들이 이 일에 앞장섰다. 그 당시 나는 학생 회장단의 의장이 되어, 학생회 창설 100주년 기념식의 일환으로 로잔, 취리히, 루체른 등지를 다니며 중요한 연설을 했다. 동시에 나는 제네바 대학에 학생회를 창설하는 일로 바빴다.

그 당시 나는 러시아, 오스트리아, 독일의 전쟁 포로 귀환을 촉구하기 위한 국제 적십자 위원회 일로 빈에 가 있었다. 그 후 볼가 바신에서 기근이 일어나 어린이들을 돕기 위한 국제적인 구제 기관이 젊은 학생들을 중심으로 창설되었다. 제네바에는 결핵 환자를 어머니로 둔 영아들을 위한 기관인 프리벤토리움 (Preventorium)이 세워졌다. 나는 교회에도 깊이 관여했다. 나는 교회의 핵심 기관인 당회의 일원이 되었는데, '교회의 근심스런 아들들'(Worried Sons of the Church)이라고 우리가 부르는 그룹의 대표 자격이었다. 이 그룹은 교회의 열심과 믿음을 회복시키고자 하는 젊은 평신도와 신학자들로 구성되어 있었다. 나는 열정적인 칼빈주의자였으며 현대주의에 대항하여 정통파를 옹호하는 입장이었다.

나는 이 모든 활동을 굉장한 열심으로 그리고 성실하게 수행했다. 그런데 이는 교회에서 덕을 세우기는커녕 분열을 일으키는 결과만 낳았다. 나는 왠지 모르게 불안해졌다. 그 때 나는 나의 두 번째 심리치료사를 만났는데, 그는 네덜란드인 재정 전문가로서 국제 연맹에서 고위 직책을 맡고 있는 사람이었다. 그 역시 예전의 고전 선생님처럼 나를 자기 집으로 초대했다. 그 때 나는 서른네 살이었다.

내 새로운 네덜란드인 친구는 '옥스퍼드 그룹'이라는 종교 운동에 가담하고 있었다. 그 단체는 미국인 목사 프랭크 부크먼

(Frank Buchman)이 옥스퍼드 대학에서 시작한 것으로서 나에게도 영향을 주고 있었다. 그 운동은 신조나 신학에 강조점을 두지 않고, 매일의 생활에서 하나님의 영감에 구체적으로 순종하는 것을 강조했다. 그들은 개인 전도를 실천했으며, 회원 서로가 완전히 투명한 관계를 유지하며 교제했다. 그들은 이것을 '나눔'이라고 불렀다.

그의 집을 처음 방문했을 때, 그는 내가 한 번도 접한 적이 없는 단순하며 용기 있는 태도로 자신의 생활에 대해 이야기했다. 그의 말이 끝났을 때 나는 감히 내 활동 경력(내가 방금 쓴 것)을 말할 엄두도 내지 못하고, 나 자신과 사생활에 관해서만 이야기했다. 고아로서 겪은 고통을 처음으로 입 밖으로 꺼내었고 그 때 내 눈에서는 눈물이 흘러내렸다.

예전에 고전 선생님과의 대화는 모두 지적인 대화였다. 나는 사실 그 선생님의 생활에 대해서 조금은 알고 있었다. 그분은 이혼했다가 재혼하신 분이었다. 하지만 그것은 소문으로 안 것이지 그분이 나에게 그 사실을 말한 적은 한 번도 없었다. 나 역시 내 생각만 표현했지 감정을 드러낸 적은 없었다. 종교적인 문제에 관해 대화할 수 있었지만 그것은 단지 철학적인 차원의 대화였다. 나는 그리스도인이었고 그분은 유심론자였다. 그분은 보편적인 '영'은 믿었지만 인격적인 하나님은 믿지 않았다. 하지만 우리 두 사람 모두, 인격적인 하나님이 그분을 사용하셔서 나로 하여금 고독에서 벗어나는 첫 발을 딛게 했다는 사실을 의심하지 않았다.

이제 새로운 네덜란드인 친구를 통해 나는 두 번째 걸음을 내딛고 있었다. 나는 진실로 인격적이며 감정적인 새로운 종류의 대화를 발견하고 있었다. 토론과 활동으로 보낸 수년 동안, 사실 마음 깊은 곳에서는 나도 모르게 은둔자로 남아 있었다. 어느 날 아침 기분 좋게 학생회 회의를 마치고 나오는데 한 학생이 다가오더니 부드러운 말투로 "네가 고아라고 들었어"라고 말했다. 순간적으로 목이 메이면서 나는 내 감정과 눈물을 보일까 봐 아무 대답도 하지 못하고 재빨리 걸어가 버렸다.

사람은 자신을 전혀 드러내지 않고도 얼마든지 대중 앞에서 연설이나 강연을 하며 공적인 생활을 할 수 있다. 당신도 알다시피 사람들과의 관계에는 두 가지 유형이 있다. 하나는 지적이며 객관적인 관계이고, 다른 하나는 감정적이며 인격적인 관계다. 예전에 나는, 대화에는 두 가지 차원이 있는데 하나는 피상적인 대화며 다른 하나는 깊이 있는 대화라고 자주 말하곤 했다. 그러나 지금은 그것을 두 개의 극이라고 표현하고 싶다. 왜냐하면 사상에 대한 대화도 그 대화자의 근본적 신념으로부터 나오는 깊이 있는 것일 수가 있기 때문이다. 관계의 두 유형 중 어느 하나가 더 우월하다고 주장할 근거는 없다. 그것들은 단지 서로 다르고 상호 보완적일 뿐이다.

이처럼 나는 거의 20년의 간격을 두고 두 종류의 관계를 경험하였다. 즉 먼저 맺은 고전 선생님과의 관계와 후에 맺은 네덜란드인과의 관계다. 이 둘은 각각의 유형을 대표하는 전형적인 관계였다. 이 둘은 확실히 구별되며 둘 다 실험실의 표본처럼 분명하고 뚜렷한 특징을 지니고 있었다. 한 친구가 이 책의 서두에서 나 자신의 경험을 언급하라고 조언했던 이유가 바로 그것인 것 같다. 이 두 종류의 관계 유형은 각각 남성과 여성의 지배적인 특성에 부합한다. 즉 객관적인 관계는 남성의 이성적인 성향에, 인격적인 관계는 여성의 감정적인 성향에 부합한다.

당신은 유년 시절 이후 계속해서 객관적인 관계를 배워 왔기 때문에 그것이 자연 과학뿐 아니라 사회·인문 과학에서도 우리의 세계관과 인생관을 지배하고 있다는 사실을 부인할 수 없을 것이다. 이것은 모든 영역에서 인식되고 있는 이른바 보편적인 규범이다. 반면에 인격적인 관계는 지극히 드물 뿐 아니라 그 가치조차 무시당하고 있다. 따라서 남성들은 이성적인 사회 속에서 편안함을 느끼는 나머지 무엇이 결핍되어 있는지를 거의 인식조차 하지 못한다. 그러나 여성들은 왠지 모르게 불안을 느끼며 산다. 정서 생활과 인격적인 접촉에 대한 욕구가 충족되지 못한 채 남아 있기 때문이다.

물론 여성들은 남성적인 세계에 적응할 수 있는 능력을 가지고 있다. 그들은 금세기에 그러한 능력을 분명히 입증해 왔으며, 과거 남성이 독점했던 중요한 직책들을 오늘날 효과적으로 점유하고 있다. 그러나 그렇다고 문제가 해결되지는 않는다. 여성이 남성적인 성향을 계발한다고 해서 문제가 해결되는 것은 아니라는 말이다. 현대 서구 문명에 결핍된 인격적인 관계를 재도입할 때만 해결은 가능해진다. 그러나 객관성이 우리 문명을 지배하고 있는 분위기에서 인격성을 향한 도약을 기대하기란 결코 쉬운 일이 아니다.

나는 서른네 살 때 나 자신을 역행하는 듯한 그런 도약을 경험한 것이다. 나는 한쪽 극에서 갑자기 다른 쪽 극으로 옮겨가는 변화를 겪었다. 그 당시의 변화가 얼마나 컸는지를 이제서야 제대로 인식할 수 있을 정도다. 나는 인격적인 관계를 발견하고 있었다. 그러한 관계가 나 자신과 상대방에게 얼마나 풍성한 것이며 얼마나 서로를 결속시켜 주는지를 깨달았고, 그 결과 과거처럼 그저 책이나 학교에서 배운 것 혹은 자신의 지적인 사변만을 나누는 것이 아니라 마음을 열고 삶과 감정까지도 나눌 수 있게 되었다.

나는 다른 사람과의 새롭고도 감동적인 접촉을 발견하기 시작했다. 그 첫 대상은 아내 넬리였다. 우리는 서로 이해했고 사랑했다. 그러나 이전까지만 해도 그녀의 말처럼, 나는 남편이기보다는 한 사람의 선생, 곧 항상 그녀를 가르치고 싶어하고 모든 것을 지적으로 설명하기 좋아하는 선생이요 심리학자요 목사 같은 존재였다. 진정한 인격적인 관계에 관한 한, 나는 전적으로 배워야 할 입장이었음을 미처 깨닫지 못했던 것이다. 그래서 그녀는 곧 나의 세 번째 심리치료사요 고해성사를 받는 신부 같은 존재가 되었다. 자식들과의 관계와 친구 관계도 더욱 풍성

해졌고, 환자들과의 관계도 변화되어 결국 직업에까지 영향을 미치게 된 것이다.

하나님과의 관계도 상당히 변화되기 시작했다. 그 이전에는 종교란 무엇보다도 사상의 문제, 곧 하나님, 예수님, 인간 등에 관한 옳고 그른 사상, 요컨대 교리의 문제라고 생각했다. 그러나 이제 나는 하나님에 대해 묵상하고 그분께 귀기울이며, 그분을 한 인격으로 만나고 그분과 더 친밀해져 가는 것을 배우고 있었다. 그제야 나는 내가 참여했던 모든 논쟁에 사랑이 결핍되어 있었음을 깨닫게 된 것이다.

그 다음으로 나는 과거의 논적(論敵)들을 차례로 찾아가 용서를 구하지 않을 수 없었다.

먼저 나는 내가 신랄하게 비판했던 연세 드신 목사님을 찾아갔다. 그 다음에는 아버지의 후임자였던 우리 교회 목사님을 방문했다. 그분은 나를 자기 스승의 고아 아들로 대하면서 청소년 시절 나를 계속 주시하셨다. 정황으로 보아 우리는 아주 가까웠어야 할 사이였다. 특히 신학적인 입장이 상당히 유사했기 때문에 더욱 그러했다.

그러나 우리가 함께 당회를 할 때면, 그분은 항상 전통과 예의를, 나는 변화와 담대함을 지지하는 쪽으로 서로 다른 입장을 대변했다. 우리는 마치 여야 정당의 당수들처럼 부딪쳤다. 그러나 이제 그분의 서재에서 함께 무릎을 꿇고 하나님의 용서를 구하기에 이른 것이다.

내가 발견한 더 놀라운 사실은, 과거의 논적들이 스스로 나에게 찾아와 개인적인 문제를 이야기하면서 도움을 요청한 것이었다. 과거 나의 모든 관심사는 (그들을 인격체로 존중하지 않고) 그들의 신학 사상을 쳐부수는 것이었다. 그런데 이제는 그들이 과거 지적인 논쟁 배후에 숨겨 놓았던―나와 마찬가지로―자신의 고통과 갈등 및 은밀한 사건 등을, 곧 그들의 인격을 내 앞에 드러낸 것이다.

그리하여 그들은 금방 나의 친구가 되었다. 나는 그들의 염려를 함께 나누었고 그들이 왜 그렇게 행동했는지 이해하게 되었다. 그들 역시 나를 신뢰하고 있었다. 나의 새로운 경험을 보고 그들이 다른 곳에서 발견하지 못했던 도움을 나에게서 발견할 수 있으리라는 소망을 갖게 된 것이다. 나는 그들의 지독한 외로움을 발견했다. 그 때 나는 지적인 관계와 인격적인 관계의 간격이 얼마나 넓은지를 가늠할 수 있었다.

그럼에도 불구하고 우리의 사상과 개인적인 문제는 연관성이 있다. 그러나 우리가 마음을 열고 자신의 정서적인 삶을 상대방에게 노출시키지 않는 한, 우리나 상대방은 보통 그 연관성을 인식하지 못한다. 사상은 비인격적인 것이라 가지고 놀 수도 있고 상품처럼 거래할 수도 있다. 삶의 전쟁터에서 그것을 무기로 사용할 수도 있다. 그러나 우리가 타인들과 맺을 수 있는 또 다른 유형의 관계를 찾지 못하는 한 우리는 고독하게 남아 있을 수밖에 없다.

2. 사물의 세계와 인격의 세계

이 두 극, 즉 타인 및 세계와의 관계에서 나타나는 판이한 두 가지 관계 유형은 마르틴 부버(Martin Buber)의 유명한 저서에 기술되어 있다. 그는 이 관계들을 '나-그것'(I-it), '나-너'(I-thou)라는 매우 대조적인 형식으로 표현한다. 여기서 공통적인 요소인 '나'는 나 자신을 가리킨다.

'나-그것'의 관계에서 '나'는 차갑고 중립적인 관찰자요 감정 이입이 없으며 가능한 한 객관적인 입장을 지닌다. '나'는 개인적인 느낌을 최대한 억누르는데, 이는 현대 사상의 창시자인 데카르트가 주장한 것처럼 이성과 상식의 기반 위에 굳게 서는 것이다. 이것은 그의 사상 중 모든 남성이 유일하게 공유하는 것이다. 그러고 나면 내가 관찰하는 인간을 포함한 모든 대상은 하나의 객체, 곧 사물이 되는 것이다.

이것이 과학적인 자세다.

다른 한편, '나-너'의 관계에서 '나'는 인격적으로 관계를 맺는다. 여기서는 중립적이 되거나 냉정할 필요가 없다. 이 관계는 관찰하고 분석하고 연구하고 도덕적으로 판단하고 심리적 진단을 내리는 관계가 아니다. 이 관계는 지적인 개념이나 전문적인 기구를 통해 알 수 있는 지식의 영역이 아니라 직접적이고도 상호적인 앎, 즉 나와 상대방이 서로를 아는 가운데 나 자신이 깊이 개입되는 관계다.

마르틴 부버는 나무의 예를 사용한다. 그는 식물학자로서 나무를 연구할 수 있을 것이다. 나무에 이름을 붙이고, 종에 따라 분류하고, 그 조직과 생리 현상을 설명하고, 수액을 흐르게 만드는 신비한 생리적인 힘을 밝히고, 또한 나무가 우리에게 필요한 산소를 공급하는 현상에 대해 설명할 수도 있다. 그는 이러한 관찰을 영구히(*ad infinitum*) 계속할 수 있다. 그러나 다른 한편 그는 나무에게 이야기를 건넬 수 있다. 나무의 음성에 귀기울이고, 그 나무가 그에게 나타내는 것과 표현하는 것을 감지할 수도 있다.

나는 예전에 어떤 정신 분석학자가 내 어린 시절과 유사한 자신의 과거에 관해 이야기하는 것을 들은 적이 있다. 그녀는 매일 저녁 나무 한 그루를 찾아가서 그 날 겪은 기쁨과 고통을 자세하게 이야기했다고 한다. 그 나무는 그 모든 것을 들어 주었으며 그녀의 삶 전체를 공유했었다고 한다. 그녀에게 그 나무는 사물이 아니라 살아 있는 존재, 심지어 그녀를 위로해 주는 어머니와 같은 하나의 인격이었음에 틀림없다.

마르틴 부버가 나무의 예를 든 이유는 '나-너'의 관계가 인간 관계에서만 가능한 것이 아님을 보여 주기 위해서였다고 생각한다. 아시시의 성 프란체스코가 유명한 찬송시 "태양 형제"(Brother Sun)를 불렀을 때 그 태양은, 천문학자들이 물리적·화학적 본질을 조사하고 천체 운행을 연구하는 그런 태양이 아니었다. 프란체스코는 태양을 형제, '당신', 곧 하나의 인격으로 대한 것이었다. 시인들 역시 여성과 사랑에 빠지듯이 달과 사랑을 속삭인다. 또 어린아이들에게는 자기가 좋아하는 곰 인형이 그저 사물에 불과하지 않고 인격체가 된다. 어린아이는 인형에게 예쁜 이름을 지어 주고 오랫동안 친밀한 대화를 나눈다. 또 자신의 모든 비밀을 이야기해 주고, 뽀뽀하고, 안아 주고, 털에다 뺨을 비비곤 한다. 프로이트 학파에서는 이것을 이렇게 설명한다. 그 아이는 인형을 자신의 리비도의 대상으로 삼는 것이며, 달리 말해 아이와 인형의 관계는 지적인 앎의 관계가 아니라 헌신적인 사랑의 관계라는 것이다.

이처럼 자기가 만지는 사물을 인격화시키는 어린아이의 능력은 살아 있는 동물의 형상인 곰 인형에서만 나타나는 것이 아니다. 어린아이는 매우 조그마한 물체에도 인격성을 부여할 수 있다. 프로이트의 저서를 보면 어린아이가 무명실을 잡고 그것을 숨겼다 꺼냈다 하는 행동을 반복하는 모습을 묘사한 부분이 있다. 프로이트가 갑자기 깨달은 것은 그 아이는 그런 방법으로 엄마가 부재하는 상황에 적응하려고 애쓰고 있다는 것이었다. 그 무명실은 사물이 아니라 하나의 인격, 곧 그 아이의 엄마가 된 것이다.

마르틴 부버에 관한 이야기 가운데 나에게 특히 감동을 준 대목이 하나 있다. 그 대목은 앙드레 에이날(André Haynal)이 절망의 의미에 관해 연구한 저서에서 언급한 것이다. 마르틴 부버의 부모는 그가 두 살 때 이혼했기 때문에 그는 조부모의 양육을 받으면서 성장했다. 그는 나보다도 더 어린 나이에 어머니에게서 단절된 것이다. 에이날 박사는, 이 유명한 '나-그것', '나-너'의 형식은 그가 어머니를 그리워하는 가운데 떠올린 구상이었다고 한다. 이런 점에서 내가 마르틴 부버에게 매우 친밀감을 느끼는 것은 결코 이상한 일이 아니다.

부버는 '나-너'의 관계가 결코 영구적인 것이 아님을 조심스럽게 경고하고 있다. 불가피하게 우리는 타자와의 관계에서 객관적인 관찰자의 태도를 재빨리 취하게 마련이다. 그래서 과거의 논적들이 나를 찾아와 개인적인 어려움을 나누며 도움을 요청했을 때, 나는 자연히 과학적·의학적·심리학적 지식을 사용하지 않으면 안 되었다. 나의 동정심만으로는 불충분했기 때문이다. 변화된 것은 우리 관계의 감정적인 분위기였다. 따라서 객관적인 관계와 인격적인 관계, 이 두 가지 관계 유형은 서로 대립하는 것이 아니라 상호 보완적이다. 인격적인 교제의 순간이 아무리 순식간에 지나가 버린다 하더라도, 그것은 우리 인생에서 가장 중요하고도 풍성한 순간이다. 특히 하나님과의 인격적인 만남이 그러하다. 그 만남은 보통 청천벽력과 같이 한 순간의 예외적인 경험으로 느껴지지만 우리의 삶 전체를 변화시키는 것이다.

이와 같이 인격적인 관계를 맺을 수 있는 역량은 인간 본성의 한 특성이며, 사실 이것이 인간을 인간답게 만드는 요소다. 우리의 마음 상태에 따라서 모든 것이 우리에게 인격적인 존재가 될 수 있다. 온 세계는 인격으로 가득 찰 수 있다. 이 세계는 변함없는 모습으로 존재하지만, 그 세계를 바라보는 내가 변하는 것이다. 내가 다른 존재들을 인격적으로 대하느냐 비인격적으로 대하느냐에 따라, 이 세계는 나에게 사물의 세계 혹은 인격의 세계로 비치게 되는 것이다.

우리가 사물을 인격화할 수 있다면 우리는 또한 인격을 물화(物化)할 수도 있다. '물화'라는 단어는 너무 전문적인 용어라서 나는 페기(Péguy)가 즐겨 사용하던 'chosifier'(문자적으로 '사물화'라는 뜻)라는 단어를 더 좋아한다. 이미 금세기 초에 페기는, 인간을 사물처럼 대하는 경향이 서구 문명의 가장 위험한 특징 중 하나라고 비난한 바 있다. 그가 20세기 말에 생존해 있다면 무슨 말을 하겠는가? 오늘날의 세계는 과학과 기술 문명의 승리, 생산 자동화, 국가의 관료주의적 중앙 집권화, 심지어

대량 생산되는 여가 산업까지 우리를 점점 더 빨리 사물의 세계 속으로 몰입시키고 인격을 매몰시키고 있다.

엠마뉘엘 무니에(Emmanuel Mounier)가 '인격주의 운동' (Personalist Movement)을 구상해서 전개하고, 비평지 "에스프리"(*Esprit*)를 발간한 것은 바로 페기의 영향을 받은 것이었다. 하지만 그들의 경고를 귀담아 들은 사람은 거의 없었다. 이미 오래 전에 칼 마르크스는 산업화로 인하여 프롤레타리아가 인격성을 무시당한 채 단순한 사물로 전락되고 있음을 직시하였다. 훅스(Fuchs) 목사는 "마르크스보다 오래 전에 이미 구약 성경은 인간을 사물로 취급하는 위험을 비난하였다"고 쓰고 있다.

현대 서구 사회에서는 프롤레타리아뿐 아니라 '소비 사회'의 맨 꼭대기에 있는 경영 계층까지도 자신이 사물의 위치로 전락했음을 느끼고 있다. 즉 자신은 생산 수단에 불과하며, 냉혹하고도 맹목적으로 작용하는 거대한 기계의 한 부품으로서, 언제든 대체될 수 있는 비인격적인 존재라고 느끼는 것이다. 예술가들마저도 상업적인 투기로 인해 예술 작품이 '물건'으로 변질되고 있음을 느낀다고 레진 페르누(Régine Pernoud)는 지적한다.

자신을 둘러싸고 있는 환경을 인식하는 것은 대단히 어렵기 때문에, 우리는 자신이 이러한 비인격적인 관점에 얼마나 젖어 있는지를 잘 느끼지 못한다. 특히 학교 교육이 그렇다. 유치원에서 대학교에 이르기까지 우리는 전적으로 과학적인 태도를 습득하도록 배웠다. 그러나 과학이란 그 성격상 사물의 세계밖에 알지 못한다. 자연, 역사, 사회조차도 인과 관계의 연속으로 점철된 끝없는 회전 현상으로 여겨진다. 그것은 그저 거대한 메커니즘으로서 우리는 그 속에 냉혹하게 갇힌 존재에 불과하며, 회전목마처럼 목적지 없이 빙글빙글 돌아갈 뿐이다. 자크 모노(Jacque Monod)의 말처럼, 과학의 눈으로 보면 모든 것이 우연과 필연에 의해 자동적으로 일어나기 때문에 아무것도 의미를 지니지 못한다.

이와 반대로 고대 학교에서는 아이들에게 신화와 전설, 서사시 등을 주로 가르쳤으며 아이들은 그로부터 삶의 의미를 배웠다. 자연의 힘과 인간의 열정은 신과 영웅의 형태로 인격화되었다. 물론 선민, 이스라엘 자손은 주변 나라들의 다신론에 저항하였고, 심지어 해와 달을 "큰 광명과 작은 광명"(창 1:16)이라 부르기까지 했다. 혹 그 이름을 부르면 사람들이 그것들을 예배하고 싶은 유혹을 받을까 두려워했기 때문이다. 그러나 그 목적은 유일하신 하나님이 추상적인 원리가 아니라 한 인격이며, 창조 세계에 의미를 부여하신 '살아 계신 하나님'임을 선포하려는 것이었다.

오늘날과 같이 과학만이 신뢰를 받는 시대에는, 신학자들조차 객관적인 과학자로 두각을 나타내려는 경향이 있으며 성경을 비신화화하고 싶어한다. 이러한 현상과 동시에 상반된 또 다른 현상이 나타나고 있다. 다른 과학자들과 정신 분석학자들이 발견한 바에 의하면, 인간은 이성이 아니라 신화의 지배를 받고 있다. 따라서 계시된 종교의 신화를 인간의 손에서 빼앗게 되면, 인간은 또 다른 신화, 곧 기술 진보의 신화나 인종주의 신화와 같은 더 위험한 신화들을 만들어 낸다는 것이다.

하지만 과학을 반대하는 글을 쓰려는 것이 내 의도는 아니다. 나 자신이 과학도이며, 나는 과학의 공로를 기꺼이 인정한다. 과학을 모독하는 것은 어리석은 짓이다. 지적인 영역에서, 과학이 인간과 자연에 관해 발견한 지식은 실로 인상적이다. 경제적인 부분에서도 과학은 적어도 몇몇 나라에 상당한 번영을 안겨 주었다(어느 정도는 다른 나라들의 희생을 감수하면서). 의학 분야만 하더라도 과학으로 말미암아 굉장한 진보를 이루었다.

이와 같은 이유로 인간을 사물로 연구하는 것이 실로 필요했던 것이다! 의학도가 맨 처음 의학에 입문하는 곳이 바로 해부학 실험실이며, 그것은 늘 엄청난 경험이 되곤 한다. 그는 자신의 구토증을 극복하는 법을 배워야 하며, 그 시체가 과거에 한 인간의 몸이었다는 사실을 잊고 나무나 돌을 깎듯이 시체를 해부하는 법을 배워야 한다. 이것은 임상 실습에서도 마찬가지며, 심리학에도 적용된다. 그는 환자를 위해서라도 계속해서 차가운 머리를 지니고 감정은 제쳐 두고 객관성을 유지하도록 훈련받는 것이다.

의사가 자기 아내나 자식을 직접 진단할 때 저지를 수 있는 가장 바보 같은 실수도 바로 이것인데, 나도 그런 경험이 있다.

이 때는 동료 의사에게 맡기는 것이 현명한데, 이는 그가 감정으로 인해 보지 못하는 부분을 동료 의사는 금방 볼 수 있기 때문이다.

다른 한편, 의사 중 가장 과학적이라고 알려진 에릭 마틴(Eric Martin)은 환자를 치료할 때 결코 물건 다루듯 존경심 없이 대해서는 안 된다고 계속해서 상기시키고 있다. 환자는 의사의 과학적 지식을 필요로 하는 만큼이나 인격적인 접촉을 필요로 하기 때문이다.

인격 의학은 정통 과학을 비판하는 이론이나 반(反)정신 분석학과 같은 '주변적인' 의학이 아니다. 다시 한 번 우리는 양극단으로 치우쳐서는 안 된다는 점을 상기해야 한다. 오히려 양자 간의 상호 보완성을 발견하는 데 관심을 두는 것이 바람직하다. 문제는 불균형이다. 즉 우리는 사물이 인격을 압도하는 현상 때문에 고통당하고 있다는 점과, 비인간적인 기술 문명 그리고 인간이 물건으로 취급되는 실상을 지적하고 있는 것이다.

그러면 여성은 어떠한가? 사실 여성이 남성보다 더 물건처럼 취급당해 왔다. 첫째, 여성은 종으로 취급당해 왔다. 여자는 자기 인생을 사는 것이 아니라 '남자나 제삼자를 위한 대리 인생'을 사는 존재로 전락했다. 인격적인 존재로 살 권리를 박탈당하고, 타인—부모와 형제, 자매, 그 후에는 이기적인 남편, 여성의 일을 과소 평가하는 고용주에 이르기까지—에게 얽매여 종살이하는 존재가 되어 버렸다. 세계 도처에서 아직도 여성이 결혼을 하면 남편의 소유물로 여겨지고 있으며 종노릇하는 것이 그들의 마땅한 역할로 여겨지고 있다. 그렇다고 결혼하지 않으면 더 심하게 멸시받는 형편에 있다. 물건은 소유할 수 있지만 인격은 소유할 수 없는 법이다.

둘째, 여성은 성적인 '대상'으로 취급당해 왔다. 정확히 말해서 남성은 여성을 '관음증적으로 훔쳐보는 자들'(voyeur)이다. 하지만 그가 보는 것은 인격이 아니라 물건이다. 오늘날 넘치고 있는 포르노의 물결은 사물이 인격을 지배하고 있는 극단적인 예다. 동정심 많은 페미니스트인 마리 카디날(Marie Cardinal)은, 자신이 프로이트의 정신 분석학을 통하여 해방을 맛보긴 했지만, 여성이 욕망을 자극하는 도구로 전락된, 단지 성적 매력의 대상으로만 표현되는 분위기에 얼마나 넌더리가 났는지를 솔직히 토로하고 있다.

또 다른 페미니스트인 미셸 페렝(Michèle Perrein)은 아직 혼란스러운 상태에 있다. 그녀는 장기간 동거 중인 데니스에게, 자신이 길거리에서 성적인 모욕을 받았으며 자신을 변호하고 위기를 모면하는 것이 얼마나 힘들었는지를 이야기했다. 그러나 데니스는 그것은 매우 자연스러운 일이라고 반응했다! 그러자 그녀는 "물건, 그래요, 나는 길거리에서 물건처럼 취급됐어요. 당신이 그것을 너무나 당연하게 받아들이니 집에서도 그렇게 취급당한 느낌이네요"라고 외쳤다. 그 일이 있은 직후 그녀는 다시 인격이 되기 위해 데니스와 헤어졌다.

우리가 속한 과학적인 세계는 사랑마저 기술로 전락시켜 버렸다. 우리 주위에 있는 많은 어린 소녀들이 성의 생리학에 관한 책들을 읽고 있으며, 성감대를 모두 암기하고 있을 정도다. 그러나 아무도 그들에게 성행위의 즐거움은 어떤 기술보다도 한 인격이 다른 인격에게 자기를 포기하는 데서 오는 것임을 이야기해 준 적이 없다.

끝으로, 여성은 매력이나 품위를 제공하는 장식 도구로 취급 당함으로써 물건으로 전락하였다. 우리는 '예쁘게 보이고, 입은 다물고 있으라'는 사회적 통념을 잘 알고 있다. 아베 오래송(Abbé Oraison)은 "나는 여성이 사치품이나 오락물과 같은 존재가 되어 버린 문화를 용납할 수 없다"고 쓰고 있다.

그러므로 우리 문명에서는 사물에 대한 취향과 인격에 대한 감각이라는 상호 보완적인 두 극이 균형적으로 재정립되어야 한다. 이 둘은 내가 이 책에서 다루고자 하는 주제인 남성과 여성 간의 상호 보완성에 어느 정도 상응하는 것이다. 내가 '어느 정도'라고 표현한 이유는 남성이든 여성이든 모든 인간 속에는 남성적인 요소와 여성적인 요소가 섞여 있기 때문이다. 남성 중에도 인격 감각을 지닌 사람이 있고, 여성 중에도 과학 기술과 사물 쪽으로 기울어진 사람이 있다. 그러므로 남성과 여성의 상호 보완성은 남성과 여성 간의 외적인 문제일 뿐 아니라, 내적으로 우리 각자 속에 있는 두 성향 간의 조화 문제이기도 하다.

여기서 나는 어떤 정확한 개념보다는 의식 구조와 성향을 이야기하고 있다. 내가 사용하는 용어들, 곧 사물과 인격, 남성과 여성 등의 단어는 엄밀하고 개념적인 의미보다는 직관적으로 인식되는 상징으로 사용되고 있다. 이것들은 항상 짝지어 다니는 상징으로서 각각 상대방을 끌어들이는 성향이 있다.

일례로 파스칼의 '기하학의 정신'과 '기교의 정신'을 생각해 보자. 남성은 정확하고 측량 가능한 기하학과 같다. 남성은 운동 선수의 가치를 1/100초 단위로 평가하는데 그 이유는 숫자만큼 반박하기 어려운 증거가 없기 때문이다. 하지만 여성은 그 선수의 매력에 근거하여 마음을 정한다. 즉 남성은 양에, 여성은 질에 더 애착을 갖는 것이다.

아나이스 닌(Anaïs Nin)은 남성과 여성의 뚜렷한 차이는 지적인 사고와 시(詩)의 차이와 같다고 본다. 융(C. G. Jung) 역시 지성과 감정을 한 축의 두 극으로 보고, 전자는 남성 속에서, 후자는 여성 속에서 각각 지배적이라고 생각했다. 나는 이러한 상호 보완적인 양극의 예를 더 많이 열거할 수 있다. 객관성과 주관성, 논리와 직관, 메커니즘과 생명 등으로 말이다. 혹은 현실주의와 상징주의, 공리주의와 쾌락주의, 산업주의와 생태학 간의 양극성을 들 수도 있고, 행위와 존재 간의 거리, 물리학과 형이상학 간의 간격, 과학 기술과 인문 과학 간의 대립 등으로 설명할 수도 있다.

나는 중등 교육을 받을 때 문과에 속해 있었는데 그 때 처음으로 여학생이 우리 학급에 들어오는 것이 허용되었다. 처음에 우리는 이상한 눈초리로 그 여학생을 쳐다보았다. 그러나 그녀가 잘 해 내는 것을 보고는 곧 태도가 바뀌었다. 그 이후로 여학생이 문과에 들어오는 것이 상례가 되었고, 남학생은 이과로 옮겨 가는 경향을 띠었다. 케이트 밀레트(Kate Millet)는 오늘날 "인문 과학 분야가 남성 독점적인 성향을 잃어버렸기 때문에 그 지위가 하락했다"고 쓰고 있다.

그러나 합리적이고 과학적인 사고가 감성과 느낌보다 우위를 점하고 있던 분야는 데카르트가 버티고 있던 철학이었다. 아니 르클레르(Annie Leclerc)의 저서에는 데카르트에 관한 흥미로운 부분이 있다. 그녀는 철학 교수였기 때문에 자기가 말하고 있는 바가 무엇인지 알고 있었을 것이다. 그녀는 데카르트를 읽노라면 관능적인 쾌락을 느낀다고 시인한다. 그녀는 영리한 마술사의 연기를 즐기듯, 데카르트의 말을 한 마디도 믿지 않으면서 그의 글을 구경거리로 즐긴다. 데카르트는 이성을 선호하면서 감정을 배척하기 때문이다. 그러면서 그녀는 "철학이 무슨 소용이 있는가?…즐거움을 위해 있다"고 적의에 찬 결론을 내린다. 300년에 걸친 합리주의 시대를 한 여성이 멋지게 뒤집어 놓은 것이다! 우리는 '즐거움'이란 단어가 그녀의 저서에서 자주 등장하는 것을 볼 수 있다.

남성은 거창하고 추상적이며 보편 타당한 이론을 좋아한다. 여성은 어떤 경험의 세밀한 부분에 더 애착을 느낀다. 남성은 지저분한 것과 무질서를 좋아하지만 여성은 청결한 것과 질서

정연함을 좋아한다. 남성은 모든 것을 의심하지만 여성은 모든 것을 믿는다. 남성은 모든 것을 가볍게 여기지만 여성은 모든 것을 진지하게 대한다. 여러분은 남성인 내가 우스갯소리를 한다고 생각할지도 모른다. 물론 그렇다! 그러나 서구 문명이 안고 있는 불안을 보지 못하는 자(아니, 느끼지 못하는 자)가 누구인가? 서구 문명이 사물 쪽으로 기대고 있다가 전복된 채 끝나 가고 있는 것을 모르는 자가 누구인가? 남성이 자신의 힘을 증대시키기 위해 계산하고, 측정하고, 측량하고, 조작하고, 합치고, 축적하는 일에 여성보다 더 쾌락을 느끼는 것을 누가 모른단 말인가?

이 운동은 19세기에 절정에 다다랐다. 우리가 학생 시절에 즐겨 읽던 글을 쓴 레옹 도데(Léon Daudet)는 19세기를 '바보 같은 세기'라고 불렀다. 19세기는 합리적인 학문의 우위성을 주창한 실증주의 철학과 무슨 값을 치르든지 생산성만을 유일한 기준으로 삼았던 산업혁명과 식민주의, 인종주의가, 그리고 의학에서는 피르호(Virchow)와 더불어 질병의 해부학적 · 생리학적 설명이 독점한 시대였다.

나는 오래 전에 쓴 책 「인간 의미의 심리학」(*The Meaning of Persons*, 보이스사 역간)에서 이미 마르틴 부버에 관해 그리고 사물의 세계에 관해 다루었다. 하지만 그 당시만 해도 나는 현대 문명이 인격 감각을 상실하게 된 것이 여성을 정치, 경제, 문화의 영역으로부터 배제시켜 가정의 울타리에 가두어 둔 것과 연관성이 있다는 사실을 인식하지 못했다. 여성을 이처럼 쫓아내는 것이 절정에 달한 것도 역시 19세기였다. 지젤 알리미(Gisèle Halimi)가 인용한 나폴레옹 법전의 서문을 한번 보라. "여성은 아기를 낳기 위해 남성에게 주어진 존재다. 열매 맺는 나무가 정원사의 소유물인 것처럼 여성은 남성의 소유다."

여기서 우리는 여성이 법적으로 열등함을 본다. 여성의 경제적인 열등함 역시 산업혁명의 소산이다. 산업혁명은 그 이전까지 여성이 생산에서 발휘했던 상당한 역할을 빼앗아 버렸다. 끝으로, 청교도주의와 성적인 금기 의식이 팽배했던 빅토리아주의―후에 프로이트에 의해 역전된―도 19세기의 산물이다. 당시에는 여성을 단지, 이성에 따라 정도(正道)를 걸어야 할 남성을 유혹하는 유혹자로 생각했다.

3. 르네상스 이후의 서양 문명

이제서야 나는 이러한 역사적인 일치 현상이 결코 우연이 아님을 분명히 확신하게 되었다. 뒤르케임(Karlfried Dürckheim)은 "서구 문화는 본질적으로 남성적이다. 남성적인 속성이 획일적으로 개발됨으로 말미암아 여성적인 잠재력은 억압되지는 않았다 하더라도 인식되지 못하였다"라고 말한다. 그리고 그것은 거꾸로 말해도 분명하게 드러난다. 즉 여성을 뒷전에 밀어 놓은 채 문화 발전에 거의 기여하지 못하도록 무시한 상태로 서구 문화가 전개되었기 때문에 남성적인 가치―권력, 이성, 과학 기술―만을 지향해 온 것이다. 남성은 건설하는 일에만 관심이 있기 때문에 결국 사물의 사회가 만들어진 것이다.

아울러 이중적인 움직임이 드러난다. 두 가지의 인과 관계가 서로 중첩되면서 악순환을 거듭하고 있다. 이 둘은 금세기 동안 줄곧 서로 강화시켜 왔다. 즉, 남성적인 가치만을 중시하는 사회는 여성을 멸시하며 배척하게 되고, 여성이 더 이상 영향력을 행사하지 못하는 사회는 점점 더 남성적인 가치에 부합해 간다.

당신은 나에게 이렇게 반문할지 모른다. 이런 과정이 시작된 것에 애초에 어떤 선택의 여지가 있었던 것이 아니라 필연에 의해서 혹은 정치적·경제적 압력으로 어쩔 수 없이 서구 사회가 그런 방향으로 가고 있는 것이라고. 하지만 그건 사실이 아니다. 르네상스는 비합리성에 반하는 합리성을, '나-너'에 반하는 '나-그것'을, 감성적·신비적 교류에 반하는 객관성을, 형이상학에 반하는 물리학을 단호하게 선택했다. 그리하여 서구인은 자신이 원했던 세계를 얻게 된 것이다.

데니스 드 루지몽(Denis de Rougemont)은, 사람은 자신의 인격에 대해 자기가 생각하는 것보다 훨씬 더 책임이 많음을 보여줌으로써, 경제적 필요에 의한 결정론보다 자발적인 선택이 우위에 있음을 분명히 증명했다. 루지몽은 아주 최근의 예로 자동차를 들고 있다. 자동차는 금세기의 경제 체계를 완전히 변화시켰고 현재의 에너지 위기를 불러왔으며, 우리가 사는 도시와 전체 환경을 위협하는 문제들을 불러일으켰다. 하지만 우리는 이제 자동차 없이는 살 수 없는 존재가 되었다.

이 모든 것은 헨리 포드(Henry Ford)의 자동차 제작에 관한 아이디어 때문이다. 그 당시만 해도 아무도 차를 사고 싶어하지 않았다고 포드는 회고하고 있다. 따라서 가장 어려웠던 일은 차를 만드는 것이 아니라 사람들의 수요를 창출해서 차를 사도록 설득하는 것이었다. 선전이 없이는 과학 기술도 아무 쓸모가 없었다. 포드는 깨끗한 공기를 광고의 주제로 삼아 '자동차는 여러분을 이 도시의 오염된 공기에서 해방시켜 시골의 깨끗한 공기를 선사할 것입니다'라고 선전했다. 그는 장차 자동차가 시골보다 도시에서 더 많이 사용될 것이고, 점차 도시의 공기를 오염시킬 것을 예측하지 못했다.

사실 인간은 지금까지 자신이 원하지 않는 것을 행한 적이 결코 없다. 그리고 인간이 하기 원하는 것들은 항상 사상의 대가들에 의해 인류에게 제시되었다. 르네상스 이래 점점 더 큰 확신 가운데 이 대가들은 당신이 잘 알고 있는 다음과 같은 사상을 주지시켰다.

하나님이 천지를 창조하시고 우주에 법칙을 두셨으며, 사람을 만드시사 자기 영을 불어넣으셨고, 인간에게 어느 정도 자유를 주시면서 순종을 요구하셨다는 것, 또한 그 하나님이 인간의 불순종으로 인한 불행한 결과로부터 인간을 구원하기 위해 역사 속으로 내려오셨다는 것…하나님에 관한 이 모든 옛날 이야기는 그저 아름다운 이야기—순진하고 시적이며 덕을 세우기 위한—일 뿐이며 과거 무지몽매했던 시대에 사람들이 꾸며 낸 것이라는 것이다. 신화란 전설과 마찬가지로 인간이 자연과 운명에 직면하여 자신의 무능을 자위하기 위해 만들어 내는 것이다. 하지만 과학이 객관적인 연구를 통하여 우리에게 참 지식을 제공하는 오늘날에는, 그러한 이야기를 단지 인간의 발전사 중 종교적 단계에 속하는 과거의 흔적에 불과한 것으로 볼 수 있다는 사상이다.

더구나 이제 인간은 자기 자신, 자신의 이성과 창의력 그리고 모든 진보를 가능케 하는 유일한 근원인 과학과 기술에만 의존해야 한다는 것이다. 인간은 역사에 순응하는 대신 역사를 만들어야 한다. 자신의 가치관을 자유로이 선택하는 주체는 자기 자신이며 그는 그 가치관대로 밀고 나갈 용기 또한 가져야 한다는 것이다. 신성한 것은 아무것도 없으며 어떤 것도 금기시할 필요가 없다. 기호, 부드러움, 감상 등—이런 것들은 여성에게 중요한 것이다—은 가정의 사생활 영역에만 남겨 두고, 정치·경제·직업과 같은 사회 생활에서는 그런 것에 전혀 신경 쓰지 말아야 한다. 공적인 영역에서 중요한 것은 최강자의 법과 권력을 얻으려는 의지이기 때문이다.

당신이 보는 것처럼 르네상스 이래 이러한 사상의 발전은, 여성을 사적인 영역에 가두어 둔 것과 병행 관계가 있다. 지난 400년 동안 서구 사회를 특징지어 온 여성의 퇴거 현상은 남성들이 자기 속에 있는 소위 '여성적인 성향'—감상, 인격적인 관계, 감정적·감성적 생활, 헌신, 자기 희생, 정숙함, 온유 등—을 억압하는 현상과 함께 나타났다.

사실 남성과 여성의 상호 보완성은 결혼 생활 및 사회적 관계에서 서로 구별되는 두 존재인 남자와 여자의 외적인 조화 이상의 의미를 지니고 있다. 그것은 또한 남자와 여자, 모두의 내부에 존재하는 남성적 성향과 여성적 성향의 내적 조화를 뜻한다. 널리 알려진 중국의 음양 사상이 이 두 요소의 조화를 잘 보여 준다.

융은 여성의 마음에 있는 남성적인 성향을 '아니무스'(*animus*)라는 용어로, 남성의 마음에 있는 여성적인 성향을 '아니마'(*anima*)라는 용어로 설명한다.

남자는 남자다움을 확증하기 위해 어느 정도 자신의 '아니마'를 억압하며, 그것은 여자도 마찬가지다. 내가 '어느 정도'라고 쓴 이유는, 너무 지나치게 억압하면 남자와 여자 모두 불완전하고 조화롭지 않은 불구자가 되기 때문이다. 이것이 바로 르네상스 이래 발생한 현상이며, 우리의 문명이 지금 고통받고 있는 이유다. 오늘날 여성은—가끔 너무 과격하게—자신의 '아니무스'를 해방시키고 있다. 그러나 여성은 또한 남성이 '아니마'를 해방시키도록 도울 수 있다. 나는 이것이 나 자신에게서 일어났다고 생각한다. 나는 환자들이 나에게서 모성(母性)과 부성(父性)을 동시에 느끼고 있음을 종종 발견한다.

한편 프로이트는 힐다 두리틀(Hilda Doolittle)이 그에게서 모성을 발견했다고 말했을 때 단호하게 반발했다. 그는 다음과 같이 말했다. "내가 당신에게 분명히 말하고 싶은 것은 (당신이 나에게 솔직했으니 나도 당신에게 솔직하게 말하건대) 나는 모성을 드러내고 싶지 않다는 것이오. 이것은 항상 나를 놀라게 하고 조금 충격적이기도 하오. 나는 나 자신이 매우 남성적이라고 느끼오." 여기서 프로이트가 솔직해지려고 마음을 정한 점에서는 그의 제자들이 가끔 주장하듯이 그가 그렇게 중립적이거나 비인격적이 아님을 알 수 있다.

그러나 프로이트가 그런 반응을 보인 이유는, 당시 합리주의가 정점에 달했던 시대에 그가 개척자의 위치에 있었기 때문이었다고 생각한다. 즉 그는 자신의 연구가 비과학적이라는 의학계의 공식적인 비난에 대해 자신을 변호해야 했으며, 의학계의 인정을 받기 위해서는 자신의 남성적인 객관성을 확증해야 했다. 그러나 그가 힐다에게 자신이 수집한 이집트와 그리스의 조각을 보여 주었을 때, 섬세한 여류 시인이었던 힐다는 그에게 부드러움과 예술적 감수성이 있음을 포착했던 것이다.

빅토르 폰 바이제커(Viktor von Weizsäcker)는 '의학에 주관성을 재도입한' 인물이 바로 프로이트였다고 말한다. 주관성은 곧 감성 및 인격 감각으로서 여성적인 속성이 아니던가? 그것은 대단한 사건이었다. 이것은 르네상스 이후 특히 데카르트가 이성만이 모든 지식의 확실한 근원임을 주장한 이래 지배적이었던 기존 체계를 처음으로 무너뜨린 것이었다. 서구 사상의 이러한 발전은 보통 르네상스를 그 출발점으로 보고 있다. 하지만 당신은 여성을 배척하는 것은 그보다 훨씬 더 과거에 뿌리를 두고 있지 않은가 하고 반문할지 모른다.

그러나 그런 것 같지 않다. 남성들이 여성을 대하는 태도가 변한 것 역시 르네상스 때였다. 그것은 내가 이 책을 준비하기 시작할 때 아무런 의심 없이 받아들이고 있던 변화였고 그 변화에 대해 페미니스트들은 잠잠했다. 반대로 그들은 '중세 상황'으로부터 여성을 해방시키기 위해 싸워야 한다고 부르짖었다. 여성에 대한 경멸이 일반적이고 활개를 친 때는 르네상스 이전이라고 생각한 것이다.

사실은 그렇지 않다. 중세에는 여성이 훨씬 더 존중받았고 사회적으로도 활발하게 활동했다. 나는 이 분야에 전문가인 여성 역사학자 레진 페르누가 쓴 책을, 마크 오래송(Mark Oraison)이 인용한 것을 읽고 눈이 번쩍 뜨였다. 그녀는 "얼마나 많은 투쟁적인 페미니스트들이, 과거에 여성은 항상 도덕적인 내실에 갇혀 있었다고, 또 표현의 자유와 직업 및 개인적인 자유를 확보한 것은 20세기에 들어와서의 일이라고 믿고 있는가?"라고 쓰고 있다.

그러나 실상은, 이미 중세에 여성은 정치 권력까지 획득할 수 있었다는 것이다. 프랑스에서 여왕은 왕과 마찬가지로 랭스(Rheims)의 대주교로부터 면류관을 받았으며 왕과 다름없는 권위를 가졌다. 여왕은 그저 형식적인 통치권을 인정받은 것이 아니라 실제로 다스리고 힘을 행사했는데, 이는 오늘날 어떤 정치가의 권력보다도 막강한 절대 권력이었다. "엘레오노르 왕비(Eléonore d'Aquitaine)는 실제로 당대를 주름잡았다"고 레진은 쓰고 있다. 그렇다고 해서 그들이 자녀를 갖지 못했던 것은 아니다. 엘레오노르는 캐서린 여왕처럼 자식을 열 명이나 낳았다.

그러나 이것이 여왕에게만 해당되는 것은 아니었다. 레진은 "시의회에서나 지방에서 여성들이 남성과 나란히 투표하는 모습을 발견하게 된다"고 쓰고 있다. 그들이 완전히 자유롭게 투표에 참여했다는 것은 가이야딘(Gaillardine de Fréchou)의 예에서 분명히 알 수 있다. 그녀는 "다른 모든 사람이 찬성표를 던졌지만 유일하게 반대표를 던진 여성이었다." 여성 수도원장도 당시에 엄청난 힘을 행사했다. 심지어 어떤 수도원에는 남성 수도원뿐 아니라 여성 수녀원까지 함께 있었는데, 그 수녀원은 수도사의 권위 아래 있지 않고 스물두 살밖에 안 된 여성 수녀원장의 권위 아래 있었다고 한다. "당시 수녀들은 가장 뛰어난 교육을 받았기 때문에 가장 탁월한 수도사들과 경쟁할 정도였다"고 한다. 정치적 평등과 문화적 동등함이 함께 보장되었던 것이다.

경제 생활은 어떠했는가? "법적인 면에서, 기혼 여성이 남편의 공식적인 허락 없이 자유로이 자신의 구좌를 개설하고, 상점을 열거나 사업을 시작하는 것이 아주 일반적인 일이었다. 끝으로 세금 장부를 보면 수많은 여성이 유급 직종—교장, 의사, 약제사, 미장이, 염색공, 대서인, 세밀화가, 제본업자 등—에 종사했음을 알 수 있다."

"17세기에 와서야 여성이 남편의 이름을 따르는 것이 의무화되었다"고 한다. 이는 여성의 개인적인 자율성과 관련하며 의미심장한 사실이다. 이와 더불어 "아버지와 어머니로 구성된 부부 공동체가 공동으로 자녀들을 교육하고 보호했으며, 필요시에는 자녀들의 재산까지 관리했다"는 사실도 중요하다. 딸은 자기가 선택한 남자와 결혼할 자유가 없었다고 이견을 내세울 수도 있다. 그건 사실이지만, 그 점에서는 아들 역시 자유롭지 못했다. 성적인 차별이 없이 동등한 대우를 받았던 것이다!

마지막으로, 우리는 여성에 대한 남성의 태도에 관심이 있기 때문에 나는, 레진이 책에서 궁정 연애(courtly love)에 관해 한 장(章)을 전부 할애한 점을 언급해야만 하겠다. 그녀는 당시의 사랑을 표현하는 놀랍도록 은근하고 우아한 노래들과 중세 문학 일반에 대해 쓰고 있는데, 이는 현대인의 사랑과 아주 대조적인 것으로서 여성의 '부드러움에 최대의 존중'을 표했음을 보여 준다. 에릭 훅스 역시 이와 유사하게 "결혼 제도와 관련해서, 궁정 연애는 여성이 마땅히 인격으로 인정받아야 함을 보여 주는 것 같다"고 쓰고 있다.

중세는 역사상 처음으로 한 인격으로서의 여성의 동등성이 표면화된 시대였던 것 같다. 당신은 내가 레진 페르누의 책에 깊이 매료되었음을 쉽게 알아차렸을 것이다. 그 책은 중세 당시 여성의 지위에 관한 페미니스트들의 편견뿐 아니라 우리의 편견까지도 고발하고 있다. 중세에 여성 해방이 완전히 이루어지지 않은 것은 분명하지만—오늘날에도 마찬가지다—그 시대는 과거 어느 때보다도 앞서 있었다.

따라서 제동이 걸려 남녀간의 관계에 문화적인 혁명이 일어난 것은 후대의 일이다. 그것은 르네상스와, 근세 초기에 해당하는 프랑스 고전주의 시대에 일어났다. 여성에 대한 부당한 대우와 법적 권리의 상실, 여성의 소외 현상이 잇달아 발생했다.

그러한 부당한 대우는 르네상스 당시 로마법이 재발견됨으로 확정되었다. 레진은 이 점을 크게 강조한다. 중세법은 관습에 바탕을 두었고, 지방의 지배권과 전통에 부합하도록 영주에 따라 수천 가지에 달할 정도로 융통성이 있었다. 로마법의 채용은 르네상스에 따른 큰 정치적인 변동—왕권의 강화, 도시화와 중앙 집권화로 인한 근대 민족 국가의 탄생—을 뒷받침해 주었다. 그것은 동시에 고대 로마의 모델을 근거로 하여 여성의 낮은 지위를 규정화시켰다. 리슐리외(Richelieu)는 직접적으로 "여성보다 더 정치에 손상을 가져오는 것은 없다"[베누아트 그룰(Benoîte Groult)을 인용]고 말하고 있다.

이와 같은 중요한 시대사적 구분은 또 다른 역사학자 장 들뤼모(Jean Delumeau, 콜레지 드 프랑스 교수)에 의해 확인된다. 레진은 중세 전문가로서 중세에 대한 잘못된 비난을 바로잡는 데 모든 노력을 기울였다. 이에 비해 장 들뤼모는 르네상스 전문가로서, 우리가 논의중인 그런 변화는 르네상스로 인한 것이며 로마법의 도입 때문이었음을 인정하고 있다. 나아가 그는 어떻게 그런 변화가 왔는지 그 과정을 설명한다.

그는 소위 '르네상스라는 미혹적인 용어'가 우리를 어떻게 잘못된 길로 인도했는지를 보여 준다. 르네상스가 우리에게 예술, 문학, 철학과 같은 너무나 많은 보물들을 선사했기 때문에, 우리는 그 때야말로 인간이 평온하게 값진 것들을 전심으로 추구할 수 있었던 황금 시대였다고 쉽게 속단해 버린다. 하지만 실상은 그 때가 가장 큰 공포와 고뇌와 두려움의 시대였다. 큰 재난이 잇달아 발생한 시대이기도 하다. 희망을 산산이 부수어 버린 페스트, 종교의 대분열, 형편없는 수확에 따른 기근, 도처에서 일어난 반란, 30년전쟁 동안 군인들의 파괴 행위, 터키의 위협, 종교개혁이 연이어 발생했다. 로르츠(J. Lortz)는 그 때를 '세상 종말의 분위기'였다고 말하고 있다. 가톨릭과 개신교 모두 종말이 임박했다고 생각했고, 묵시론적 예언들을 깊이 연구했으며 곳곳에서 사탄을 보았다고 했다. "세상의 종말 직전에 최후의 격렬한 전쟁을 일으키는 존재…는 사탄임에 틀림없다." 또한 모든 수단과 속임수를 동원하는 존재가 사탄인데 그는 터키의 세력 확장 배후에 존재하며, 미국의 이방 종교들에 영감을 불어넣은 존재다. 그는 유대인의 마음속에 거주하며, 이단의 마음을 왜곡시키는 장본인이기도 하다. 또한 오랫동안 성(性)을 죄스러운 것으로 속여 사람들을 미혹시켰으며 공공 질서의 옹호자들을 유혹했다. 그는 마술사와 무당을 이용해서 사람과 동물에게 마법을 걸어 일상 생활을 혼잡케 했다. 이 모든 다양한 공격이 한꺼번에 일어난 것은 놀랄 일이 아니다.

심리학자들에게 잘 알려져 있는 속죄양의 메커니즘을 당신도 알고 있을 것이다. 극단적인 역경에 처하면 인간은 비난하거나 고발할 대상을 찾는 속성이 있다. 사탄의 하수인들이 곧 터키인, 유대인, 이단(관점에 따라 개신교일 수도 있고 교황청일 수도 있다), 그리고 여성인 것이다. 터키인은 자신들을 지킬 만큼 막강했고, 가톨릭과 개신교도 서로 치열한 종교 전쟁을 치를 만한 군사력을 갖고 있었다. 이들은 모두 동일한 대적, 즉 사탄과 대항하여 싸웠던 것이다. 그러나 남미에 살던 이방인들은 그들의 고대 문명을 붕괴시키는 적에 대항할 힘이 없었다. 유대인이나 여성도 자신을 보호할 수단이 없었기 때문에 핍박을 받을 수밖에 없었다.

그렇게 해서 우리는 마녀 재판을 발견하게 되는데, 많은 사람은 이것이 중세에 생긴 것이라고 생각한다. 그러나 실상 이것이 최고로 성행했던 때는 르네상스였으며, 최악의 상태에 이른 때가 17세기, 곧 데카르트가 활동한 시기—어느 누구도 데카르트를 중세인이라 생각하지 않는다—였다! 따라서 이 철학자가 근대의 문을 여는 과학적 합리주의의 원리를 형성하고 있었던 바로 그 순간은, 여성에 대한 비합리적 불안감이 가장 눈에 띄게 만연하던 때였다. 혹시 그 이유가 여성이 비합리적인 감정의 힘과 연루된 하나의 매혹적인 신비로 남성에게 비추어졌기 때문은 아니었을까?

심지어 "나는 생각한다. 고로 존재한다"는 데카르트의 명언이 그처럼 성행한 것도 장 들뤼모가 언급한 커다란 공포에 대한 반응이었을 것이다. 그가 그렇게 말하고 있지는 않지만 내게는 그렇게 보인다. 그런 현상은 무질서의 와중에서 안전을 향한 추구로 보인다. 비합리적 메시지를 전달하던 신학자들이 끝없는 논쟁의 늪에서 허둥거리고 있었던 시기에 든든한 사상의 기반을 추구하는 것으로 보인다.

"나는 생각한다. 고로 존재한다"는 금언이 의미하는 바는, 인간은 자기 자신과만 관계를 가지는 독립적 존재라는 것이다. 즉 인간은 그 어떤 타인과도 아무런 관계없이 — '우리'란 없다 — '나'와만 관계를 가지는 홀로 서는 존재이다. 이것이 현대적이자 남성적인 현대 개인주의의 근원이다. 관계를 가지려는 원초적인 욕구를 가진 존재는 여성이다. 여성은 관계를 떠나서는 존재 의식조차 느낄 수 없다. 여성은 "나는 관계를 가진다. 고로 존재한다"고 말할 것이다. 남성에게 관계란 별로 중요하지 않거나 전혀 필요하지 않을지도 모른다. 르네상스의 선택에 따라 관계는 영영 잊혀져 버렸다.

나는 지금 합리주의를 반박하고 있는 것이 아니다. 그것은 정당하고도 필요한 것이며 남성적인 원리다. 내가 안타까워하는 것은 합리주의와 보완 관계에 있는 합리적이지 않은 관계성을 질식시킨 현상이다. 한때 나는 프랑스에 있는 '합리주의자 협회'의 강연 초청에 기꺼이 응한 적이 있다. 그 협회의 회장은 내가 매우 좋아하던 친구였는데, 합리주의자임에도 불구하고 관계에 대한 감각을 지니고 있었다. 나는 대단한 환영을 받았다. 내가 강연한 내용은 우리 사회에서 거의 찾아볼 수 없는 인격적인 관계의 속성에 관한 것이었다. 강연 후 활발한 토론이 뒤따랐으나, 철학적인 논쟁의 흔적은 없었다. 문제의 핵심은 심리적인 것이었다. 기술 문명이 아무리 발달한다 해도 오늘날과 같은 사물의 세계에서는 모든 인간 개개인의 가슴속에 있는 인격적 관계에 대한 욕구가 충족되지 않고 남아 있다는 것이다.

그러니까 르네상스와 근세 초기에 커다란 심리적 사건이 발생한 셈이다. 감정을 제쳐 두고 이성을 선택했고, 신체를 무시하고 지성을 택했으며, 인격을 희생시킨 채 사물을 선호한 사건이다. 더욱이 일종의 억압 현상까지 일어났다. 그것은 감정, 감수성, 감성, 부드러움, 친절, 타인에 대한 존경, 인격적인 관계, 신비적인 교제 등에 대한 억압이었다. 이 모든 것은 소위 여성적인 것이기에 이러한 억압 현상은 곧 여성에 대한 억압을 의미했다. 우리가 살고 있는 현대 서구 세계는 막강하고 효율적으로 잘 발달된 사회긴 하지만, 차갑고 딱딱하며 싫증나는 세계다. 이 세계에서는 객관적인 연구가 가능한 질병은 정복되었지만, 사랑의 결핍에서 오는 신경성 질병은 증대되고 있다. 또한 우리는 막대한 물질적인 부를 축적하긴 했지만 삶의 질은 저하된 사회에 살고 있다. 삶의 질은 다른 질서, 곧 감성의 질서에 속해 있기 때문이다.

페미니스트들은 불공평을 제거하기 위해 투쟁하고 있다. 나는 그들의 생각에 동의하지만, 한 가지 덧붙일 것은, 그 불공평은 하나의 오류였으며, 그 오류의 대가로 우리 문명에 인간성이 그토록 결핍되었다는 사실이다. 르네상스가 저지른 오류와 그 이후로 하락된 여성의 지위는 동일한 문제, 곧 인격 감각 상실이 가져온 두 가지 측면이다. 이런 안목에서 우리는 엠마뉘엘 무니에가 르네상스의 부흥을 외치면서 또한 인격 감각의 부활을 부르짖은 이유를 이해할 수 있다.

그러나 이미 변화는 시작되었다. 과학자들은 기술 진보를 통한 황금 시대의 꿈을 이미 포기했다. 많은 젊은이들이 오늘날과 같은 비인격적 사회를 배척하고 있다. 그리고 여성들은 울타리를 공격하고, 그들의 감옥을 부수기 시작했으며, '안으로부터' 바깥으로 나오기 시작했다. 나는 방금 언급한 이 단순하고 평범한 용어를 클로드 앙죄(Claude Enjeu)와 조아나 사베(Joana Savé)로부터 빌려 왔다. 그들은 "여성의 주장"이라는 심포지엄에서 두 가지 영역 — '안'과 '밖', 폐쇄된 울타리인 가정과 개방된 공간인 사회 — 을 언급하고 있다. 또 남성은 바깥으로 자유로이 나갈 수 있으나 여성은 그럴 수 없는 관습의 장벽을 언급하고 있다.

자유로운 통행을 방해하는 이 전통적인 장애물은 또 다른 간단하고 평범한 용어인 '아파르트헤이트'(apartheid, 차별에 따른 격리)라는 의미를 담고 있는데, 나는 페미니스트들이 이 단어를 사용하지 않는 것이 의아하다. 이런 유의 차별은 내 어린 시절—20세기로 전환될 당시—만 해도 매우 심했다. 내 아내가 교회 신앙 강좌에 참석했을 때—당시 아내가 15-16세쯤 되었을 때인데, 우리가 서로 만나기 전이었지만 아내가 너무나 자주 들려준 이야기라서 알게 된 것이다—그녀의 부모님은 저녁 6시경인데도 그녀가 홀로 귀가하는 것을 허락하지 않았다. 그래서 목사님이 아버지가 기다리고 있는 광장까지 그녀를 데려다 주어야 했다.

백인들의 노예 매매 때문이었다고 하겠는가? 천만에! 당시 제네바는 오늘날 못지않게 안전한 곳이었다. 이유는 단지 '보기에 좋지 않았기' 때문이었다. 몇 년이 지난 후 우리가 약혼하고 나서 나는 그녀를 오토바이 뒤에 딸린 짐칸에 걸터 앉힌 채 태우고 다녔는데, 사람들은 보기에 좋지 않다고 나를 질책했다. 남자를 그렇게 태우고 다녔으면 아무도 그런 질책을 하지 않았을 것이다.

이러한 차별은 부분적으로는 사라졌다. 그러한 일화들은 내 생애 동안 얼마나 많은 진보가 있었는지를 잘 보여 준다! 많은 여성들이 가정의 문턱을 넘어서 '바깥' 세상, 곧 공적인 생활과 자유를 향해 나아갔다. 또한 소수이긴 하지만 사회에서 중요한 직책을 맡은 여성도 있다. 우리는 양심을 달래기 위해 그런 여성들을 들먹이곤 한다.

그러나 사회에 적응하기 위해서는 여성 스스로 역사가 만들어 놓은 남성적인 세상에 적응하지 않으면 안 된다. 그래서 나는 다음과 같이 자문해 본다. 언젠가 이런 차별이 참으로 없어진다면, 즉 여성이 자기의 지위를 완전히 회복하여 사회에서 남성과 똑같은 영향력을 행사할 수 있게 된다면, 그들은 인격 감각의 부족으로 고통당하고 있는 이 사회를 과연 치료할 수 있을 것인가? 그것은 내 희망이다. 그것이 내가 이 책을 쓰는 이유이기도 하다. 왜냐하면 남성이 아니라 여성이 바로 인격 감각을 지니고 있기 때문이다.

4. 여성은 인격 감각을 지니고 있다

나는 갑작스럽고도 분명하게 이 사실을 깨달은 날을 잘 기억하고 있다. 내 기억으로는 아내와 이혼에 관해 오랜 시간 이야기하던 중이었다. 나는 당시 아내와 이야기를 나누고 있다고 생각했지만 실상은 대화가 아니었다. 오히려 그건 하나의 독백으로서 내가 나 자신의 사상의 물줄기를 따라 흘러가고 있었다. 그런데 갑자기 아내가 내 말을 가로막더니 "그런데 당신은 지금 누구 이야기를 하고 있죠?"라고 물었다.

나는 멈칫거리다가 그저 단순하게 "난 지금 어떤 특정 인물 이야기를 하고 있는 것이 아니라 그냥 이혼 문제에 관해 말하고 있소"라고 대답했다. 하지만 그렇게 말하면서 나는 스스로 '어떤 것'과 '어떤 사람' 사이의 큰 간격을 의식하고 있었다. 바로 우리가 지금까지 살펴본 두 세계다. 물론 '어떤 것' 뒤에는 항상 '누군가'가 있기 때문에 그 차이가 아주 모호할 수 있다는 것을 알고 있다. 그러나 그 순간에 그 문제에 대한 서로 다른 우리의 두 접근 방법은 낯선 사람들처럼 마주쳤다가 비켜갔다. "당신은 지금 **누구에** 관한 이야기를 하고 있죠?" 그녀는 그것을 알고 싶어했다. 여성은 이혼 자체에 대해서보다도 구체적인 인물에 더욱 관심이 있다. 남성은 추상적이고 비인격적인 문제와 변증법적인 지적 토론에서 더 큰 만족을 느낀다. 그들은 보통 인격이 무시되는 사물의 세계에서 편안함을 느낀다.

예를 들면, 내가 읽은 많은 여성 해방에 관한 책 중에서 가장 여성적이면서 나를 깊이 감동시킨 책들은 학구적이거나 체계적이며 정밀한 책이 아니었다. 오히려 과장된 내용이 있긴 하지만 머리보다도 가슴에서 우러나온 책, 즉 매우 개인적이고 충격적이기까지 한 경험을 담은 책들이었다. 페미니스트들은 내가 전통적인 사고 방식에 따라 여성을 변덕스럽고도 예측 불가능한 존재로 규정하고 있다고 생각할지 모른다. 우리 남성들이 여성의 변덕을 가끔 불평하는 것은 사실이지만, 남성의 냉담함과 객관성에 대한 평형추로서 여성의 그런 속성이 계속 유지되기를 상당히 바라고 있음 또한 사실이다.

그러나 내가 여기서 말하고자 하는 바는 나에게 훨씬 더 깊은 의미가 있다. 나는 여성이 인격 감각을 지니고 있으며 추상적인 관념보다 생생한 체험을 더 선호한다는 사실을 발견하면서 동시에 우리 남성에게는 그런 인격 감각이 결여되어 있음을 알게 되었다. 나는 또한 서구 문명이 지난 400년 동안 사물이 인격을 지배하는 방향으로 발전하면서 남성이 여성을 사회 생활에서 추방시켜 그들의 영향력을 박탈한 이유를 알게 되었다.

강연을 하러 다른 지역으로 떠날 때면, 내 마음은 강연할 내용과 청중에게 그것을 설득력 있게 전달할 수 있는 최선의 방법을 찾는 데 온통 사로잡히곤 했다. 그러나 아내는 내 양복을 손질하는 데 더욱 신경을 썼다. 나는 사상에 몰두하는 반면, 그녀는 '나'라는 인물, 곧 내 인간적인 모습에 골몰했던 것이다.

작년에 이미 홀아비가 된 나는, 도쿄에 있는 국제 대학에서 우리 문명의 위기에 관해 강연하기 위해 꽃이 만발한 정원을 가로질러 예배당을 향해 걸음을 재촉했다. 그 때 내 뒤에서 서둘러 따라오는 발자국 소리가 들렸다. 돌아보니 내 책을 출판한 출판사에서 근무하는 한국인 여성 신씨가 손에 빗을 들고 내게는 별 의미가 없는 서비스를 하러 좇아오고 있었던 것이다!

나는 지금 이 장을 여러 가지 이야기들로 시작하고 있다. 이 책을 읽는 남성들은 분명 하찮은 이야기들이라 여기겠지만 여성들은 그런 일에서 자신의 존재를 발견하기조차 할 것이다. 어쨌든 이 이야기들은 나의 발전을 위해 아내가 담당했던 역할을 나타내 준다. 나는 동료 의사들에게, 그들을 찾아오는 환자는 그저 하나의 증상이 아니라 인격체임을 항상 상기시키면서, 환자와의 인격적인 관계 형성이 치료에 큰 도움이 됨을 주지시키곤 한다. 내가 이처럼 인격 의학의 대변자가 된 것은 무엇보다도 아내의 영향 때문이다.

물론 나도 아내에게 영향을 미쳤다. 결혼할 당시 그녀는 너무 수줍음이 많아서 대중 앞에서는 감히 말을 꺼내지도 못했고, 학교 교육을 싫어했기 때문에 자신은 지적인 사상과는 거리가 멀다고 생각하고 있었다. 그러다가 변화가 일어났다. 아내는 토론에서 자기 입장을 지킬 수 있음을 깨달았고, 그로 인해 나에 대한 열등 의식에서 해방되었다. 어느 날 그녀는 나에게 당시 묵상하던 달란트 비유에 관해 이야기했다. 그녀는 현재 자신이 나와 내가 가진 특별한 달란트를 흉내내려고 너무 애쓰고 있다는 점과 자신의 생애가 끝날 때 자신이 받은 달란트를 어떻게 활용했는지 질문을 받을 것이라는 생각이 들었다고 했다.

그것이 바로 오늘 내가 여성에게 사명이 있음을 주창하는 이유다. 여성들은 지난 300년 동안 옆으로 밀려나 있다가, 이제는 남성을 닮으려고 즉 남자가 할 수 있는 일은 무엇이든 여성이 해 낼 수 있음을 입증하려고 최선을 다하고 있다. 그 같은 동등성을 확보하려면 아직 가야 할 길이 멀지만, 여성이 남성과 같은 일을 할 능력이 있음은 이미 입증되었다. 그러므로 다음 단계는 여성이 남성보다 더 잘 할 수 있는 일을 수행함으로써, 즉 사물에 대해서뿐 아니라 인격에 관심을 기울일 수 있는 여성 특유의 자질을 사용함으로써 우리 문명에 더욱 인격적인 기여를 하겠다는 결단일 것이라 믿는다.

이것을 성취하기 위해서는 그들이 이것이 여성의 사명임을 깨닫는 것이 우선이다. 내가 이 책을 쓰면서 갖고 있는 희망이 바로 그것이다. 적어도 한 번쯤 이 문제를 생각해 보라고 권유하고 싶다. 또한 남성들의 눈을 열어 여성에게서 남성적인 활동에 동참하는 것 이상의 그 어떤 것을 기대하도록 만드는 것이 내 희망이다. 이 비인격적인 사회에서는 여성이 남성보다 더 고통받는다. 나는 그 사실을 확신할 만큼 여성들로부터 깊은 이야기들을 많이 들었다. 여성은 이런 사회에서 고통당하는 대신 이 사회를 변혁시킬 수 있다.

내 아내 넬리는 내 눈앞에서 이 사명을 실천에 옮겼다. 특히 내 환자 중 여러 사람과 매우 강한 유대를 맺음으로써, 그리고 내가 하는 강연 여행에 항상 동행함으로써 그것을 보여 주었다. 그녀는 "당신이 홀로 한다고 생각하면 그건 강연이지만, 내가 당신과 함께 있다면 그건 개인적인 간증이에요"라고 말하곤 했다. 그러나 무엇보다도 나는 보세이 그룹(Bossey Group)으로 알려진 인격 의학에 관한 국제 회의에서 겪은 일이 가장 기억에 남는다. 그 회의를 인격적인 분위기로 만들어 준 것은, 그녀가 참석자 개개인에게 아끼지 않았던 지극한 관심과 배려였다. 다른 의료 학술 회의에서는 사상만이 중요하고, 참석자들은 과학적인 측면에서 기여한 것이 있을 때에만 인정을 받는 것이 보통이다. 그러나 보세이 회의에서는 모든 사람이 환영을 받았고 개개인이 한 사람의 인격으로 존중받았다. 그들이 실력 있는 과학자든 아니든, 뛰어난 강연가든 아니든, 여자든 남자든 차별 없이 그런 대우를 받았던 것이다.

넬리는 이미 죽었지만 그 정신은 아직 살아 있다. 넬리에 이어 지금도 다른 여성들이 그런 영향력을 행사하고 있으며, 나를 이어 그 회의의 진행을 맡게 된 젊은 동료들도 이것을 잘 알고 있다. 그들은 자신의 개인적인 성품을 보존하려고 주의를 기울인다. 물론 그렇다고 사상의 교환이 무시당하는 것은 아니다. 오히려 사상이 고립된 학술 이론으로서가 아니라 그 사상가의 개인적 정황 속에서 이해된다.

그들은 참석자들의 개인적 경험과 문제들을 다루는 데 시간을 할애하기 위하여, 오랜 전통이었던 주요 강연을 거의 모두 없애기까지 했다. 또한 성경 공부 시간도 확보했는데, 그것 역시 신학적인 교훈으로서가 아니라 성경에 비추어 우리 자신의 어려움을 연구하는 시간이다. 집회의 일부가 끝난 뒤에 어떤 네덜란드 학자가 보낸 편지 내용을 나는 잊을 수 없다. 그는 "내 생애 처음으로 성도의 교통이 의미하는 바를 진정으로 깨닫게 되었습니다.…"라고 썼다.

물론 우리는, 남성은 사물에 대한 관심이 지배적인 데 비해 여성은 인격에 더 많은 관심을 가지고 있는 현상의 저변에 생물학적 요인이 있지 않은지 자문해 보아야 한다. 실제로 그런 것 같아 보인다. 다른 모든 측면은 소년과 소녀가 놀랍도록 유사한 데 비해 유독 생물학적으로는 교육 과정에서 분명히 눈에 띄는 차이를 보이는 것이 사실이다. 이 사실은 에블린 쉴레로(Evelyne Sullerot)가 편집한 「여성의 실체」(*Le Fait féminin*)에 수록된 여러 글에서 분명히 드러난다. 그 가운데서 특히 여성과 남성의 심리적 차이를 다룬 르네 사소(René Zazzo)의 글이 뛰어나다.

그는 "언어 능력은 소녀가 소년보다 우월하다"고 지적하고, "공간 지각력은 소년이 더 우월하기 때문에, 학교 교육이 시작될 때 이미 소년의 기술 선호도가 소녀보다 50-100퍼센트 가량 높다"고 밝히고 있다. 소녀의 언어적 적성은 "그들이 글 읽는 법을 배우기도 전에 분명히 드러난다"고 쓰고 있다.

그렇다면 공간을 차지하는 것은 무엇인가? 그것은 사물이다. 인격은 공간적인 차원이 없다. 공간 지각력에 대한 실험은 이미 잘 알려져 있다. 즉 주체는 머릿속에 하나의 객체―기하학적 모형이나 복잡한 기계―를 그린 뒤 상상력을 동원하여 그것을 돌리기도 하고, 조작하기도 하며, 여러 종류의 부품을 만들어 보는 것이다. 남성이 사물을 좋아하는 이유는 조작하는 것을 좋아하기 때문이고, 또한 그런 일을 잘 해 내기 때문이다. 남성은 여성과의 관계보다는 신체적으로나 도덕적으로 여성을 조작하는 데 더 익숙하다.

다른 한편, '언어적 적성'이란 무엇인가? 그것은 인격과 인격의 의사 소통에 대한 관심이다. 따라서 소녀들은 '사물보다는 인격과 접촉하는 직업들'을 선택하게 된다고 에블린은 말한다. 이것은 우리가 가정하고 있는 바를 확증해 주는 사실로서, 남성과 여성은 각각 사물의 세계와 인격의 세계를 지향하는 타고난 속성을 지니고 있다는 말이다. 이미 어린 시절부터 남자 아이는 기계 모양의 장난감과 전기 기차(아이 아빠도 똑같이 좋아하는)를 선호하는 반면, 여자 아이는 인형이나 인형극, 장난감 상점 등을 좋아한다. 그것은 가상의 손님들을 맞이하고 그들과 이야기하게 만들어 주기 때문이다.

가장 흥미로운 차이 중 하나는 대뇌의 위치에 대한 것인데, 그것은 한 쪽에 자리잡고 있으나 사람에 따라 위치가 다를 수 있다. 언어 중추는 보통 뇌의 좌반구에 있으나, 왼손잡이의 경우에는 우반구에 있기 때문에 좌반구에 뇌출혈이 발생해도 언어 능력은 계속 유지된다. 남성이 여성보다 왼손잡이가 많으며, 특히 난독증(難讀症, dyslexia)은 여자 아이보다 남자 아이에게서 4-5배 가량 더 많이 나타난다. 이것은 다음의 사실, 곧 '남성과 여성의 뇌의 전문화 정도가 동일하지 않으며, 여성의 경우 뇌의 좌우 기능 분리가 덜 일반적이다'라는 것, 달리 말하면 대체 기능이 발달했다는 사실 때문이다.

이 모든 사실 가운데 가장 놀랄 만한 것은 '대부분 사람들의 좌반구는 주로 분석적·언어적·연속적 기능을 담당하는 반면, 우반구는 구체적·비언어적·공간적 기능을 수행하는 것이 정설(正說)로 되어 있다'는 점이다. 이것은 남자가 거창한 추상적인 이론을 좋아하는 데 반해 여자는 작고 구체적인 세부 사항을 좋아하는 현상을 설명해 준다. 이것은 또한 '건축가, 엔지니어, 예술가와 같은 직업을 가진 여성이 지극히 적은 이유이기도 한데… 이런 직종은 우반구에 의해 잘 수행되는 공간적인 사고와 인식 기능이 요구되기 때문이다.'

이제 당신은, 우반구로는 사물의 세계를, 좌반구로는 인격의 세계를 인지함을 알게 되었을 것이다. 그러나 여성의 뇌는 기능 분리가 덜 되어 있기 때문에 우리 남성이 인격 인식에 장애가 있는 만큼 사물 인식에 어려움을 겪지는 않는다.

이제 나 자신의 경험으로 알게 된 사실과 과학적인 연구 결과—인식의 두 가지 영역—가 하나로 수렴된다. 남성은 사물의 세계를 세우는 데 적합하고, 여성은 인격의 세계를 잘 형성한다는 것이다. 따라서 이 둘은 동등한 동반자로서 서로 긴밀히 협력하여, 각각 자신의 사명을 수행함으로써 더욱 조화로운 세계를 만들어야 한다고 나는 생각한다.

이 견해를 뒷받침해 주는 다른 예들도 많이 있다. 예를 들어, 사람들의 생일을 기억하는 이가 누구인가? 남자보다는 여자가 기억하는 경우가 더 많다. 남편이 과연 결혼 기념일을 기억하고 있는지 종일 궁금해하는 이는 바로 아내다. 남편이 그것을 기억하여 저녁에 빨간 장미나 특별한 선물을 사 오면 별 문제가 없다. 그러나 항상 그런 것은 아니다. 아내는 하루 종일 스스로에게, '그이는 분명 나를 사랑해. 기념일같이 사소한 것으로 그 사랑을 판단해서는 안 돼. 그이는 다른 수많은 것들을 생각해야 하니까!'라고 거듭 다짐하지만, 막상 남편이 잊어버린 것을 알고 나면 실망을 감추지 못한다. 여성은 인격에 더 관심이 있기 때문에 기념일을 잘 기억하는 것이다.

나는 우리 사회의 추세를 보며 다른 예들을 언급하지 않을 수 없다. 생태학을 예로 들어 보자. 요즈음에는 너나 할 것 없이 누구나 환경 문제를 거론하는데, 불과 10년 전만 하더라도 소수 전문가들의 입에서만 그런 이야기가 오르내렸다. 세계에 대한 관념에 큰 변화를 초래한 이토록 중요한 사건이 어떻게 갑작스럽게 발생하게 되었는가? 환경 문제는 과도한 기술 문명이 낳은 홍역을 정확하게 대변해 준다.

그것은, 자연이란 경제적인 필요 이외에 다른 어떤 판단 기준과 상관없이 무한정 끌어내고 조작할 수 있는 원자재 더미에 불과한 것이 결코 아니라는 사실을 깨달은 것이다. 문명이 사람을 위한 것이지 사람이 문명을 위해 있는 것이 아님을 알게 된 것이다. 또한 유용한 것(남성적인 기준)이라고 해서 즐거운 것(여성적인 기준)을 희생시키면서까지 추구해서는 안 된다는 사실을 인식한 결과다.

이것은 이미 소수의 전문가들이 이전부터 잘 알고 있었던 사실이다. 하지만 탐욕스럽게 사물을 추구하던 세계에서는 그들의 목소리가 거의 들리지 않았다. 분명 거대한 운동을 불러일으킬 만큼 크지는 못한 목소리였다. 그러나 이제는 너무나 커져서 선거에 영향을 미칠 정도가 되었으며 수세기 만에 처음으로 전통적인 정당들의 평형 상태를 위협하기에 이르렀다. 여기에는 집단적인 감정이 저변에 깔려 있다. 그런데 감정은 여성의 독특한 은사가 아닌가? 사실 여론을 민감하게 만들고 여론을 불러일으킨 사람은 바로 「침묵의 봄」(*Silent Spring*, 에코리브르 역간)을 쓴 여성 레이첼 카슨(Rachel Carson)이었다.

또 북아일랜드의 여성들은 내전 중에 양편으로부터 배신자의 누명을 쓰면서까지 내전 반대 운동을 하여 노벨 평화상을 받았다. 미셸 페렝은 "이 아일랜드 이야기야말로 남성적 목표와 여성적 목표의 차이를 무엇보다도 잘 입증해 주었다"고 쓰고 있다. "남자들은 권리와 사상을 이유로 서로 죽인다. 여자들은 분연히 일어나서 어느 누구도 우리 자녀들을 죽일 권리가 없다고 선포한다."

물론 전쟁은 복잡한 문제이기 때문에 그 책임을 남자들에게만 전적으로 돌릴 수 있다고는 생각지 않는다. 그러나 르네상스 이래 지난 300년 동안 줄곧 서구에 불어닥친 광포한 바람 같은 권력욕이―그 동안은 남성이 여성에게 의견을 물어 보지 않았다―남성의 창의적인 두뇌를 자극했을 뿐 아니라 분쟁의 불꽃을 더욱 부채질한 것을 누가 부인할 수 있겠는가? 학교에서조차 남학생이 여학생보다 호전적이다.

의료 분야로 눈을 돌려 보자. 나는 병원에서 인격적인 의술을 실천하는 것에 관해 논의했던 일이 생각난다. 병원은 인격적 의술을 실천하기가 상담실보다 훨씬 더 어렵다는 것은 의심의 여지가 없다. 한 의사는 큰 병원에서는 불가능하므로 작은 병원에서 시도해 보자고 제안했다. 그 때 큰 병원의 대표였던 리처드 교수가 말문을 가로막으며 "저는 병원의 규모가 중요하다고 생각지 않습니다. 우리 하이델베르그 병원에 한 가지 자랑거리가 있는데, 그것은 매우 인격적인 간호사가 한 명 있어서 그녀와 접촉해 본 사람은 누구나 그녀처럼 인격적이 된다는 사실입니다"라고 말했다. 나는 또한 테레즈 베르테라(Thérèse Bertherat)와 캐롤 번스타인(Carol Bernstein)이 쓴 「몸은 나름의 이유를 가지고 있다」(*The Body Has Its Reasons*)에 큰 감명을 받았다. 테레즈는 물리치료사였다. 지금은 고인이 된 그녀의 남편은 심리치료사였는데 자기 환자에게 비참하게 살해당했다. 그녀의 책은 이 사건에 대한 이야기로 시작되는데 처음부터 끝까지 매우 개인적인 내용을 담고 있다. 그녀는 체조학에서 혁명적 방법론을 개발한 프랑수아즈 메시에르(Françoise Mézières)의 제자를 만나기까지 깊은 고뇌 가운데 살았음을 토로하고 있다.

그녀는 그것을 오히려 '반(反)체조학'이라 부른다. 왜냐하면 그녀는 남성이 고안한 방법과 정반대의 노선을 취하기 때문이다. 남성은 자신의 기계론적 관점에 의거하여 신체를 하나의 기계로 보고, 신체의 각 부위를 각각 분리시켜 조작해야 한다고 생각하기 때문에 그런 기능을 수행할 수 있는 기발한 기구들을 실제로 만들어 낸다. 그녀는 이처럼 특별히 복잡하게 고안된 기구가 어떤 심리치료 학회에서 자랑스럽게 전시된 것을 감동적인 필치로 기록한다. 그런데 테레즈는 그 기구에 매료된 것이 아니라, 그 고문 기구와 같은 것을 왕방울만한 눈으로 뚫어지게 바라보던 어떤 아이의 공포 어린 눈길이 너무나 인상적이었다고 한다. 그녀는 "그 아이는 그렇게 무서워할 충분한 이유가 있었다"고 쓰고 있다.

거기에는 프랑수아즈, 그녀의 제자, 그 책의 저자, 그렇게 세 명의 여자가 등장하는데, 그들은 모두 기형적인 신체를 교정하기 위한 실제적인 치료책을 제시하고 있는 인물이다. 그들의 목적은 모두 환자로 하여금 자신의 신체를 알게 하고, 그것과 화목하며, 신체의 민감성을 촉진시키는 것이다. 남성은 항상 근육 강화에 사로잡혀 있지만 이 여성들은 신체와 정신의 화해를 추구한다. 이것은 로제 비토스(Roger Vittoz) 박사가 신경증을 치료하기 위해 뇌로 신체를 통제하는 방법을 개발한 것과 유사하다.

끝으로 나는 또 다른 한 여성을 언급하고 싶다. 그녀의 저서는 못 읽어 봤어도 이름은 한 번쯤 들어 보았을 텐데, 역시 의사인 엘리자베스 쿠블러 로스(Elizabeth Kübler-Ross)다. 그녀는 임종 직전 환자와의 대화를 적극 권장하는 운동을 펼친 사람이다. 아무도 임종 직전 환자와 진실한 대화를 하려 하지 않기 때문에 대부분의 환자들이 극단적인 고독에 처해 있음을 그녀는 보았다. 그 환자들이 극한 상황에서 갖게 되는 느낌은 어떤 것일까? 그것은 아무도 모른다. 왜냐하면 어느 누구도 그들에게 심정을 토로할 기회를 주지 않았기 때문이다. 그러나 그런 순간이야말로 그 어느 때보다도 자기 심정을 표현하고 싶어하는 때다.

가족, 가까운 친척, 친구들 그 누구도 무슨 말을 해야 할지 알지 못한다(참으로 듣는 것이 말하는 것보다 더 중요한 순간에). 혹은 환자의 신경을 다른 곳으로 돌리기 위해, 정말 마음에 있는 것을 이야기하지 않으려고 온갖 신변잡기를 늘어놓기도 한다. 참으로 비극적인 사실은, 지금까지 아무런 비밀이 없이 함께 기도하며 깊은 애정을 나누었던 부부도 이 고귀한 순간에는 도덕적·영적으로 분리된다는 것이다. 혹은 누구도 속지 않는 악의 없는 경건한 거짓말을 하고 있을 수도 있다. 사실을 숨기는 경우라도 정작 환자가 그것을 예감하는 경우가 매우 많기 때문이다.

엘리자베스 역시 매우 개인적인 이야기를 쓰고 있다. 그녀는, 죽음의 공포가 타인과의 대화를 방해한다는 사실과 대화를 위해서는 그 공포를 극복해야 한다는 사실을 자신이 어떻게 경험했는지 이야기한다. 그녀는 또한 한참 후에 닥친 아버지의 죽음을 묘사하고 있다. 그녀는 미국에 있는 동안 아버지의 위급한 상황을 듣고 스위스로 돌아왔다. 그러고는 아버지의 침상에 앉아 전문가의 한 사람으로서 임종 직전의 환자와 대화를 나누었는데, 아버지의 신경을 다른 곳으로 돌리기 위해 온갖 잡다한 이야기를 늘어놓았다. 그녀의 감정도 아버지의 심정 못지않게 대단히 격앙되어 있었기 때문이었다.

결국 그녀는 속으로 심각하게 갈등하다가 더 이상 견디지 못하고, 아주 담담한 어조로 "우리가 왜 이런 이야기만 하고 있죠? 아버지는 가족들이 왜 저를 이 곳으로 불렀는지 잘 알고 계시잖아요!"라고 말했다. 그러나 그 순간 얼어붙었던 혀가 사르르 녹으면서 지난날의 행복했던 추억들이 한꺼번에 쏟아져 나왔고, 그 때 그 곳에서 그녀는 아버지와 자기 일생에서 가장 감격스런 대화를 나누었다고 한다.

나는 조금 전에 가족과 친구들을 언급했다. 그러면 의사는 어떠한가? 사실 의사는 더 어렵다. 의사는 환자의 죽음에 직면하면 누구보다도 더 당황한다. 환자에게 진실을 알리지 말라고 지시하는 이도 의사인 경우가 많다. 그는 또 한 번 엑스레이를 찍든가, 임상 테스트를 하든가, 새로운 약을 투여함으로써 환자의 신경을 돌리려 한다. 혹은 환자의 단도직입적인 질문이 두려워서 회진 횟수를 줄이거나 회진할 때도 매우 바쁜 체한다. 그는 자신이 무능하다는 느낌을 도무지 견디지 못하는 것이다.

내가 지금까지 설명한 과학적 객관성과 인격적 관계의 대조가 여기서도 드러남을 주목하는 것이 중요하다. 의사는 의과 대학에서 과학적인 훈련을 받았다. 그래서 어떤 환자의 병에 대해 토론하거나 진단을 내리거나 치료책을 처방—요컨대 어떤 일을 수행하는 것—할 경우에는 일을 즐긴다. 사실 어떤 것을 행하는 일은 사물의 세계에 속한다. 그러면 더 이상 할 일이 없을 때에는 어떻게 인격의 세계로 건너갈 수 있겠는가? 엘리자베스 쿠블러 로스가 실시한 유명한 세미나에는 내 친구들이 많이 참석했는데, 여성에 의해 주어진 인격적 의술에 관한 귀중한 교훈들을 담고 있다. 그것이 진정 여성의 사명인 것이다.

4년 전 넬리와 나는 강의차 아테네에 있었다. 그 때 넬리는 심한 관상동맥혈전증으로 고통받고 있었다. 한 달 동안 그녀는 그리스인 친구들에게 둘러싸여 집중적인 치료를 받았다. 그 때가 우리 부부에게는 최고로 친밀해질 수 있었던 시간이었다. 타지에 있었으므로 모든 시간을 아내에게 바칠 수 있었기 때문이다. 우리는 조용히 함께 있었고 기도하는 데 많은 시간을 보냈을 뿐 아니라, 진실된 대화로 속내를 서로 나누는 데 많은 시간을 보냈다.

예수 승천일 아침에 아내는 자신의 병이 재발할 우려가 있는지 거듭 나에게 물었고, 내 대답을 듣고는 강한 감정이 섞인 어조로 "그렇게 되면 나는 분명 죽을 거예요"라고 말했다. 하지만 그와 같이 두려움을 표현한 다음 그녀는 또한 자기의 소망을 구체적으로 이야기했는데, 나는 그 말에 크게 감동을 받았다. 넬리는 "내가 만약 한 달 전에 죽었더라면 지금쯤 천국에 있었을 거예요. 그 곳에서 당신의 부모님을 만나고 있겠죠"라고 말했고, 나는 매우 간단하게 "당신이 천국에서 우리 부모님을 만나면, 그분들은 당신이 지금까지 자기 아들에게 그처럼 훌륭한 아내로 살아 온 것에 대해 감사할 거요"라고 대답했다.

그 말이 내가 아내에게 한 마지막 말이었다. 잠시 후 아내는 가슴에 손을 얹고는 "맞아요!"라고 말했다.

"확실히 그렇게 믿죠?"

"네."

그리고 그녀는 눈을 감았다. 그 때 떠오른 첫 번째 생각은, 이것이 아름다운 죽음이라는 것이었다.

5. 감정 표현의 두려움

우리가 살펴본 바와 같이 인격적인 접촉을 방해하는 가장 큰 장애물은 감정에 대한 두려움이다. 그것은 죽음을 직면했을 때뿐만 아니라 삶의 순간마다 경험하는 것이다. 우리에게 참으로 인격적인 모든 것, 즉 우리를 한 사람의 인격으로 개입시키는 모든 것은 거센 파도는 아닐지라도 감정의 물결을 불러일으킨다. 사랑, 죄책감, 믿음, 슬픔이나 기쁨, 성공이나 실패, 창의력 등이 그것이다.

그러나 우리가 두려워하는 것은 감정 자체라기보다는 오히려 감정을 표출하는 것, 즉 감정의 열기 속에 우리 자신을 노출시키는 것이다. 인간뿐 아니라 동물에게도 감정은 생명 자체와 너무나 밀착되어 있기 때문에 절대 제거할 수 없는 것이다. 그런데 우리 사회에서는 감정의 표현이 억제되고 있다. 아니 오히려 내가 말한 바와 같이 완전히 무의식 속으로 은폐되고 있다. 즉, 고의적인 의지의 작용이 아니라 무의식적으로 행해지는 자발적인 현상이다. 우리가 아는 바와 같이 그 감정은 꿈속에서 재현된다. 우리는 이 사회가 부과한 관습에 따라 다른 사람 앞에서 무감각이라는 탈을 쓴 채 체면을 차려야 한다. 이는 여성보다 남성의 경우 더 심하다.

보는 눈이 없을 때는 감정을 표출하게 된다. 어두운 극장 안 혹은 텔레비전 앞 안락의자에 홀로 앉아 감상적인 영화를 볼 때, 아무도 모르는 눈물을 흘리면서 안도감을 느끼는 사람이 얼마나 많은가? 혹은 홀로 시를 써 서랍에 넣고 잠가 버리거나, 누구에게도 보여 주지 않을 그림을 그리는 사람은 또 얼마나 많은가?

하지만 은밀한 감정은 메마른 것이다. 내가 쓰고 있는 이 글이 출판될 것이 아니라면 책을 쓰는 동안 이토록 많은 감정을 느끼지 않았을 것이다. 그것은 비판에 대한 두려움 때문만이 아니라 나 자신을 노출시키는 데서 오는 두려움 때문이기도 하다. 더군다나, 나는 글쓰는 데 자부심이 없는 아마추어 저자다. 나는 그저 한 사람의 의사로서 인생 및 고통과 관련하여 다른 사람을 돕기 위해 이 글을 쓸 뿐이다. 그러나 사실 그들을 돕는 데 가장 필수적인 것은 내가 쓰는 글보다도 그들과 일종의 개인적인 관계를 맺어 나 자신을 주는 것, 그러니까 감정이 개입된 관계다.

그것이 내가 이 글을 쓰면서 그토록 강력한 감정에 휩싸이는 이유다. 그래서 나는 이 장을 쉽게 시작하지 못하고, 넣어야 할지 말아야 할지를 수없이 고민하면서 열 번이나 계획을 변경한 것이다. 하지만 내가 있는 이 진료실에서 남을 돕기 위해서는 이 감정을 수용하는 길밖에 없음을 잘 알고 있다. 그것이 곧 그들의 감정을 냉정하게 관찰하는 대신 그들의 감정을 공유함으로써 나 자신이 그것을 경험하고 짊어지는 것이기 때문이다.

이것은 전문 작가나 모든 예술가들에게도 해당된다. 어떤 창작 활동이든지 작가는 항상 자신을 노출시키면서 자신을 내어놓는다. 즉 그는 이미 알고 있거나 모르는 대상에게 자신의 개인적인 감정을 내어놓으면서 상대방과 그 감정을 나누고 공감을 기대하는 것이다. 여기에는 상대방에게서 아무런 반응이 없거나 거부당하며 그들의 무관심에 직면하여 이 의사소통이 실패할 것을 우려하는 두려움이 있다.

일반적으로 여성은 남성보다 더 감정적인데, 남성은 자신의 감정을 표현하는 것 혹은 다른 사람이 자기 감정을 알아차리는 것조차 매우 어려워한다. 이처럼 감정 표현이 무척 어렵기 때문에 남성은 타인과 관계를 잘 맺지 못하고, 당황하며, 제대로 반응하지 못한다. 오히려 여성의 민감성을 비웃어 넘기거나 연약함의 표지로 평가 절하시킴으로써 자신을 방어한다.

이 때문에 많은 여성이 상처를 받는다. 감정을 표현할 수 있는 능력이 참으로 놀라운 은사임에도 불구하고, 여성은 너무 감정적이 되었다고 자신을 비난한다. 데카르트조차도 자신의 합리주의 철학 체계가 한 순간의 격심한 감정으로부터 나왔다는 사실을 숨기지 않았다. 파스칼, 키에르케고르, 마르크스를 포함한 수많은 창의적인 사상가의 경우는 어떠한가? 감정은 진정 창조적이다. 모든 창조적인 행동에는 항상 충만한 감정이 따른다.

실제로 자신의 감정 때문에 의사를 찾아오는 여성들을 보면, 그들이 고통당하는 이유는 감정 자체보다도 그것을 통제할 수 없거나 창조적인 방향으로 이끌지 못하기 때문이다. 이 책의 주제인 여성의 사명은 특히 이와 같은 여성의 감수성을 잘 승화시켜 좋은 열매를 맺도록 하는 것과 관련이 있다.

우리가 속한 이 남성적인 사회에서는 그렇게 할 기회가 없기 때문에 여성들은 분노와 욕구 불만의 존재로 전락하고 만다. 비난을 받아야 할 자는, 감정을 환영하는 대신 감정을 없애 버리는 우리 남성들이라고 생각한다. 나 자신도 종종 이런 경험을 한다. 아내가 감정적으로 폭발하면 나는 경직되어 침묵 속으로 잠적한다. 그러한 나의 반응이 아내를 열 배나 더 화나게 할 것을 알면서도 어쩔 수가 없었다.

그 때문에 아내가 다른 많은 여성들처럼 나를 차갑고 둔한 남자로 낙인찍지 않은 것만도 다행스런 일이었다. 오히려 그녀는 나의 반응을 감수성의 증거로 보았다. 대단히 미묘하기는 하지만 이것은 매우 중요한 사실이다! 그것이 남편과 아내 사이에 생기는 수많은 오해의 근원이기 때문이다. 어떤 여성은 클로드 메이야드(Claude Maillard)의 질문을 받고 이렇게 말하면서 울먹였다. "어머니가 얼마 전에 돌아가셨어요. 그래서 아직도 그 충격에서 벗어나지 못하고 있답니다. 저에게는 온화한 사람이 무척 필요했어요. 그런데 세상에서 가장 차갑고 무감각한 남자와 사랑에 빠지고 말았어요."

위 내용의 정황을 잘 모르긴 하지만, 추측할 수 있는 것은 바로 아내가 그토록 넘쳐 흐르는 정서적인 욕구를 갖고 있었기 때문에 그것에 반응할 수 없었던 남편이 얼음처럼 차갑게 느껴졌다는 점이다. 나는 수많은 다른 부부들에게도 이런 현상이 일어나는 것을 보아 왔다. 많은 아내들이 나에게 와서 "저는 정말 남편과 의사소통하는 법을 모르는 것 같아요. 남편의 심정을 전혀 알 수가 없어요!" 내가 이 사실을 남편에게 이야기한다면 그는 펄쩍 뛰면서, "뭐라고요? 의사소통이 없다고요? 천만에요! 우린 온갖 이야기를 다 나누고 있는데요! 아내가 무엇을 더 원하는지 모르겠군요! 여자란 알다가도 모를 존재라니까요!"라고 반응할 것이다.

나는 여기서 부부의 예를 들고 있지만, 사실 이런 문제는 훨씬 더 보편적이어서 사회 생활, 교회, 직장, 여가 활동 등 곳곳에서 이성간에 발생하는 문제다. 감정은 항상 감추어야만 하는 것이고, 감정과 관련된 소재는 회피하기 마련이다. 이 문제는 기혼 여성에게만 국한되지 않고, 미혼 여성 역시 우리 사회의 비인격적인 속성으로 인해 똑같이 시달리고 있다. 사실 미혼인 경우가 더 어려운 처지에 있다. 다른 어떤 것보다도 먼저 숨겨야 하는 감정적인 소재, 곧 결혼에 대한 욕망이 있기 때문이다. 그들은 인격으로서 전혀 존중받지 못하고, 오히려 하나의 사물로, 일하는 기계로 취급당하고 있다고 느낀다. 이 문제는 남자들의 오해로 인해 더욱 심화된다. 간혹 여성이 감정적인 욕구를 드러내게 되면, 남자들은 항상 성욕의 강박 관념에 사로잡혀 있기 때문에, 상대방이 마치 어떤 성적인 관계를 갖고 싶어하는 것으로 쉽게 의심하곤 한다. 사실 여성이 원하는 것은 그저 자신의 어려운 처지에 대한 약간의 공감에 불과한데도 말이다.

따라서 문제는 남성에게 있고, 그들이 자신의 느낌을 표현하지 못하는 것에 있다. 흔히 말하는 것처럼 남성이 여성에 비해 덜 민감하기 때문인가? 난 잘 모르겠다. 그러나 남성은 감정을 숨기고 억눌러서 그것을 의식하지 못하는 상태까지 이르게 된다. 그 때문에 다른 사람 속에 있는 감정까지 두려워하는 것이다. 억압된 감정의 재발을 방지하기 위하여 프로이트의 유명한 잠재 의식 억압력이 작동한다. 소크라테스조차도 독약을 마시는 동안 여자들을 멀리 내보냈고, 아폴로도루스가 눈물 흘리는 것을 훈계했다.

인간 본성 중 가장 인간적인 속성이 박탈된 존재가 바로 남성이다. 그 때문에 대부분의 남자들이 그처럼 비인격적인 것이다. 이것은 앞에서 언급한 보세이 그룹 회의―의사들이 인격적인 관계를 배우기 위하여 이 모임에 찾아왔음에도 불구하고—에서 분명하게 드러난다. 인격적인 관계를 배운다는 목적을 염두에 두면서, 우리는 참석자들에게 자신의 삶에 관하여 또한 그들의 감정을 가장 예리하게 건드렸던 경험에 관하여 이야기하도록 요청한다.

이 모임에 처음 온 사람들은 이것을 알고 미리 겁을 먹는다. 그 중 한 사람은 자기 방에서 백지 한 장을 앞에 놓고 어찌할 바를 몰라 당황하고 근심한다. 그는 저명한 과학자로서 언제든지 뛰어난 강의를 할 준비는 되어 있지만, "나의 개인 생활에 관해서는 별로 할 말이 없습니다"라고 나에게 말한다.

남성은 종종 이러한 감정 표현 마비 현상을 경험한다. 술이나 성욕이 그것을 어느 정도 완화시킬 수는 있지만 그것도 한순간일 뿐이다. 그래서 연애 시절이나 신혼 여행 기간에는 남성이 꽤 인격적이 되기도 하고, 어떤 경우에는 지나치게 수다스러워지기도 한다. 남자가 온통 부드러운 말들과 시어(詩語)를 구사하면 여자는 완전히 현혹되고 만다! 그러나 얼마 지나지 않아 그 남자가 비인격적인 방식으로만 이야기하는 날이 곧 오게 된다.

그렇기 때문에 아내는 항상 남편에게 "당신은 날 사랑하나요?"라고 묻는다. 그러면 남편은 종종 귀찮은 듯한 반응만 보이거나 "잘 알잖아"라는 말로 슬쩍 넘어간다. 물론 그녀는 알고 있다. 그러나 여자는 남편이 그렇게 말해 주는 것을 듣고 싶어한다. 기껏해야 남편은 귀가길에 '꽃으로 사랑을 말하세요'라는 글귀를 보고 꽃집에 들른다. 그 꽃을 받은 아내는 남편에게 감사하게 되지만, 그보다 더 나은 방법으로 사랑 고백을 듣고 싶다는 심정을 감히 이야기하지 못한다.

우리의 성장 배경에도 부분적인 책임이 있다. 마라벨 모르간(Marabel Morgan)은 이렇게 쓰고 있다. "남자 아이는 다리에 상처가 나도 울어서는 안 된다고 가르치는 문화에서 자라났음을 기억하라." "넌 사내야. 여자애들이나 우는 거야." 남자는 이런 식으로 배웠기 때문에 여자를 멸시하게 되고, 또한 가장 자연스러운 감정의 표출을 남자답지 못한 것으로 여기게 된다. 이러한 교육 방식은 특히 귀족 계층과 상류 가정에서 두드러지게 나타나는데, 결국 비인간성을 초래하기에 이른다. 많은 여성들이 나에게 "저는 남편이 우는 모습을 한 번도 보지 못했어요…"라고 말한 바 있다. 그러나 그들은 남편에게 가지 않고 나에게 상담하러 온다!

하지만 성장 배경과 사회적인 풍조만으로 이 현상을 모두 설명할 수는 없다고 생각한다. 그것은 너무나 일반적이고 너무나 어려운 문제여서 도무지 고칠 수 없는 것이다. 남자의 내면에는 선천적으로 감정을 억제하는 성향이 있다. 남자는 지적인 추상 작업 가운데 편안함을 느끼고 인격적인 관계에서는 불편함을 느낀다.

나 역시 예외가 아니다. 나는 내가 개인적이고 인격적인 관계를 형성하는 것을 얼마나 어려워하는지 잘 알고 있다. 나는 그것을 잘할 수 있어야 한다고 생각은 하지만 사실은 그 반대다. 내가 얼마나 수줍음을 잘 타는지를 이야기하면 아무도 믿지 않을 것이다. 그것을 어떻게 극복하느냐고 묻는다면 난 할 말이 없다. 그것은 어떤 기술로 극복할 문제가 아니기 때문이다. 나는 개인적으로 이야기하는 것을 굉장히 어려워한다. 예를 들면, 나는 속으로도 '엄마'보다는 '어머니'라고, '아빠'보다는 '아버지'라고 부르고 있음을 불과 얼마 전에 알았다. 어린 시절에 두 분을 여의었기 때문이 아니다. 전자는 인격적인 반면 후자는 객관적인 호칭이며, 전자는 관계를 의미하는 반면 후자는 역할을 가리키는 말이기 때문이다.

물론 처음 환자를 대할 때는 기술적인 접근을 하게 마련이다. 의사의 일차적인 책임은 과학적인 진료에 있어야 한다. 과학 기술이 종종 대화의 문을 열어 주기 때문에 꽤 편리한 것이 사실이다. 예를 들면, 꿈의 분석은 내가 겪었거나 지금도 겪고 있는 감정적인 경험을 상기시켜 준다. 내가 그런 이야기를 하게 되면 사전 준비 없이도 자연스럽게 인격적인 관계가 형성된다.

그러나 내가 환자만을 만나는 것은 아니다. 언젠가 유럽을 방문할 예정인 미국인 여성 그레이스 할셀(Grace Halsell)이 나를 만나고 싶어한다는 이야기를 들었다. 그녀는 작가인데, 나도 그녀가 쓴 책을 한 권 읽고 뛰어난 감수성에 감탄한 적이 있었다. 그녀가 나를 만나기 원하는 이유는 분명 나와의 따뜻한 인격적 접촉을 기대하기 때문일 것이다. 그 때문에 사실 나는 몹시 걱정하기 시작했고 이미 마음이 꽁꽁 얼어붙어 버렸다. 그녀는 굉장히 실망하게 될 것이다. 나는 이 세상이 감정적인 고독 때문에 고통당하고 있음을 지적한 책들을 쓴 것이 후회스러웠다. 결국 내가 고독에서 벗어날 수 있었던 것은 기적이었다. 기적이 매번 일어나면 좋겠지만 그렇다고 당신이 기적을 만들어 낼 수는 없는 일이다.

그러면 어떻게 해야 하는가? 내 생각은 이렇다. 우선 멋진 식당에 좌석을 예약할 것이다. 그것이 접촉점에 해당한다. 그러고 나서 그녀의 방문을 기다리는 동안 내가 얼마나 신경이 예민해졌는지를 솔직히 고백하고, 또한 나의 심정을 토로할 때 내 혀가 얼마나 얼어붙어 버렸는지를 직접 이야기할 것이다. 비록 그녀가 나를 이해하지 못한다 해도 그것만이 나의 내적인 공포를 극복하는 유일한 길이기 때문이다.

남성은 여성보다 자기 심정을 토로하는 것이 훨씬 더 어렵다. 남자는 인격의 세계보다 사물의 세계에서 훨씬 더 편안함을 느낀다. 이것이 이 책의 처음부터 줄곧 중심 주제가 되어 온 문제에 새로운 빛을 비춰 준다. 즉 남자가 사물의 세계에서 더 편안함을 느끼는 이유는, 그 곳에서는 남자가 어떻게 반응해야 할지 모르는 여성의 감수성과 감정적인 요구를 피할 수 있고, 인생의 신비와 고통으로 인해 제기되는 근본적이고도 비이성적인 의문으로부터도 보호되기 때문이다. 이것은 파스칼이 말한

'전환'(diversion)을 상기시킨다. 그것이 아마 아니 르클레르가 남성들을 향해 "당신들의 행복 관념은 항상 전환된 개념이다"라고 쓴 이유일 것이다.

우리의 비인격적인 문명이 남성들의 손으로 이룩된 이유는, 남자들이 사물과 사물의 조작에 주로 관심이 있기 때문인 동시에 인격적인 관계로 말미암는 당황스러운 상황을 회피하기 때문이다. 그것은 일종의 도피다. 그 말은 언젠가 보세이 에큐메니컬 운동 연구소의 알랭 블랑시(Alain Blancy) 목사가 나에게 해준 것이다. 나는 28개 국에서 온 다양한 청중 앞에서 이 주제에 관해 계속 강연하던 중이었다. 강연 후 진행된 토론 가운데 가장 인상적이었던 것은 남아프리카 공화국의 한 흑인과 위압적인 외모의 에티오피아인 그리고 피지에서 온 젊은 여성의 발언이었다. 사실, 여타 문화들이 감정적인 온화함과 예리한 감각의 공동체 의식을 더 잘 보존하고 있으며, 그런 문화권에서 온 사람들이 서구 문화에 젖어 있는 사람들보다도 서구 문화에 결핍되어 있는 속성을 더 잘 볼 수 있다.

서구 사회는 익명의 사회이자 기능적인 사회다. 사회 구성원 개개인은 하나의 인격으로보다는 그가 수행하는 역할이나 기능에 의해 규정된다. 그가 누구인가 하는 점과 그의 개인적인 문제 등은 별로 중요하지 않다. 그에게 요구되는 것은 자기 역할을 완수하는 것뿐이며, 친밀감 따위는 고려되지 않는다. "일은 어디까지나 일이다"라는 것이 공공연한 원칙으로 되어 있다. 일에는 감정이 들어설 자리가 없으며 양심의 가책도 고려 대상이 되지 못한다. 대인 관계는 기능적인 관계일 뿐이다. 그리고 이런 방식이 효과적인 것은 사실이다. 그래서 같은 직장에 몸담고 있으면서도 서로를 제대로 알지 못하고, 상대방의 주요 임무조차 모르며 가벼운 질문 하나 던지지 않고 수년 동안 그저 일에만 몰두하게 된다.

사회는 각 부품들을 상호 교체할 수 있는 하나의 기계와 같이 운영된다. 남성은 선천적으로 기계적인 성향을 갖고 있다. 가정에서조차도 남자는 보통 기계적인 일을 더 좋아한다. 아내가 두꺼비집의 퓨즈를 교체할 수 있음에도 불구하고, 남편이 그런 일을 좋아하기 때문에 남편에게 기회를 주는 것이 보통이다. 남성적인 사회는 냉혹하게 움직이는 거대한 기계와 같다. 그런 세계에서 여성은 장애인과 같은 존재다. 나의 장인 어른은 항상 "여자와 기계는 같은 문을 사용하지 않는다"라고 말씀하곤 하셨다. 그 때문에 자신의 딸이 기계와 관련된 것에 흥미를 갖지 않게 된 것이 사실이다. 대신 여성은 감정적인 선호 때문에 당황스럽게 할 때가 있다. "난 이것을 좋아하지만 저것은 싫어해요." "왜 그렇지요?" "글쎄, 잘 모르겠어요. 그냥 그래요." 이것으로 대화는 끝난다.

이에 비해 남자들 간에는 끝없는 논쟁이 오가는 경우가 많다. 왜냐하면 그 논의의 주제가 항상 기계적인 문제기 때문이다. 남자는 (변증법상의) 종합을 추구하기 좋아하고 현명한 해결을 지향한다. 그러나 종합이란 사물의 세계에서만 가능하지 인격적인 관계에서는 불가능한 일이다. 물론 당신은 기계 부품들을 계속 조립하여 점점 더 크고 복잡한 기계를 만들어 가는 과정에서 일종의 즐거움을 맛볼 수 있다.

이렇게 기계적인 것을 좋아하는 현상은 오늘날 다음과 같은 우리 시대의 세 가지 큰 흐름의 배후에 놓여 있는 것 같다. 첫째, 대규모 민족 국가의 중앙 집권 현상으로서, 이는 소규모 공동체들이 여기저기 흩어져 살던 중세와는 아주 대조적이다. 둘째, 경제력의 집중화 현상과 기업 합동 및 다국적 기업의 성장으로 인해 책임 소재가 사라져 버렸다. 끝으로, 관료제가 우리 시대의 전염병으로 서구에서나 공산 국가에서나 똑같이 만연해 있다. 관료제 하에서도 개인의 책임은 멀리 사라져 버린다. 개인적인 판단을 회피하기 위하여 수많은 절차와 규칙이 증대되고 있다. 옳은 것이란 곧 규칙에 부합하는 것이며 규칙은 익명의 존재다.

이런 모습이 바로 지난 300여 년 동안 여성을 한 쪽 구석으로 몰아넣은 채 남성들이 이룩한 세계의 실상이다. 당신은 "19세기의 낭만주의는 어떠한가?"라고 나에게 반문할지 모른다. 전문가들의 말을 들어 보자. 페로트(Perrot)는 우리에게 낭만주의 시대에는 분명 "감정의 해방, 눈물을 흘릴 권리, 기절할 권리가 있었고, 오늘날에는 숨겨야 하는 것들인 감상과 감수성을 공개할 수 있는 자유가 있었다.⋯여성들은 서둘러 그 새로운 사상을 수용했으나 결국 여성 스스로가 오히려 그것의 노예가 되어 버렸다"고 말한다. 아론(Aron)은 더 나아가 "사실 19세기는 낭만주의의 공포에 떨던 시대였다"고 말한다.

이것이 무슨 의미인가? 이는 19세기가 본질적으로 현실주의, 실증주의, 산업화의 시대였음을 의미한다. 이성과 객관성, 이윤이 최고의 자리에 군림하는 사물의 세계가 지배한 시대였다는 것이다. 분명 감정—그리고 여성—은 소멸될 수 없는 것이기에 결국 무대 뒤 주변부로 밀려나 버렸다. 그 곳에서 여성은 기절할 수도 있었고, 빅토르 위고(Victor Hugo)는 무대 위의 연기를 방해하지 않고도 불행한 여인에게 연민을 표현할 수도 있었다. 낭만주의도 여성도 역사의 방향을 바꿀 수는 없었다. 그러면 페로트의 표현을 빌리자면 여자는 어디에 '갇혀' 있었는가? 정확히 말해서 여자는 무대 밖으로 밀려난 채 삶의 현실로부터 추방당해 있었다. 나는 지금 바로 그러한 추방 현상에 대해 이야기하고 있는 것이다.

이러한 무대와 주변부의 비유는 나에게 큰 설득력이 있다. 앞에서 나는 감정의 억압이 무의식의 세계로 밀려나는 현상에 관해 언급했다. 심리학자들이 그 깊이를 우리에게 밝혀 준 무의식이란, 말하자면 우리 개개인의 삶에서 무대 주변부에 해당하며, 무대 장면을 줄로 조작하는 무대 뒤쪽을 의미하는데 그 곳에 프롬프터(prompter: 무대 뒤에서 대사를 읽어 주는 사람—역주)가 서서 연기자에게 대사를 속삭여 주는 것이다.

사물의 세계가 남성들에게는 굉장한 흥미거리가 되고, 그 세계에서 남성은 과학 기술, 권력, 효율성에 매료되어 버린다. 그러나 거기에서 여성은 고통당하는 존재다. 아니 르클레르의 말을 들어 보자. "남성이 흥미롭게 여기는 것들은 그저 멍청하고, 부정하며, 억압적이기만 한 것이 아니다. 그것들은 대부분 너무나 황량한 나머지 지루함과 절망의 구렁텅이로 몰고 가기에 충분한 것들이다." 이러한 그녀의 생각에 동조하는 한 남성이 있는데, 그는 바로 폴 리쾨르(Paul Ricoeur)다. 그는 영적인 가치관에 민감한 사람으로서 고도로 산업화된 사회가 낳은 지루함이라는 문제에 관해 언급하고 있다.

우리는 이 점에 대해 공평할 필요가 있다. 아니는 다른 곳에서 다음과 같이 말한다. "나는 여성 역시 남성만큼이나 멍청하고 나쁜 방향으로 행동할 능력이 있다고 생각한다. 그렇게 못할 이유가 어디 있는가? 그러나 이 사회가 여성에 의해 만들어진 것이 아님을 잊지 말고, 이 사회가 여성에게는 분명 악한 곳임을 잊지 말자." 우리는 남녀의 본성에 잠재된 상호 보완성을 잊어버린 것이 아닐까? 하나님이 남자가 독처하는 것이 좋지 않다고 말씀하실 때(창 2:18) 의미하셨던 바를 놓쳐 버린 것이 아닌가? 그 둘이 함께 연기하는 것이, 한 편만 무대에 있고 다른 한 편은 무대 주변부에 밀려나 있는 것보다 더 낫지 않은가?

이제 여성들이 서서히 무대 전면으로 복귀하기 시작했다. 그러나 아직 변화를 일으키기에는 갈 길이 멀다고 생각한다. 아마 그 이유는 여성들이 기존 상태, 즉 남성적인 모델에 순응하면서 시작해야 하기 때문일지도 모른다. 예를 들어, 정치에서 여성은 수세기에 걸쳐 형성된 전통적인 정당 속으로 유순하게 진입했다. 그러나 만약 여성이 여성다움을 담대히 견지하고 자신의 특별한 사명을 깨닫는다면, 그리하여 여성의 영향이 증대된다면 우리 사회는 더욱 인간미가 풍기는 곳이 되지 않겠는가?

6. 가정과 직장 사이에서

나는 서점에서 새로운 책을 발견하면 그것이 어떤 책인지 알기 위해 우선 차례부터 살펴본다. 마찬가지로, 페미니스트건 반(反)페미니스트건—혹은 여자건 남자건—누군가 이 책을 펼쳐 든다면 아마 이 장의 제목에 주목하게 될 것이라고 생각한다. 그는 이 장을 먼저 펴서 읽으면서 저자인 나에게 어떤 즉각적인 꼬리표를 붙이려고 애쓸 것이다. 즉 이 사람은 여성 해방 운동을 찬성하는가 아니면 반대하는가 기혼 여성의 직장 생활을 찬성하는가 혹은 반대하는가?

그는 앞장들을 읽어 보지 못했기 때문에 꽤 실망할 것이고 화를 낼지도 모른다. 왜냐하면 나는 그 어느 편도 아니기 때문이다. 그는 내가 하는 말을 잘 이해하지 못할 것이다. 내가 모든 여성에게 사명이 있다고 말할 때, 그 의미는 여성이 어떤 일을 해야 한다고 지시하는 것이 아니라, 그들이 가정에서건 직장에서건 정치 분야에서건 관계없이 스스로 자신의 민감성과 인격 감각을 통하여 이 사회에 기여할 바를 볼 수 있도록 도와주는 것이다. 내가 이야기하는 사명은 모든 여성에게 해당되는 것으로서, 현실적으로 직장 생활을 해야 하는 미혼 여성이나, 특히 가정에서 노부모를 보살펴야 하는 여성까지 모두 포함한다.

남자인 내가 여성들에게 주어진 여러 선택에 관하여 어떤 원칙을 부과하려 한다면 그건 웃기는 일일 것이다. 더군다나 그런 시도는 여성을 책임 있는 존재로 대우하지 않는 것이며, 그들의 자유를 부정할 뿐 아니라 심리치료사의 본분에도 어긋나는 것이다. 심리치료사가 환자의 양심을 지도하는 위치에 서지 않도록 조심해야 한다는 사실은 이미 잘 알려진 것이다. 그렇게 하기 위해서는 가능한 한 최소한의 지도 역할만 담당해야 하고, 모든 편견으로부터 최대한 자유로워야 하는데, 그 이유는 환자의 인격적인 계발을 봉쇄하고 있는 것이 바로 어린 시절에 경험한 부모의 편견과 현재 겪고 있는 사회적 환경이 주는 편견이기 때문이다.

그런데 그런 주제에 관해 내가 읽은 대부분의 책은 오히려 정반대의 이야기를 하고 있다. 온통 모순된 충고와 원칙이 난무하고 있는 것을 본다. 이와 같은 추상적이고 이론적인 논쟁은 여성적이기보다 오히려 남성적인 것인데, 놀라운 사실은 여성들이 그런 논쟁을 하고 있다는 점이다. 물론 기혼 여성이 집안일에만 충실해야 한다는 입장과 직장을 가져야 한다는 입장은 각각 충분히 타당한 근거를 갖고 있다. 그런 논쟁은, 마치 부부싸움에서와 같이 양편 모두 옳은 것이고 또 그것을 쉽게 확증할 수 있다. 왜냐하면 각기 상대방이 보지 못하는 측면만 강조하지, 상대방이 강조하는 바는 보지 않으려 하기 때문이다.

프랑스 퀘레(France Quéré)는 여성의 역할에 관한 이론적인 논쟁이 얼마나 무익한 것인지를 잘 보여 준다. 그러한 논쟁은 오랜 역사적 뿌리를 갖고 있다고 그녀는 말한다. 그것은 창조에 관한 두 가지 다른 성경 해석으로 거슬러 올라간다. 소위 '제사장적 해석'은 남녀, 곧 인류의 동시적 창조를 강조한다. "하나님이 자기 형상 곧 하나님의 형상대로 사람을 창조하시되 남자와 여자를 창조하시고"(창 1:27). 한편 '야훼적 해석'은 남자가 홀로 있는 것이 좋지 못하다고 판단하신 후에 하나님이 행하신 일이라고 주장한다. 그래서 하나님이 남자의 갈빗대 하나를 취하여 여자를 만든 후 남자에게 데리고 와서, 남자가 자유로이 "자기를 위해 돕는 배필"(창 2:18-23)로 영접하게 하셨다는 것이다.

그 때 이후로 줄곧 이 두 입장은 서로 충돌해 왔다. 전자는 남녀의 유사성과 동등성 그리고 불가분의 연대성에 주목하는 반면, 후자는 남녀의 차이점, 여성의 종속성 및 여성의 독특한 존재 목적 등을 강조한다. 이 논쟁은 끝이 없는데, 그 이유는 어느 편도 상대방을 이해하려 하지 않고 논쟁만 일삼기 때문이다. 각 입장이 너무나 확고한 나머지 때로는 증거를 꾸며내는 것도 마다하지 않는 경향이 있다. 여성이 가정에만 있으면 그 잠재력이 최대로 계발될 수 없다는 주장을 하는 베티 프리단(Betty Friedan)은 다음과 같은 재미있는 일화를 이야기한다. 한번은 어떤 정신 분석학자가 베티의 입장에 반대하면서, 그 근거로 네 명의 여성이 가정에 있으면서도 자기 성취를 이룩했다고 주장했다고 한다. 그래서 베티는 그 여성들을 한 사람씩 방문하여 조사해 보았다. 그랬더니 그들이 모두 실상은 직장 여성이었다는 것이다.

최악의 경우는 직장 여성과 주부를 대립 관계로 보는 행습이다. 자클린 젤리(Jacqueline Gelly)는 "직장 여성과 주부 사이에 인위적인 장벽을 만드는 것은 합리적이지 않다"고 쓰고 있다. 아울러 르 가레(Le Garrec)는 "이상적인 것은, 그러한 장벽을 무너뜨리고 서로가 더 이상 상대편을 적이나 경쟁 상대로 보지 않는 것이다"라고 말한다. 어떤 여성은 종교적인 헌신을 위해 결혼을 포기하고, 어떤 사람은 직업 때문에 그렇게 하기도 한다. 그와 반대로, 결혼을 해서 자식을 갖기 위해 학업과 직업을 포기하는 여성도 있다. 또 어떤 여성은 그 둘 사이에 조화를 이루기 위해 애쓰는데, 결코 쉬운 일이 아니다. 한편 어떤 사람은 결혼을 해서 가정을 이루고 싶지만 만족스러운 배우자를 만나지 못해 어쩔 수 없이 그 길을 택하지 못한 경우도 있다.

나는 의사로서 여성들이 직면하는 지극히 복잡한 문제를 너무나 잘 알고 있다. 무엇보다도 여성들이 자신의 인생을 그저 숙명적으로 받아들이지 않고 적극적으로 책임 있는 삶을 살도록 돕고 싶은 마음이 간절하다. 또한 심리학자로서, 여성들이 자기가 내리는 선택에 의해서 결국 어떤 결과를 초래하고 있는지를 밝히 볼 수 있도록 돕고 싶다. 예를 들자면, 특별히 스피츠(Spitz)의 연구에 힘입어 한 가지 중요한 이론이 정립되었는데, 그것은 아이가 태어난 뒤 처음 1년 동안은 아기에게 엄마가 절대적으로 필요하다는 것이다. 그 아기의 남은 생애의 정신 건강은 그 1년에 달려 있다고 한다.

인간의 경우, 모든 아기는 미숙한 상태로 태어난다. 다른 모든 포유동물의 새끼는 태어나는 즉시 이리저리 움직이면서 먹이를 찾아 나설 수 있다. 사람의 경우는 1년쯤 되어야 겨우 그런 단계에 진입한다. 또한 생물학적 발달이 느리기 때문에 아기는 이 성장 시기를 엄마의 뱃속에서 보낼 수 없다. 따라서 그 결핍은 엄마의 본능적인 보살핌으로만 보충될 수 있다. 또 한 가지 인간의 특유한 속성은 다른 어떤 동물보다도 관계상의 문제가 정신 계발에 핵심적인 역할을 담당한다는 사실이다.

그것은 정신 계발뿐 아니라 인격 계발에도 필수적이다. 인격은 정신과 동일시되어서는 안 된다. 신체가 오히려 인격과 더 결속되어 있다. 그 때문에 심리치료사만큼이나 외과 의사도 인격적 의술에 관심을 갖는 것이다. 우리가 어떤 사람을 직접 만났다고 표현할 때, '한 인격으로'(in person) 또는 '한 육체로'(in the flesh)라고 쓰는데 이 둘은 동일한 것을 의미한다. 처음 몇 개월 동안 엄마 뱃속에서 있는 아기가, 태어난 후 여전히 엄마와 절대적인 인격적 접촉을 즐기는 이유는 그 아기가 엄마의 한 부분이기 때문이다. 따라서 우리는 야노프 박사가 아기와 엄마의 신체 접촉이 얼마나 중요한지를 계속 설명하는 이유를 이해할 수 있다. 즉 엄마가 아기를 품에 안고 뽀뽀하고 감싸 주는 것이 지극히 중요하다는 것이다. 그의 환자들은 정신 분석보다도 '최초의 울음' 요법을 통하여 인생 초기의 경험, 특히 신체 접촉의 부족으로 인한 고통을 기억해 낼 수 있게 된다.

이것은 너무나 중요한 점이기 때문에 모든 직장 여성은 출산 후 1년 동안 유급 휴가를 받고 그 후에 직장으로 복귀할 수 있도록 법적으로 보장해 주어야 한다. 하지만 여성들이 직장을 구하는 것이 어렵게 될 것 같아서 이런 제안을 지지하지 않으려 할까 봐 우려된다. 이미 현재 상황에서도, 여자가 남성과 동일한 고용 기회를 획득할 수 있는 유일한 방법은 '불임을 입증하는 증명서'를 만들어 내는 것일 거라고 크리스티안 콜랑주(Christiane Collange)는 지적하고 있다. 하지만 그 비용은 퇴직연금과 같이 사회에서 부담할 수 있다.

그러나 어린아이에게는, 1년이 지난 후에도 여전히 엄마가 필요하다. 여성들은 이 사실을 너무나 잘 알고 있기 때문에 굳이 상기시킬 필요도 없다. 따라서 여성들은 아이를 갖고 싶은 갈망 때문에 학문이나 직업 경력을 포기해야 하는 심각한 내적

위기 상황에 부딪히게 된다. 더구나 이미 아이가 있어서, 고대하던 엄마가 귀가하여 아이를 안아 주면 온통 얼굴에 웃음이 가득하고 눈망울은 기쁨으로 충만해지는 모습이 역력할 때에는 그 고통이 훨씬 더 심하게 느껴진다.

직장 생활을 포기할 수 없거나 포기하고 싶어하지 않는 여성을 비판하기에 앞서 우리는 그 여성이 스스로에게 부과하고 있는 모든 희생, 즉 만성적인 과로에 시달리는 힘겨운 생활을 이해해야 한다. 그녀는 보통 직장에서 바로 슈퍼마켓으로 달려가야 하고, 남편과 아이들이 모두 잠자고 있는 밤늦은 시간까지 홀로 집안일을 해야 하는 고충을 겪게 마련이다.

아울러 부부가 맞벌이하는 집안의 아이가 안고 있는 심각한 문제에 대해 정신과 의사들은 줄곧 강조해 왔다. 학교에서 돌아올 때 집에 아무도 없기 때문에, 잃어버리지 않으려고 목에 열쇠를 걸고 등교하는 아이를 보면서 많은 교사들이 깊은 우려를 금치 못한다. 그래서 탁월한 기자이자 대표적인 직장 여성으로 명성이 높은 크리스티안 콜랑주 여사조차 "그러므로 직장 생활을 하지 않는 여성들을 다같이 축복합시다. 그들이 없다면 우리는 어떻게 되겠습니까?"라고 호소한다. 이 호소는 진정 우리의 상상을 초월하여 여성들 사이에 널리 퍼져 있는 귀중한 연대감을 증명하는 말이다.

가정 생활을 위해 모든 것을 포기한 여성은 이웃의 병든 아이를 돌봐줄 수 있고, 때로는 엄마가 직장에 다니는 아들 친구가 아들과 함께 학교에서 돌아올 때 반갑게 맞아 줄 수 있다. 또 그 아이가 학교에서 하루 동안 겪은 잡다한 사건들을 이야기할 때 귀담아 들어 주는 상대가 되기도 한다. 그러면 그 아이는 마음에 있는 것들을 억눌러 버리지 않고 표현하는 법을 배우게 되는 것이다.

그러나 오늘날에는 식구가 훨씬 줄어들었다. 얼마 전까지만 해도 자식을 여덟 내지 열 명 가량 가진 가구가 상당히 많았다. 현재 서구에는 아이를 둘 이상 가진 가정이 매우 드물다. 따라서 내가 보기에는, 기혼 여성이 직장에 다니는 것을 맹렬히 비난하는 사람들은 이와 같은 커다란 변화를 제대로 포착하지 못한 것 같다. 과거에는 분명 엄마가 많은 자녀들을 돌보는 일에 전적으로 시간을 보낼 수밖에 없었다. 음식을 만들어 먹이고 보관하는 일은 말할 것도 없이, 아이를 낳을 때마다 2, 3년씩 젖을 먹여야 하니까 말이다. 더구나 막내까지 젖을 떼자마자 자식보다 더 많은 손자 손녀들을 보살펴야 하는 상황이었다.

이제는 이 모든 것이 변하고 여유가 많이 생기게 되었다. "서부 및 북부 유럽에 사는 현대 여성들은 조숙하다. 왜냐하면 과거의 긴 전통에 비해 더 빨리 결혼하고 더 빨리 아이를 낳고 또 더 일찍 출산을 끝내기 때문이다"라고 에블린 쉴레로는 말한다. 따라서 우리는 여성들이 이처럼 일찍 찾아오는 여유에 대해 미리 염려하는 이유를 이해할 수 있다. 이러한 인구 통계학적 특성과 관습상의 급격한 발전이 모든 예측을 불허하고 있다. 이 두 요인의 결과가 서로 상승 작용을 불러일으킬지, 혹은 서로 상쇄시킬지는 아직 아무도 모른다.

나는 상당한 개선을 가져올 수 있는 방안이 적어도 한 가지 있다고 생각한다. 기본적으로 거의 모든 엄마들은 가정에서의 역할과 직장 생활이나 적극적인 사회 활동 사이에 조화를 이루고 싶어한다. 따라서 만약 기혼 여성이 한나절씩 일하는 것이 당연하다고 일반적으로 받아들여지기만 해도 이런 조화는 훨씬 더 쉽게 이루어질 것이다. 이 방향으로의 흐름이 이미 진행되기 시작했다. 크리스티안 콜랑주에 따르면 프랑스의 경우 여성 직업 중 15퍼센트가 파트 타임인 데 비해 덴마크와 영국은 그 비율이 거의 40퍼센트에 달한다고 한다.

그러나 이런 운동이 전통적인 반대에 직면하고 있음을 나는 오랫동안 인식해 왔다. 내가 개업의로 있을 때, 어떤 환자는 직장으로 복귀하여 서서히 근무 시간을 늘려 갈 수만 있다면 그 회복기가 훨씬 짧아질 것이라고 생각하곤 했다. 그러나 고용주가 그런 제안을 반대하는 경우를 많이 보았다. 그들은 "우리는 파트 타임 직원을 어떻게 다루어야 할지 모릅니다. 그런 직원은 책임감이 약하죠. 그가 완전히 회복될 때까지 기다렸다가 나중에 고용하겠습니다"라고 변명한다. 회사의 일이 그 사람의 이익보다 앞서는 것이다. 물론 어떤 일은 파트 타임이 불가능하다. 그러나 그런 업무는 소수에 불과할 것이다. 병원의 경우, 환자들은 간호사가 자주 바뀌더라도 큰 어려움 없이 적응할 수 있다.

여성들은 이미 잦은 결근으로 신뢰를 잃었다. 한 아이만 아파도 엄마는 결근할 수밖에 없다. 에스더 빌라(Esther Vilar)는 "여성은 일시적인 직원이라는 사실을 만인이 알고 있으므로, 여성에게 맡겨지는 업무는 비교적 덜 중요한 것들뿐이다"라고 말한다. 그리고 그녀는 혁신적인 개혁을 제안하는데, 그것은 남녀 불문하고 하루에 다섯 시간, 한 주에 닷새만 일하자는 것이다. 그렇게 되면 남편과 아내가 각각 수입의 반씩을 벌게 되고, 반나절씩 교대로 아이를 돌보게 되므로 아이는 늘 부모 중 한 사람과 같이 있게 될 것이다. 이에 덧붙여, 일과 중 휴식 시간을 없애 버리고 그에 상응하는 만큼 출퇴근 시간을 절약할 수 있는 이점도 있다. 에스더 빌라는 의사이면서 인격 감각을 지닌 여성이다. 어쨌든 그녀는 아이들의 인격적인 욕구를 이해하고 있으며, 남녀가 동등한 책임이 있음을 믿고 있다. 이것이 지나친 이상주의로 여겨지는가? 그게 아니라, 우리 남성들의 상상력이 부족하기 때문은 아닐까? 우리가 방금 언급한 바와 같이 여성들은 다시 한 번 무대에서 자기 자리를 차지하고 있다. 그리고 지금까지 이 복귀 현상이 가장 효과를 거둔 곳이 직업의 영역이다. 그러나 여성들은 남성적인 직장에서 하루를 보내면서 남성들을 위해 남성이 고안한 구조에 적응하지 않으면 안 되었다. "그래, 당신도 우리와 같이 일하고 싶어? 그러면 당신도 우리가 하는 것처럼 우리 업무 구조에 순응해야 할 거야. 순응하느냐, 거부하느냐 둘 중 하나지." 아마 여성의 해방과 더불어 이 모든 기존 구조를 재고해야만 할 것이다.

남성적인 업무 구조는 산업화와 관계가 있다. 앞에서도 언급했지만 남성들은 기계화를 선호하기 때문이다. 영국에서 처음으로 산업화가 시작된 곳이 섬유 산업이었음을 상기해 보라. 최초로 자동 직기를 발명한 엔지니어들에게는 그것이 얼마나 굉장한 사건이었겠는지 상상해 보라! 그러나 그 기계들에 신경을 쓰고 그것을 다루는 사람들에게는 더 이상 놀라운 사건이 아니다. 오히려 그것은 무감각하게 느껴지는 일과에 불과하다. 문명 세계가 안고 있는 가장 심각한 문제 중 하나가 바로 이 양자간의 불균형, 곧 자기 일을 좋아해서 신나게 일하는 소수의 무리와 그 일을 싫어하지만 먹고 살아야 하기 때문에 할 수 없이 해야 하며, 그들의 삶은 일이 끝나는 순간에야 비로소 시작되는 수많은 대중 사이의 굉장한 부조화 현상이 아닌가?

사실 섬유 생산은 수천 년 동안 여성이 독점한 분야였다. 그리고 그것은 '실질적인 생산'에 해당하는 분야였기 때문에, 그 당시 경제 전문가가 있었다면 분명 국민총생산에 포함시켰을 것이다. 피터 라슬레트(Peter Laslett)는 이 점을 지적하면서 짚, 바구니, 레이스 등으로 만든 세공품도 덧붙이고 있다. 그는 이어서 "이 제조 활동이 너무나 중요했기 때문에, 18세기 말 영국의 두 지역에서는, 가정에서 일한 것까지 포함한다면 당시 여성의 일이 오늘날의 업무량보다도 더 많았다"고 쓰고 있다.

그리고 중요한 사실은 이 모든 생산 활동이 가정에서 아기를 돌보면서 흥겨운 노랫가락에 맞추어 수행되었다는 점이다. 실 감는 막대, 물레, 베틀 등은 모두 행복하고 활동적인 여성을 상징하는 물건이다. 우리의 오랜 전설은 항상 여왕이 말 위에 앉아 실 감는 막대를 손에 들고 선량한 백성을 순방하는 모습을 그리고 있다. 중세에 만든 물건과 의상들이 현대에 만든 것들보다 더 세련되었음을 우리는 인정해야만 한다. 산업화는 기업을 윤택하게 만든 반면, 여성들이 수세기 동안 즐겨 오던 생산 활동을 박탈했고 가정과 일터를 분리시키는 불행을 낳았다.

내가 처음으로 여성의 사명에 관하여 강연한 곳은 약 400명의 농부 아내들이 모인 집회에서였다. 그들이 스스로 이 주제를 택했고, 내가 그처럼 순전히 농업에 종사하는 청중만을 대상으로 한 강연은 그 때가 처음이었다. 그들의 공감을 불러일으키기 위해 나는 젖소 짜는 법을 알고 있다고 이야기하면서 말문을 열었다. 그 다음 나는 그들이야말로 가족과 함께 가정에서 일하는 오늘날 매우 드문 특권을 소유하고 있음을 강조했다.

과거만 하더라도 그런 직업이 더 많았다. 구두 수선, 시계 제조, 식료품 가게 등은 모두 일과 가정이 연합된 직종들이었다. 집과 작업실이 가게 뒤에 있어서 하루 종일 왔다갔다했다. 남편과 아내가 서로 도우면서 역할을 바꾸기도 하며 종일 함께 일했다. 또한 서로 상대방의 일을 관찰하며 인정해 줄 수 있었다. 그리고 아이들이 학교에서 돌아오면 가게에 나가 쌀을 저울에 달아 주고 손님들을 위해 일하는 것이 예사였다.

물론 지금보다 일하는 시간이 더 길긴 했지만 아무도 그것을 의식하지 않았다. 왜냐하면 일하는 시간과 가족과 보내는 시간이 같았기 때문에 오늘날처럼 업무 시간을 빼 내어 가족과 보내는 시간을 따로 만들 필요가 없었던 것이다. 아내는 찾아오는 손님들에게 잡담을 늘어놓을 수 있었다. 한 손님에게는 남편의 술주정에 대해, 다른 손님에게는 아픈 딸이나 학교 생활에 어려움을 겪는 아들에 대해 이야기할 수 있었다. 일요일 오후가 되면 여유가 생겨 부부가 함께 틈틈이 카드놀이도 하면서, 결산도 하고 재고 파악을 해서 주문할 것을 준비해 놓기도 했다.

아내는 남편과 마찬가지로 수입이 얼마인지를 알게 마련이고, 남편은 살림 비용으로 얼마가 들어가는지도 알게 되었다. 그러한 가운데, 서로간에 갈등이 생긴 것도 사실이지만 인격적인 접촉이 매우 풍성했다. 그러나 오늘날에는 남편과 아내가 같은 슈퍼마켓에서 일한다 하더라도 남편은 매장에서, 아내는 계산대 앞에서 따로 일할 경우, 하루 종일 말 한마디 못 건네거나 얼굴조차 못 보게 된다. 여자가 남자보다 숫자 감각이나 전자기기를 다루는 능력이 뒤떨어지는데도 대부분 계산대를 여성이 담당하고 있는 현상 역시 의문이다.

하지만 시골 의사들 가운데는 여전히 부부가 함께 일하는 특권을 누리는 사람들이 있다. 아내는 남편이 돌보는 동네 환자들과 주변 마을 사람들을 알고, 또한 긴급한 경우 전화가 없어서 아내가 직접 남편을 부르러 가야 하기 때문에 먼 외딴 농장 사람들까지도 알고 있다. 그녀는 약을 조제하기도 하고 주사도 놓으며, "그 문제에 대해 다시 남편에게 말해 볼게요"라고 덧붙이며 값진 조언을 하기도 한다. 그녀는 술집 문 앞에 잠시 서서 술주정꾼에게 친근한 충고의 말을 던지기도 하고, 식료품 가게에서는 당뇨병 환자에게 식이요법을 상기시키기도 한다. 또한 연로한 환자를 자동차로 긴급히 의사에게 실어다 주기도 한다.

무엇보다도 그녀는 질병의 배후에 있는 은밀한 문제를 예측하여 의사의 주의를 환기시킨다. "여보, 그 환자하고는 한 번 더 상담하셔야 해요. 그 환자와는 질병뿐 아니라 사생활에 관해서도 대화할 필요가 있어요." 보통 어떤 의사가 이해심이 있다는 평판을 들을 때는 어떤 면에서는 아내가 기여한 바가 크다. 그 의사가 일급 전문의일 수도 있으나 아내가 의술을 초월하는 또 다른 측면을 보도록 도와주는 경우가 많으며, 그럴 경우 그들의 삶은 서로의 도움으로 말미암아 더욱 풍성해진다.

나는 또한 부부가 함께 운영하는 식당을 우연히 들른 적도 있다. 그러나 이같이 특권을 누리는 소수의 직업을 제외하면, 오늘날 농촌 밖에서는 일을 함께 하는 공동체를 거의 발견할 수 없다. 이제는 농촌조차도 기계화에 밀려 그 숫자가 급격히 줄어들고 있는 실정이다. 내가 어릴 때만 해도 수많은 남녀가 흥겹게 낫과 쇠스랑, 갈퀴 등을 들고 추수하며 건초를 만드는 모습을 보며 자랄 수 있었다. 오늘날에는 기계 선호 본능에 이끌려, 한 사람이 트랙터로 외롭게 일하는 광경이 비칠 뿐이다. 혹은 전문 기술자를 고용해서 시끄러운 소리를 내는 크고 복잡한 기계를 사용하게끔 한다.

생산의 기계화는 도처에서 인격적인 접촉을 말살하고 있다. 물론 나도 이제는 기계 없이 살 수 없고, 기계가 주는 모든 유익도 잘 알고 있다. 그 점에서 나는 전형적인 남성이다. 내가 말하고자 하는 바는, 이런 상황에서 인격적인 관계에 대한 감각을 지닌 여성의 기여가 없다면, 남성은 그 자체에서 기쁨을 찾지 못하는 한 방향 없이 그저 맹목적으로 생산만 증대시키는 일을 계속할 것이라는 점이다. 강철 조립 장난감을 갖고 노는 사내아이를 보라. 그 아이는 크레인을 만들고는 즐거워하지만, 몇 번 반복하다가 이내 싫증을 내고 만다. 그래서 새로운 것을 만들기 위해 곧 크레인을 분해해 버린다. 남성은 모든 일을 이런 식으로 계속하는 열병에 걸린 존재와도 같다.

다른 한편, 여자아이는 소꿉장난으로 몇 시간이고 즐겁게 놀 수 있는데, 그 이유는 그 장난감으로 살아 있는 세계를 엮어 내기 때문이다. 여자아이는 자기 세계를 각 개인들로 가득 채우고는 각각의 존재와 자신을 동일시한다. 그리고 그들의 삶, 기쁨과 슬픔 등 끝없는 대화로 얽힌 이야기를 상상한다. 여자아이는 감정의 상호 교환을 즐긴다. 즐거움(enjoyment). 나는 여성들이 여성 문제에 관해 쓴 책들을 접할 때마다 이 단어를 거듭 보곤 한다. 남성은 생산 실적을 양적으로 측정하지만 여성은 그 생산품을 사용하는 데서 오는 즐거움으로 생산 실적을 측정한다.

7. 여성의 지위

나는 방금 섬유에 관해 언급했다. 그러나 여성들이 개인적인 즐거움을 박탈당하고 경제적인 가치 창출의 기회를 잃어버린 분야가 섬유 산업만은 아니다. 19세기 말에 사셨던 우리 외할머니는 당시 활동적인 여성의 전형이셨다. 그분은 집안에서 아침부터 저녁까지 늘 바쁜 나날을 보내셨다. 외할머니가 버터를 녹이실 때 누나와 나는 캔디가 먹고 싶어 침을 흘리며 기다리던 기억이 지금도 생생하다. 커피 볶는 냄새가 아직도 나는 것 같다. 여러 종류의 고기를 소금에 절이는 것도 그 자체가 기술이었다. 외할머니는 매년 그루에르에서 큰 치즈덩어리를 통째로 주문한 다음 그것을 신선하게 보관하려고 백포도주에 절인 천으로 싸서 돌 항아리에 넣어 두곤 하셨다.

외할머니는 접대한 손님마다 이름과 대접한 음식을 기록해 놓으셨는데, 그 이유는 똑같은 음식을 두 번 다시 내놓지 않기 위해서였다. 금주가인 목사님에게는 집에서 만든 라즈베리 시럽을 대접하셨는데, 목사님은 그것을 무척 좋아하셨다. 할머니가 정원에서 과일을 따다가 설탕을 넣어 여러 종류의 잼을 만드시던 모습이 눈에 선하다. 잼 만드는 것은 당시 그 지방 주부들의 대화 소재였으며, 그들은 각기 나름대로 특별한 비결을 갖고 있었다. 지금은 슈퍼마켓에서 금방 살 수 있게 되었지만 예전 같은 그런 즐거움은 사라져 버렸다.

베른하임(Bernheim) 여사의 반어적 표현은 너무나 유명하다. "위대한 철학자들은 모두 남자다. 그러나 감자를 잘 깎는 사람은 모두 여자다." 이 말이 우스갯소리처럼 들릴지 모른다. 그러나 베른하임 여사는 다 함께 감자를 깎는 친밀한 분위기에서 오가는 여성들의 수많은 밀담을 모르고 있었을 것이다. 물론 우리 외할머니는 하인들에게 그런 일을 시키셨지만, 그들 역시 가족의 일원이었고 가족의 기쁨에 동참했다. 하인들은 주인집 자식들과 너무나 친해져서 보통 엄마 이상으로 아이들에게 많은 영향을 미쳤고, 아이들도 부모만큼이나 그들을 좋아했다.

내 아내 넬리가 바로 좋은 예가 된다. 아내가 살아 있을 동안, 나는 매년 그녀를 데리고 보이드 주의 조그마한 마을에 사시는 연로한 할머니 한 분을 방문했다. 그 할머니가 바로 아내의 어린 시절에 매우 중대한 역할을 하셨던 분이기 때문이다. 나 역시 어린 시절에 어머니가 심하게 앓으셨을 때 나를 보살펴 주신 아주머니를 만나러 다른 마을로 가곤 했다. 집안에 하인을 데리고 있던 시절은 이미 과거라는 사실을 알고 있다. 그러나 오늘날 수많은 여성들이 공장에서 하는 단조로운 작업이 과연 감자 껍질 벗기기보다 더 흥미로운 일일까? 봉급 면에서는 더 나을지 모르지만 인격적인 접촉에의 욕구는 채워지지 않은 채 남아있게 된다. 시끄러운 기계 소리 때문에 대화가 거의 불가능하고, 가슴속의 비밀을 큰 소리로 외쳐 댈 수도 없기 때문이다.

어쨌든 모든 남편이 위대한 철학자인 것은 아니다. 놀랍게도 많은 지식인들은 일상 생활의 문제들로 난처해하고 있다. 지식인 남편이 아내를 잃는 불상사가 일어날 수도 있다. 아내는 지식인으로 가장하지 않으면서 자기 인생의 의미를 발견하고, 남편이 인류를 위해 중요한 연구에 몰두하도록 그의 일상적인 욕구를 충족시켜 주는 데서 자부심을 느끼며 산다. 작가인 아나이스 닌의 말에 따르면, 그런 아내가 오늘날에는 단지 남편을 통해 대리 인생만 살았다는 이야기를 듣게 된다. 그러나 그렇게 따지자면 물질 생활의 측면에서는 남편 역시 아내를 통해 대리 인생을 살았다고 말할 수 있지 않겠는가?

감자 이야기를 하다 보니 일화가 하나 떠오른다. 1946년 봄, 아내와 함께 독일에서 열린 어느 의사 대회에 참가하고 있을 때, 먹을 것이라곤 감자밖에 없었다. 그 때 우리는 스위스에서 커피와 초콜릿을 갖고 가서 대환영을 받았다. 식사 도중 넬리는 어떤 교수 부인이 자기를 계속 쳐다보는 것을 알고는 왜 그렇게 쳐다보는지 물었다. 그러자 그 부인이 "당신은 왜 남편이 먹을 감자 껍질을 벗겨 주지 않죠?"라고 되물었다. 넬리는 그 소리를 듣고 크게 웃으며 "당신은 제 남편을 잘 모르는군요. 그는 너무나 독립심이 강해서 그걸 허락하지 않는답니다"라고 대답했다.

당시만 해도 독일에는 교수에 대한 진정한 존경심이 남아 있던 때였다! 그러나 많은 여성들이 남편을 존경하면서 동시에 조금이나마 자기 자신을 떠받들고 있는 것은 아닌가? 여성들이 자신은 남편을 통해 대리 인생을 사는 것에 불과하다고 말할 때 그것이 어떤 질투심에서 나온 말은 아닌가? 나는 위대한 철학자는 아니지만 이 문제는 모든 부부가 직면하는 것이라고 생각한다. 우리 부부 역시 종종 이 문제에 관해 이야기했다. 넬리는 나에게 너무나 헌신적이어서, 나는 종종 내가 그녀의 인생을 대신 살아 주는 것이 아닌가 혹은 그녀의 인생을 질식시키고 있지는 않은가 생각했다. 그 의문에 대해 답할 수 있는 사람은 넬리밖에 없는데, 그것은 어떤 사실보다도 아내가 어떻게 느끼느냐에 달려 있기 때문이다.

부부간에 진정한 대화가 이루어진다면, 아내는 자신이 느끼는 바를 파악해서 그것을 표현하게 될 것이고, 아내가 자기 인생을 제대로 살고 있다고 느끼는지 대리 인생을 산다고 느끼는지 말할 수 있을 것이다. 나는 어떤 여성들이 그저 대리 인생만을 살아 왔다고 불평하는 글을 읽을 때, 그들이 남편과 그 문제에 대해 한 번도 솔직한 대화를 나눈 적이 없음을 발견하고는 깜짝 놀라곤 한다. 진짜 문제는 오히려 그런 대화의 부재에 있는 것이 아닐까?

내가 보기에, 여성은 한 남자에게 자신을 헌신할 때보다 더 행복할 때가 없는 것 같다. 결혼 관계에서뿐 아니라 직장에서 자신이 존경하고 흠모하는 상관의 비서로 일할 때도 그렇다. 남성들이 여성의 이러한 타고난 충성심을 종종 악용해 왔다는 것은 명백하며, 그것은 매우 악독한 짓이다. 그러나 모든 '남성적'인 객관성을 동원해서 말하건대, 나는 여성들이 이러한 착취를 스스로 추구하거나, 적어도 무지한 가운데 착취에 기꺼이 몸을 던지는 것처럼 보인다고 말하지 않을 수 없다. 내 아내는 "저를 불안하게 만드는 것은, 당신이 항상 자율적으로 자기 일을 처리하고 싶어하는 거예요. 그럴 때는 당신을 위해 무엇을 해야 할지 전혀 모르겠어요"라고 종종 말하곤 했다.

다른 많은 여성들도 나를 위해 무엇을 하면 좋을지 나에게 묻곤 했다! 그들의 요청은 나를 기쁘게 하기 위한 것이었다. 그러나 동시에 그것은 그들이 얻을 기쁨을 위해서이기도 하다. 그런데 나는 내 스스로 일을 처리할 수 있다는 자부심과 남에게 신세 지고 싶지 않다는 생각 때문에 후자의 기쁨을 박탈한 셈이다. 따라서 페미니스트들이 여성의 가슴속에 심겨 있는 섬김의 욕구를 근절할 수 있을지는 심히 의심스럽다. 여성들이 만약 자기 남편에게 덜 헌신하게 되면 자연히 다른 남성에게 충성하게 될 것이다. 직장 일이든 감자 껍질 벗기는 일이든 여성은 결코 **어떤 것**을 위해 일하지 않고 항상 **누군가**를 위해 일하게 마련이다. 여성은 자기 남편이나 고용주가 허망하고 이기적인 인간임을 발견하게 되면, 자기 일에 대한 흥미를 잃어버릴 뿐 아니라 착취당하는 종처럼 느끼게 될 것이다.

지금은 내가 홀아비이기 때문에 종종 슈퍼마켓에서 깎아 놓은 감자를 사곤 하지만 과거에는 훨씬 더 자주 감자를 직접 깎곤 했다. 감자 껍질 벗기는 기구를 처음 발견했을 때 얼마나 기뻐했는지 모른다. 그것은 마치 기계에 대한 나의 남성적인 흥미에 맞추어 나를 위해 만든 물건처럼 보였다. 그러나 아내는 예전의 감자 깎는 칼을 더 좋아했다.

아내는 전문인이 아니었다. 아내가 속했던 세대에는, 결혼을 앞둔 시기에 어떤 기술을 익히기보다는 다른 일 하기를 더 좋아하던 때였다. 어떤 직업을 택하기보다는 사회 봉사에 더 치중하던 시대였다. 넬리는 언니의 영향을 받아 여성 사역 연구소에서 개설한 강의를 듣기 시작했는데, 그 연구소는 교회 봉사를 위해 여성을 훈련하고 신학적인 기초를 제공하는 데 목적이 있었다. 그러나 그 강의들은 너무나 이론적이어서 지적으로 뛰어난 넬리의 언니에게는 적합했으나, 학교 공부를 싫어한 넬리에게는 전혀 맞지 않았다.

그래서 넬리는 크게 실망하고 그 강의들을 포기하지 않으면 안 되었다. 당시만 해도 넬리는 훗날 학구적인 연구나 졸업장에 기초를 두지 않은, 개인적인 종교적 체험에 근거한 참된 영적 사역을 감당하리라고는 전혀 예측하지 못했다. 수많은 페미니스트들이 주장하는 것처럼 학구적인 연구와 경력 그리고 자격증만이 여성의 가치를 향상시킬 수 있다는 생각은 순전히 남성적인 사고 방식이다! 이 점에서는 이상하게도 페미니스트들이 남성적인 편견의 영향을 받은 것 같다.

이것은 내가 지금까지 묘사한, 남성에 의해 고안된 '기능적인' 사회의 본질에 속한다. 그런 사회에서는 인격이 기능을 정당화하는 것이 아니라, 오히려 기능이 인격을 정당화한다.

이런 풍조를 좇는 사람들은 자신의 인격적인 가치를 심히 의심하게 된다. 그렇다고 내가 여성이 모성적인 열망과 조화를 이룰 수 있을 정도로 직장 생활을 영위하는 것에 반대하는 것은 결코 아니다. 내가 걱정하는 것은 동기의 문제다. 즉 그 동기가 사회 공동체에 봉사하는 것이어야지 자신을 정당화하는 것이 되어서는 안 된다는 말이다.

이제 다시 역사적인 이야기로 돌아가자. 남성이 이룩한 산업 사회—여성들도 이로부터 어느 정도 유익을 얻었다고 인정되는—는 많은 여성 활동들을 빼앗아 갔다. 그 활동들은 과거에 여성에게 기쁨을 안겨다 주었고, 또한 기술이 필요했기 때문에 여성에게 상당한 지위를 부여했던 것이었다. 아울러 여성들은 그런 활동을 자기 시간에, 특히 가정에서 아이들과 함께 있으면서 할 수 있었기 때문에 스스로 주인 의식을 가질 수 있었으며 오늘날처럼 불편한 출퇴근 전쟁에 시달릴 필요가 없었다.

이 산업 사회는 또한 대부분의 여성들에게 종속적이고 단조로운 비인격적 업무를 가져다 주었다. 이로부터 여성들이 스스로 더 많은 돈을 벌게 된 것은 사실이지만, 그들의 수입은 직책에 좌우된다는 점을 잊지 말자. 그 때문에 프랑스에서는 "여성의 소득이 남성의 소득보다 33퍼센트나 적다"고 자클린 젤리는 말한다. 그리고 케이트 밀레트에 따르면, 미국에서는 여성의 평균 수입이 남성의 반밖에 되지 않는다고 한다.

프랑세브(Francève)는 슈퍼마켓의 업무 분포에 관해 연구했는데, 여성이 비관리직의 90퍼센트를 차지하고 있고, 25퍼센트만이 관리직을 맡고 있다고 했다. 그녀는 "진짜 문제는 남녀에게 동등한 지위를 부여하느냐에 있는데, 도대체 '동일한 일에 대해서는 동일한 봉급을 준다'는 엉터리 표어가 무슨 소용이 있는가?"라고 도전한다. 이것이 정말 문제다. 사회학자인 에블린 쉴레로는 여성들은 보통 종속적인 직책을 맡고 있고 승진도 느리며 잘 되지도 않는다고 말한다. 기혼 여성의 직장 생활을 옹호하는 주장의 핵심은 그것이 여성에게 지위를 제공하기 때문이라는 것이다. 따라서 대다수의 여성들에게 덜 중요한 일을 맡겨서는 안 된다는 결론에 도달한다.

이제 더 이상 통계 자료를 열거할 필요는 없다. 그러한 통계는 수많은 책에 실려 있기 때문에 언제든지 찾아볼 수 있으며, 회사·사업·예술 분야 등 행정 조직이 있는 곳에 근무하는 사람이라면 누구에게나 명백한 사실이기 때문이다. 나는 로잔과 제네바에서 인사 관리 담당 간부들에게 퇴직 문제에 관해 강연한 적이 있다. 인사 관리직이야말로 여성에게 가장 적합한 일이라고 생각된다. 그러나 수많은 남성들 속에 여성이라곤 단 한 명밖에 없었다. 바로 그 여성이 동료 남성들에게 퇴직 문제에 관해 경각심을 불러일으킨 사람이었다.

그렇다고 그 남자 간부들에게 인격 감각이 결핍되어 있었다는 의미는 아니다. 오히려 그들의 관심에 대해 정중히 경의를 표해야 마땅하다. 나는 퇴직 준비에 관한 세미나에서 그들 중 여러 명과 가까이 일하면서 좋은 친구 관계를 맺었다. 그리고 나는 그들에게 활기를 불어넣어 주었던 인도적인 정신에 항상 감탄해 마지않았다. 마치 오늘날 여성이 과거에 남성이 지배했던 영역에 적응하고 있는 것처럼 남성들도―내가 노력하는 것 같이―인격에 관심을 갖고 이해하려 노력하는 것이 얼마든지 가능하다. 그러나 인사 관리직은 회사의 관리 구조상 중요한 직책이며, 그 직책을 얻으려고 남성들간의 경쟁이 치열하다. 기업의 회장급이 되는 여성은 이보다도 더 희박한 실정이다.

명령을 내리는 일에서는 남성이 여성보다 낫다는 오랜 편견은 아직도 살아 있는 것인가? 물론 남성이 더 공격적인 것은 사실이다. 그러나 공격성이 훌륭한 지도자가 되는 데 가장 중요한 자질이라고 생각되지는 않는다. 여성 역시 지도력이 있는데 여성은 남성과 달리 언성을 높이는 대신 마음으로 지배한다. 수많은 가정에서, 어머니가 허락하지 않는 일이라면 어느 누구도 감행할 생각을 품지 않는 것을 볼 수 있다. 심지어 어린 여자아이가 모든 사람을 마음대로 좌지우지할 수도 있다. 그리고 일의 세계가 조금만 덜 공격적이 되고 덜 잔인해질 수 있다면, 삶의 질이 더 향상되리라고 생각하지 않는가?

여성이 남성보다 교통 사고로 인한 사망률이 더 적다는 것은 널리 알려진 사실이다. 남자들은 모험에서 얻는 즐거움을 위해 항상 지나칠 정도로 대담해지고 위험을 감수하려는 성향이 있다. 그러다가 때로 갑작스럽게 큰 재난을 당하는 것이다. 남성이 지배하는 정치나 일의 세계도 예외가 아니다. 우리 사회 전체가 온통 끝없는 힘의 경기장으로 여겨지고 있다. 국제 관계에서, 국내에서는 좌·우파간의 경쟁에서, 심지어는 법정에서 대결하는 유창한 변호인들—양쪽 다 힘이 막강하고 저의를 품은 불의한 자들로서—에게서도 그런 모습을 보게 된다.

경제적·사회적 관계, 남북 관계 및 노사 관계 등에서도 마찬가지다. 오늘날 대화의 중요성에 관해 많이 논의하고 있지만, 남성은 보통 대화를 변론과 혼동한다. 변론의 목적은, 공식적인 논쟁에서 의견이 다른 상대방을 설복시키는 것이다. 반면에 진정한 대화는 상대방을 이해하고자 노력하는 것이다. 서로 이해했다고 느낄 때에만 해결책이 생긴다. 그 밖에 다른 모든 것은 복수의 기회를 기다리는 동안에 잠시 갖는 휴전에 불과하다.

남성은 객관적이다. 객관성은 항상 분석하고 분리시킨다.

종합과 연합으로 인도하는 것은 바로 주관성이다. 세대간의 논쟁, 남녀간의 논쟁 등 모든 갈등의 저변에는 이해받고 싶어하는 강력한 주관적 욕구가 흐르고 있다. 그런데 그러한 욕구는 인격적인 관계가 메말라 가는 현대 사회에서 거의 채워지지 않는다. 논쟁이 오가다가도 어느 한 편이 상대방이 진실로 자신을 이해하려 한다는 것을 느끼는 순간 예기치 않은 화해 분위기가 조성된다. 그리고 이번에는 거꾸로 상대방을 이해하고자 하는 마음으로 연결된다.

고용주나 노조를 대표하는 협상가들은 거의 대부분이 남자들이다. 그 이유는 분명 각 진영이 의존하고 있는 것이, 상대편을 이해하는 능력이 아니라 오히려 공격하는 데 있기 때문이다. 그러나 나의 조국 스위스에는 두 명의 용감한 남자가 있다. 그들은 분명 여성적인 요소를 덜 억압하는 인물들로서 지난 450년 동안 각각 고용주와 노동자 진영을 대표하여 상호간의 접촉과 이해를 도모한 사람들이다.

그들은 보편적인 회의주의에도 불구하고 모든 예상을 뛰어넘는 성공을 거두었다. 그 결과, 불완전하나마 우리는 지금도 '산업 세계의 평화'를 누리고 있으며, 그것은 현재의 경제 위기로 인한 압박과 긴장에 직면해서 하나의 중요한 자산이 되고 있음이 분명하다. 대부분의 혁신을 거부하는―또한 입법 문제에 대해서는 뛰어난 중재인의 모습을 띠는―극히 보수적인 국민성에도 불구하고, 이 전통은 노사간의 혼전(混戰)으로 이룩할 수 있는 것보다 더 나은 사회 진보를 선사해 주었다. 한마디 덧붙이자면, 이것이 바로 스위스가 여성 참정권을 마지막으로 받아들인 국가가 된 이유다. 스위스만이 국가의 정책 결정이 국회가 아닌 국민들의 손에 달려 있는 유일한 나라기 때문이다.

그러나 남녀간의 이해에 관해서는 어떤 입장을 취하는가? 만약 남성이 여성을 더 잘 이해한다면 여성으로부터 더 많은 것을 기대할 것이고, 더 많이 기대한다면 그들을 더 책임 있는 직책으로 승진시킬 것이다. 하지만 지금까지는 고용에 관한 한 여성 해방이 거의 이루어지지 못했다. 이룩한 것이라고는 겨우 과거에는 남성이 지배했던 전문직들을 여성에게도 개방한 것인데, 그것도 여성이 남성들이 만든 규칙에 순응한다는 조건과, 명령을 내리는 직책이 아니라 명령에 순응하는 직책만을 맡는다는 조건하에서 허용한 것이다.

이것은 마치 여성이, 지나가는 자동차에 편승한 것과 같다. 즉 남성 운전자가 여성을 차에 태워 주긴 했으나 여성이 운전대를 독점하거나 함께 운전하는 것은 허용하지 않는 것이다. 그들은 운전하는 법에 대해 여성이 조언하는 것조차 좋아하지 않는다. 따라서 경제는 여전히 합리성·이윤성·권력 등과 같은 남성적 기준에 종속되어 있고, 남녀가 경제 활동에 동참함으로써 얻는 기쁨보다는 가능한 한 많은 것을 이루려는 목표를 지향하고 있다. 하지만 조금씩 변화의 싹이 **트고 있는 것**은 사실이다. 사회학에서 우리는 남성의 연구 결과와는 다른 여성의 분석에 귀기울이기 시작했다. 내가 이 책을 쓰기 시작했을 때, 시몬 베이유(Simone Veil) 여사는 프랑스 정부에서 막강한 힘을 발휘하고 있었으며 유럽 의회에서도 큰 영향을 미치고 있었다. 그리고 도처에서 여성들이 소비자 보호 협회를 통해 세력을 형성하고 있음을 볼 수 있었다.

우리 사회의 질병에 대한 진단에 관해서는 많은 사람들이 동일한 의견을 가지게 되었는데, 이 질병은 남성적 가치의 지배 현상과 깊은 연관이 있다. 즉 과학 기술 선호로 인한 소외 현상, 비인간화 현상, 가장 관대한 주도권조차도 통속적인 권력 투쟁으로 변질시키는 정치화 현상 등이 그러하다. 또 권력의 지나친 중앙 집권화가 권력가를 순식간에 타락시키고, 전통적인 미덕을 억압당하는 층의 것으로 좌천시킴으로 악순환이 거듭되는 불행을 낳는다. 그러면 치료책은 무엇인가? 여성이 주요한 역할을 수행하는 것으로 되돌아가면 되는 것인가? 그저 감상적인 발상으로는 충분하지 않다.

근본적인 변화를 이루기 위해서는 모든 차원에서 남녀간의 교환과 대화와 진정한 동역이 필요하다. 이것을 성취하는 것이 사실은 어느 한 편이 상대편을 완전히 지배하는 것보다 훨씬 더 어렵다. 여성의 지위 문제는 분명히 동등한 봉급을 받는 것 이상의 문제다. 우리는 권력과 권위를 혼동해서는 안 된다. 남성들은 흔히 그것을 혼동하기 쉬운데, 그들은 항상 권력에 매료당하기 때문이며 그들만이 권위 있는 위치에 있을 때는 항상 권력을 목표로 삼기 때문이다.

    이에 대한 증거는 지난 400년에 걸친 사회의 진화 과정에서 뚜렷이 드러난다. 그 동안 남성은 여성의 생각을 물어 본 적이 없었다. 진정한 권위는 문명화의 목적과, 문명 사회에 속한 여러 제도와 기업의 목적을 다시 생각하게 할 것이다. 만약 남녀가 이러한 과업을 함께 수행한다면 그 효과는 광범위하게 나타날 것이다. 남성은 권력에 매료되는 반면, 여성은 사람 그리고 사람들이 인격체로서 요구하는 근본적인 존중에 매료되기 때문이다. 그 존중이란 강자가 약자를 존중하는 것, 다수가 소수를 존중하는 것, 추상적 이론가들이 감정적인 욕구를 존중하는 것, 현실주의자들이 시를 존중하는 것을 의미한다.

    파리 출생의 미국인 여성 아나이스 닌은 이와 관련해서 나에게 깊은 인상을 주었다. 그녀는 시인이지만 실제적인 감각이나 용기 또한 전혀 부족하지 않은 여성이다. 그녀는 출판사에서 자신의 원고를 거부하자, 첫 두 시집을 골방에서 직접 활자화했다. 지금은 출판사들이 앞다투어 그녀의 시집을 내려는 상황이다. 그녀는 "왜 글을 쓰는가?"라고 자문한 다음, 이렇게 대답했다. "사람들은 자기가 살 수 있는 세계를 만들기 위해 글을 쓴다고 생각한다." 바로 이 점에서 나는 그녀와 의견이 일치함을 느꼈다. 남녀간의 더욱 친밀하고 인격적인 관계를 통한 현대 세계의 변혁, 바로 이것이 그녀의 책 전체에 생명력을 불어넣은 것이었다.

그녀는 또한 이렇게 쓰고 있다. "나는 여성들이 이런 인격 감각, 즉 타인과의 직접적인 접촉 감각을 더 이상 연약함으로 여기지 않게 되기를 바란다. 여성들이 이 감각을 전혀 다른 세계를 창조하는 자질로 보존하여, 그 세계 속에서 지성이 직관 및 인격 감각과 융합되는 모습을 보고 싶다." 그녀는 새로운 여성상과 새로운 남성상에 관해서도 묘사한다. 감정 표현의 두려움에서 해방되어 '자신의 감수성을 인정하며', '눈물을 흘릴 줄' 알고 사업만큼이나 가정에 깊은 관심을 갖는 남성을 그리고 있으며, 또한 선한 아내와 훌륭한 엄마의 역할 이외에 다른 것을 할 때 느끼는 죄책감으로부터 해방된 여성을 이야기한다. 그녀는 요코 오노(Yoko Ono)의 글을 인용하는데, 요코 오노는 바로 "여성적 속성의 활용이 세계를 변화시킬 수 있는 힘이 되어… 혁명이 아닌 발전을 이룩하게 되는" 것에 관해 쓰고 있다.

8. 지루함이란 이름의 열병

나는 서구의 여성 해방 운동이 나라마다 속도가 다르긴 해도 점진적이고 지속적으로 전개되어 왔다고 늘 생각했다. 그런데 미국의 베티 프리단 여사가 쓴 「여성의 신비」(*The Feminine Mystique*, 평민사 역간)는 나의 생각이 잘못되었음을 여지없이 입증해 주었다. 그 책은 매우 개인적이었기 때문에 나는 그 책을 좋아했다. 저자는 그 책에서, 미국에서 여성의 역할에 관한 사상이 어떻게 발전되어 왔는지를 그녀 자신의 망설임과 견해의 변화와 연관시켜 기술하고 있다.

그녀는 시기를 셋으로 구분하여 대조시키고 있는데, 이는 마치 오스트리아 국기의 빨간색, 하얀색, 빨간색의 대조적인 색상과 같이 묘사된다! 첫 번째로, 금세기 전반기에 위대한 페미니즘의 영웅들이 출현하여 여성 투표권을 주장했을 뿐 아니라 고등 교육 및 모든 직업의 기회 균등권을 요구했다. 여기서, 19세기에 남성이 여성에게 고등 교육의 기회를 주지 않은 이유는 여성을 능력 면에서 열등한 존재로 판단했기 때문이 아니라, 의도적으로 남성 지배하에 두기 위해서였음을 주목해야 한다. 발작(Balzac)은 "당신은 여성 교육에 대한 사상을 혐오해야 한다"고 썼다. "여자가 스스로 선택한 책을 읽도록 허용하는 것은 당신 없이 살 수 있도록 가르치는 것이다"[베누아트 그룰을 인용].

내가 어린 시절에 읽었던 입센의 「인형의 집」(*The Doll's House*, 글방문고 역간)이 생각난다. 그 책은 굉장한 논쟁을 불러 일으켰다. 그 책에서는 여성의 주장이 노라(Nora)의 성격을 통해 상징적으로 드러나는데, 노라는 자유를 찾아 가정을 떠나는 인물로 등장한다. 여성들은 지금까지 아내와 엄마라는 미명하에 갇혀 있는 인생을 살았음을 갑자기 깨닫는다. 곧 젊은 여성들은 결혼을 제쳐놓고 대학으로 몰려들었다. 그들은 먼저 장래의 직업을 위해 자신을 준비시키기 원했고, 그런 다음 최대한 빨리 직장을 얻기 위해 자식을 적게 갖기를 원했다.

그러나 1945년 전쟁이 끝난 후, 갑작스럽게 두 번째 시기가 찾아왔다. 베티는 이 시기를 여성의 신비의 시대라고 말한다. (한편 현대 페미니스트들은 그들이 즐겨 사용하는 용어인 여성의 '덫'이라고 표현한다.) 이 시기에는 결혼과 가정이 지닌 신비가 미국을 온통 사로잡아 버렸다. 이것은 일종의 반동 현상으로서, 페미니스트들이 여성을 여성 고유의 참된 영역으로부터 등을 돌리게 하여 공적인 활동으로 전환시키려는 것은 사치스러운 환상에 불과하다는 주장이었다. "현대 여성의 정치 참여는 아내 및 엄마의 역할을 통해서 이루어진다"는 것이다.

베티 프리단도 이 운동에 동조하여 대학 장학금을 포기하고 결혼해서 자식을 낳았다. 그녀는, 당시에는 평균 결혼 연령이 20세로 떨어졌고 계속해서 낮아지는 추세였으며 아울러 자식을 세 명 이상 가진 여성의 수가 10년 만에 두 배가 되었고 출생률이 인도에 육박했다고 한다. 어느 유명 여자 대학에서는 "우리의 교육 목적은 과학자 양성이 아니라 현모양처를 만드는 데 있다"는 표어를 내걸었다. 화학 과목은 요리 강좌로 대치되었다. 세 명 중 두 명의 여학생이 대학 졸업 전에 중퇴했고, 한 여론 조사에 따르면 그들 중 70퍼센트가 대학에 입학한 목적이 재학 중에 남편감을 찾는 것이라고 대답했다고 한다.

이 젊은 여성들에게는 "페미니즘이 흘러간 옛 이야기가 되어 버렸다"고 베티는 쓰고 있다. 이 사실은 프랑스 사회학자 에블린 쉴레로에 의해 확인되었다. 그녀의 저서 두 권이 미국 출판사로부터 거부당한 이유가 바로 '페미니즘이 성행하던 시대는 지났기' 때문이었다. 그것은 정말 유행의 문제였다. 당시에는 교외에 멋진 호화 별장들이 세워졌는데, 이는 여성들이 도시의 직장인 신분에서 도피하여 가정 중심의 아내가 되었기 때문이었다. 여성들은 아침에 자동차로 아이들을 학교에 데려다 주고 오후에는 다시 집으로 데려오는 생활을 반복했으며, 그 밖에 다른 활동은 거의 하지 않았다. 여성 잡지에는 커텐과 벽지 가는 법, 요리 교실, 아동의 심리, 남편을 기쁘게 하는 법 등 온통 집안일에 관한 기사로 가득 찼다.

그러다가 드디어 세 번째 시기가 도래했는데, 이는 베티 프리단의 저서가 굉장한 성공을 거두면서 미친 영향과 밀접한 연관이 있는 것 같다. 어쨌든, 베티에게 일종의 회심과 같은 큰 변화가 일어났다. 그녀는 "1959년 4월 어느 날 아침, 나에게 이름도 없는 문제가 닥쳤다.…"고 쓰고 있다. 베티는 곧 자기를 공격해 온 그 불안에 이름을 붙였다. 그것은 바로 '지루함'이었다. "결국 그것은 마치 공연 중간의 쉬는 시간만 계속되는 공연장에 앉아 있는 것과 같았다"고 한다. 그러자 갑자기 그녀에게 과거의 활동적인 시절에 대한 향수가 엄습했다. 그러한 욕구는 정당하고도 자연스런 것이 아닌가? "나는 다른 새로운 것을 하고 싶은 욕망에 대해 더 이상 부끄러움을 느낄 필요가 없다"고 그녀는 스스로에게 말했다.

다른 많은 여성들도 똑같은 말을 하고 있었다. "우리는 가정에서 세 자녀와 뱃속에 든 아이를 데리고 씨름하는 모든 여성이 갑자기 비참할 정도로 불행하다는 걸 깨달았다!" 여성들이 흠모했던 탁월한 생태학자 마가렛 미드(Margaret Mead)는 그들의 생활 양식을 '동굴 여성의 회귀'라고 반어적으로 표현하였다. 그리하여 베티는 다시 대학으로 돌아갔다.

사실 그녀에게 새로운 인생을 선사한 것은 공부가 아니었다. 그것은 그녀가 순식간에 지도자가 되었다는 사실과 수많은 열정적인 여성들이 그녀와 함께 새로운 운동을 창시한 사실 때문이었다. 그녀는 개회식이 열리는 날 극도의 피곤과 흥분 가운데 즉각적으로 NOW라는 세 글자가 떠올라 그 운동의 이름으로 사용하게 되었다고 한다. 그 글자는 물론 여성들의 새로운 기구인 New Organization of Women의 약자이지만, 또한 하나의 단어로서 '지금'이 미래를 위해 우리 자신을 헌신할 때라는 뜻도 갖고 있다.

나는 여성이 남편과 자녀 및 집안일에 몰두하는 것만으로는 자기 성취감을 얻을 수 없음을 입증하는 많은 자료를 제시할 수 있다. 에스더 빌라는 가정에만 있는 여성들에 대해 상당히 비판적이다. 그녀의 눈에는 가정에서 남편이 여성을 착취하는 것이 아니라, 오히려 여성이 남편을 착취하는 것처럼 보인다고 한다. 여성이 결혼하는 목적이 단지 자기의 아성을 확보하기 위한 것이면서도 그들은 "가정에만 있으면 지루하다"고 불평한다. 레옹 아이젠버그(Léon Eisenberg)는 더 나아가 "가정 주부로 사는 것은 여성을 병들게 한다"는 제시 버나드(Jessie Bernard)의 날카로운 말을 인용한다. 클로드 메이야드의 책에서는 "어려운 것은 다른 사람의 사는 모습을 보는 것이다.… 다른 사람과 동거하는 것은 그 자체에 목적이 있는 것이 아니다. 부부는 하나의 막다른 골목이다"라고 한 여성이 말하고 있다. 또 다른 여성은 "내가 비로소 깨닫게 된 것은 공동 제작소는 각각의 제작 기계들에 의해 작동된다는 사실이다. 따라서 내 기계가 작동하지 않는 한 아무 일도 일어날 수 없는 것이다"라고 말한다. 즉 성공적인 가정 생활이 가능한 것은 바로 이러한 여성들이 다른 여성들로 하여금 좁은 울타리에서 벗어나도록 격려하기 때문이라는 말이다.

이 세 가지 상호 모순된 운동에 대한 베티 프리단의 설명은 인상 깊었다. 하지만 나는 우리 모두가 유럽에 있든 미국에 있든, 남녀를 불문하고 사회적인 풍조와 압력에 큰 영향을 받고 있기 때문에 스스로 선택할 수 있는 재량이 생각보다 매우 제한되어 있음을 잘 알고 있다. 그러한 압력은 폭풍과 같이 밀어닥치는 거센 논쟁과 이에 가세하는 대중 매체 세력 가운데서 열 배 이상 가중되게 마련이다.

여성들이 이처럼 이리저리 밀려다니면서 실상 그 자유의 폭이 명백히 더 커지지 않은 것은 참으로 안타까운 현실이다. 사실은, 베티 프리단이 자신의 경험에 의거하여 단순하게 묘사하듯 한 풍조가 왔다가 사라지고 또 다른 풍조가 교대로 찾아오는 것은 아니다. 이 두 가지 상반된 견해는 날마다 서로 충돌하면서 여성들을 당황하게 만든다.

당신은 이것이 미묘한 개인적 문제임을 알게 될 것이다. 한 인격이 된다는 것은, 자신에 대해 책임을 지고, 자신의 내적 소명감에 반응하며, 자유로이 인생의 목표를 설정하고 그것을 달성할 경로를 택할 수 있다는 것을 전제한다. 그러나 자유는 어디 있는가? 베티 프리단과 같이 강인한 성품을 가진 사람은 자신의 확신뿐 아니라 자기 기질에 따라 인생을 선택한다. 그들은 자신의 경험을 상세히 이야기하며, 다른 사람들이 원하든 원하지 않든 그들과 더불어 하나의 유행을 창출한다. 그리고 선전과 열정과 운동의 와중에서, 헤아릴 수 없이 많은 여성들이 그 물결에 편승하여 진정 자기 자신의 자율적인 선택에서 점점 더 멀어져 가는 것이다.

그들은 해방을 성취하기 위해 불가피하게 조직을 만들고 회원을 확보한다. 그러한 조직 내에서 여성들은 심적 고양, 정서적 친교, 감동적인 반향을 경험한다는 사실을 여러 책에서 발견할 수 있다. 그러나 동시에 그들은 자신의 비판적 감각의 손실을 감수한다. 그들은 지도자에게 복종하는 투쟁자들이다. 이것이 항상 나에게 걸리는 문제다. 즉 인격의 본질적인 속성에 속하는 '의견의 자유'에 관한 문제다. 나는 내가 돌보는 어느 환자의 다음과 같은 말을 이미 언급한 적이 있다. "우리는 항상 우리를 해방시킨 자들의 포로다."

내가 살고 있는 이 조그마한 마을은 제네바와 사보이 간의 전쟁의 소용돌이 속에서 100년 이상 휩쓸려 왔다. 사보이가 매우 위협적일 때 제네바는 베른에 도움을 요청했다. 그러면 베른인들이 와서 마을을 해방시키고 미사를 폐지하는 대신 성찬식을 거행했다. 그리고 그들이 떠난 후에는, 사보이인들이 이단자의 손에서 마을을 해방시키면서 미사를 부활시켰다. 또 다시 베른인이 돌아올 때까지…. 이 세상은 이와 비슷하다. 수많은 해방을 거듭하면서도 자유는 극히 찾아보기 힘든 실정인 것이다.

로마 시대 이후로 나의 고향 제네바가 외국의 지배를 받은 때가 단 한 번 있었다. 그것은 프랑스 혁명군이 프랑스 국가를 부르며 자유의 이름하에 점령한 것이었다! 사실 남자들은 항상 다른 사람의 자유는 부정하면서도 자신을 위한 자유는 주장하는 본성이 있다. 혁명론자들은 전제 정치를 무너뜨리고 결국 자신이 폭군이 되어 나타난다. 모든 정치 투쟁의 목표는 외견상 해방의 깃발이지만 실상은 언제나 권력을 획득하는 데 있다. 민주주의 수립의 첫 번째 단계는 소수가 다수를 압제하는 것을 막는 것이다. 그러나 두 번째 단계는 더욱 성취하기 어려운 단계로서 다수가 소수를 압제하는 것을 막는 것이다. 전쟁과 정치가 아니더라도 모든 사람은 타인에게 무엇이 옳고 무엇이 상대방에게 좋은지를 말해 줌으로써, 항상 상대방을 규제하려고 애쓰고 있다.

그러나 타인에게 두 가지 강력하고도 자연적인 욕망 가운데 하나를 반드시 선택하도록 강요하는 것은 더욱 나쁘다고 생각한다. 사실 여성은 둘 다를 원한다. 한편으로는, 결혼해서 엄마가 되어 자기만의 자그마한 세계를 만들고 자식을 사랑하고 양육하고 돌보는 것을 좋아하지만, 동시에 그 작은 울타리에서 벗어나 넓은 세계로 난 문을 열고 그 세계 속에 동참하고 싶은 욕망을 갖고 있다. 하지만 이 두 가지 욕망을 조화시키기는 현실적으로 거의 불가능하기 때문에 어느 한 편을 억제할 수밖에 없다. 그러나 어느 날 불안과 지루함 혹은 더 진한 향수가 엄습해 온다. 이러한 내적 갈등은 곧 욕구 불만과 죄책감을 불러일으킨다. 가정 주부는 자기가 받은 재능을 세상에서 사용하지 않는 데서 양심의 가책을 느끼고, 직장 여성은 자식들을 제대로 돌보지 못하는 것에 대해 근심한다. 이와 유사하게 노처녀는 기혼 여성의 행복한 가정 생활을 부러워하고, 기혼 여성은 독신의 자유를 부러워한다. 모든 여성들 가운데 가장 자유로운 여성은 서원에 묶인 수녀들뿐인지도 모른다!

내가 앞서 언급한 우리 할머니는 그런 고민이 없이 사셨던 분이다. 할머니에게는 한 가지 모델밖에 없었고 또 쉽게 그것에 순응하여 그것만이 자신의 본분이라고 양심껏 고백할 수 있었기 때문이었다. 경제적인 필요가 있는 사람만 예외적으로 일을 했던 상황에서는 직장이 없다고 불평하는 여성이 없었다. 경제 활동에 적극적으로 참여하고자 하는 욕구가 철저하게 억제되었던 것이다. 나는 현대 여성이 자기 내면에 있는 그런 욕구를 발견하게 되어 기쁘다. 하지만 현대 여성이 그러한 해방에 따르는 값비싼 대가를 치르고 있는 모습을 보게 된다.

현대 여성은 수많은 모델을 앞에 두고 있기 때문에 그 중 어느 하나를 택하고 다른 선택에 따르는 특권을 포기하는 위험을 감수하지 않을 수 없다. 삶은 진정 어려운 선택으로 가득 차 있다. 여성뿐 아니라 남성에게도 사는 것은 곧 선택하는 것이요, 선택한다는 것은 항상 어떤 것을 포기하는 것을 의미한다. 한 여자를 아내로 선택하는 것은 그 밖의 다른 모든 여자를 포기하는 것을 의미하는데, 이는 남자에게 결코 작은 문제가 아니다. 더구나 모든 남자는 직장 생활과 가정 생활의 긴장 가운데 살고 있다. 그러나 남자들은 종종 그것을 의식하지 못함으로써 더 잘 극복하는데, 반면 아내와 자녀들은 그로 인해 고통당한다.

여성의 경우는 전혀 다르다! 가정에서의 요구는 여성의 몸 깊숙이 강하게 들러붙어 있다. 내가 지금까지 읽었던 여성이 쓴 책들은 모두 남자들이 모성적인 본능에 관해 이야기하는 것을 달가워하지 않았다. 그 이유는 생물학이 너무나 자주 여성 학대를 합리화시켜 왔기 때문이다. 또한 그 저자들은 머리에서 나오는 이야기가 아니라 가슴 깊숙한 곳에서 나온 이야기를 한다. 그들은 "폐부 깊은 곳에서 이런 것을 뼈저리게 느끼고", 신체적인 불안을 경험하며 온갖 기능적인 장애로 고통당한다. 오늘날 여성들은 더 자유로워지긴 했지만, 의사들이 분명히 파악한 바 특정한 불안증에 시달리고 있는데 이는 충분히 이해할 만한 현상이다. 장 폴 사르트르(Jean-Paul Sartre)가 입증한 바와 같이, 필요하지만 선택이 불가능한 상황에 직면할 때 불안이 생긴다. 이것이 아마 남자보다 여자가 더 많이 정신과 상담실을 찾는 이유일 것이다.

그들이 상담실을 찾는 이유는 이와 같이 끝이 없는 격렬한 논쟁으로 인해 그들의 세계가 갈기갈기 찢기고 있기 때문이다. 윤리적인 원리나 성경의 특정 구절에 호소하는 것마저도 '결정적인 논쟁'의 형태를 띠면서 각기 유리한 방향으로 인용함으로써 양심의 갈등을 더 첨예하게 만들 뿐이다. 어느 편을 지지하든, 개인적인 간증마저 아무리 순수하다 하더라도 사태를 심화시킬 뿐이다.

예를 들어, 내가 인용한 베티 프리단의 책과 함께 미국에서 크게 성공한 마라벨 모르간의 「완전한 여성」(*The Total Woman*, 보이스사 역간)을 들 수 있다. 저자는 자기 남편이 연애 시절에는 굉장한 미사여구로 자기를 매료시켰으나, 결혼한 후에는 완전히 벙어리가 되어 버린 사실을 재미있게 묘사하고 있다. 이런 현상은 많은 부부에게 일어난다.

어느 날 그녀는 다음과 같은 결론에 도달했다. 남편이 더 이상 자기에게 이야기하지 않는 이유는, 아내가 싫어하는 것이 자신 속에 있어서 아내가 긴장을 느끼고 신경에 거슬려한다고 느꼈기 때문이라는 것이다. 그녀는 남편을 있는 그대로 받아들이지 않고 있었다. 나는 이 점에서 그녀를 높이 평가하고 싶다. 그러나 그녀는 다음과 같이 결론짓고 있다. "완전한 여성은 음식이든 섹스든 스포츠든 모든 면에서 남자의 변덕에 순응하는 여자다." 더 나아가 "다음에 남편이 어떤 제안을 할 때에는 가능한 한 최대로 열정을 보이면서 '좋아요, 그렇게 해요!'라고 반응하라"고 쓰고 있다.

내가 제대로 이해하고 있다면, 그것은 완전한 항복을 의미하는 것이다. 이는 페미니스트들의 주장과는 정반대의 주장으로 내가 지금까지 발견한 어떤 범주에도 들어가지 않는 것이다. 그녀는 "그렇게 하면 분명히 보상이 따른다"고 거듭 이야기하고 있으며, 또한 실제로 효과가 있음을 보여 주고 있다. 즉 그것은 부부의 기쁨을 충만하게 할 뿐 아니라 그 행복이 사방으로 퍼져 나가게 되어 있다고 주장한다. 그녀의 남편이 속한 축구 클럽의 모든 부부가 그녀의 주장을 수용한 결과 그 팀이 세계 챔피언이 되었다는 것이다. 글쎄, 그들에게는 기가 막힌 처방인지 모르나, 나는 한 사람의 인격으로서 그처럼 자기 주관이 약한 여성과는 결혼하고 싶지 않았을 것이다.

물론 아내는 나를 받아들였고 나는 그것을 느꼈다. 그러나 아내가 나의 의견에 동의하지 않을 때에는 그것을 나에게 분명히, 때로는 폭발적으로 말했다. 이것이 우리로 하여금 행복에 이르는 또 다른 길인 대화의 길을 걷게 했다. 그 길은 구름 한 점 없는 길은 아니지만 서로 성숙하는 길이다. 마라벨 모르간이 긴장하고 신경에 거슬리고 침묵 가운데 지낼 때 부족했던 것은 대화가 아니었을까? 그럼에도 그녀의 책에는 수많은 통찰과 지혜로운 조언이 가득 차 있음을 언급하고 싶다.

마라벨 모르간을 그와 같이 복종시킨 것은 그녀의 남편이 아니었다. 그녀 스스로가 한 인격으로서 자유로이 택한 것이었다. 여기에 일종의 역설이 있다. 즉 그녀는 자신의 자발적인 단 한

번의 선택으로 자기의 인격적인 반응을 완전히 질식시키기로 결단한 셈이다.

그러한 결단에 위대한 점이 있는 것도 사실이다. 하지만 그녀는 과연 자기의 사명―내가 이 책에서 말하는 의미에서―을 달성하고 있는 것일까? 그녀는 남편이 스스로의 생각에 따라 모든 것을 결정하도록 허용했다. 이러한 자발적인 순종은 바로 과거 수세기 동안 여성들이 선택했던 길이 아닌가? 우리는 지금 그러한 선택이 낳은 결과로, 정서적인 반응에는 아랑곳없이 기계 부속품처럼 돌아가는 남성적인 세계를 직시하고 있다.

우리 할머니 세대에는 다른 모델이라곤 없었기 때문에 어떤 다른 태도를 채택하는 것이 불가능했다. 이에 반해 마라벨 모르간은 다른 대안이 있음을 알면서도 그 길을 선택했기 때문에 분명 용기 있는 여성임에 틀림없다. 그녀는 직접 "나는 선천적으로 독재형이다"라고 말한다. 이 말이 어쩌면 그 책의 열쇠에 해당할지도 모른다. 자기 권리의 포기로부터 가장 많은 유익을 얻는 사람이 바로 선천적인 독재형이다. 어쨌든, 그 책에 대한 나의 반응은 다음과 같다. 만약 내 아내가 그러한 전술을 이용한 결과 우리의 상호 이해가 순전히 그녀의 공으로 돌아간다면, 나는 오히려 굴욕감을 느꼈을 것이다. 돌이켜보건대 나는 마라벨 모르간의 남편보다 더 큰 자부심을 느낀다.

남자들은 매우 자존심이 강한 것이 사실이고, 그것이 여성 문제를 더욱 복잡하게 만든다. 남자는 다른 사람으로부터 도전

받는 것을 견디기 어려워하고, 그만큼이나 자기가 어린아이처럼 조심스럽게 다루어지고 있음을 알기도 어려운 존재다. 여성은 이 점을 잘 알고 있기 때문에 감히 그것을 이야기하지 않는다. 아마 그것은 남자가 해야 할 말일 것이다. 하지만 나는 그런 남성이 되고 싶은 마음에 자존심의 자극을 받는다. 나는 이미 오래 전에 우리가 자존심을 회피할 수 없다는 사실을 깨달았다. 우리는 어떤 것을 숨길 때 느끼는 자부심만큼이나 어떤 것을 고백할 때 자부심을 느낀다. 그래서 나는 케이트 밀레트와 같은 지극히 담대한 여성이 남성의 자존심을 비난하는 것이 그것을 없애기보다는 반대로 자존심을 더 자극하는 결과를 낳지 않을까 우려된다.

그러나 바로 이 남성의 자존심이 수세기 동안 역사의 무대에서 여성을 축출하고, 남성적인 방식대로 남성 고유의 합리적이고 기술 중심의 문명을 쌓아 올린 것이다. 이 사실을 아는 것은 매우 중요하다. 그리고 그 자존심 때문에 남성은 여성 해방으로 인해 상처받고, 사실상 순전히 힘으로 투쟁하게 된 것이다. 우리가 보게 되는 하나의 반발은 남성이 자녀 양육에서 아버지의 역할을 포기하는 현상이다.

어떤 여성이 나에게 와서 자기 자녀에 관해 상담한 적이 있다. 그녀는 너무나 분명하고도 알아듣기 쉽게 자기의 고민을 이야기했다. 나는 다른 동료 의사와 이야기하는 것처럼 그 문제에 관해 그녀와 대화할 수 있었다. 그녀는 이미 자녀 양육에 관한 책도 읽고, 강연도 듣고, 학교 강의까지 들은 사람이었다. 마지막에 가서 내가 "당신의 남편은 무슨 말을 했습니까?"라고 묻자, "그 사람은 한마디도 안 해요! 제가 그 문제에 관해 여러 차례 대화를 시도했지만 아무런 소용이 없어요"라고 대답했다. 남편은 다음과 같이 생각했을 것이다. '당신이 스스로 전문가가 되었으니 혼자서 잘 해결해 보시오. 난 그 문제에 관해 할 게 없으니까.' 그의 반응은 무의식적으로나마 자기 아내에 대한 분노의 표현이었던 것이다.

9. 여성의 가치 확인

앞장에서 나는 제2차 세계대전 이후 미국에 갑자기 등장한 새로운 물결에 대해 언급했다. 베티 프리단의 글에 나오듯이, 사회 내에서 여성의 가치는 교육이나 경력에 있는 것이 아니라, 대치 불가능한 역할인 아내와 엄마가 되는 데에 있다는 주장이 돌연 여론을 주도했다는 것이다. 그녀의 글 가운데 나를 가장 놀라게 한 것은 산업적인 전략의 역할이었다.

전쟁 기간의 고독은 많은 젊은 여성으로 하여금 "더욱 절박하게 사랑을 추구하도록 만들었다"고 그녀는 말한다. 그러나 평화가 오자 미국 산업은 평화시에 소비되는 물품을 생산하는 어려운 전환을 해야 했고 새로운 판로를 개척하지 않으면 안 되었다. "1950년대에는 십대를 대상으로 한 시장 개척이 폭발적으로 성행했다." 또한 온갖 가정 용품을 판매하기 위하여 가정주부를 대상으로 한 시장 개척 역시 굉장한 속도로 진행되었다. 모든 산업들이 생산해 낸 엄청난 물품들을 흡수할 만한 시장이 부족했음은 의심의 여지가 없다. 하지만 나에게 흥미로운 것은 그 산업들이 시장 개척을 위해 사용한 방법이다. 어떤 방법이었겠는가?

베티 프리단은 이렇게 쓰고 있다. "나는 한 남자를 만나 그 방법에 대해 알게 되었다.…그 남자는 당시 사업가들과 결탁하여 미국 여성들의 감정을 조작하는 일을 직업으로 한 사람으로서 연봉이 백만 달러 가량 된다고 했다." 그녀는 계속해서 이 분야 전문가의 말을 인용한다. "우리는 그들이 사고 싶어하는 것을 팔고, 그들의 무의식을 부채질하며 유도해 간다." 여기서 우리는 심층 심리학이 실제로 적용되는 것을 본다! 그리고 세일즈맨은 다음과 같은 교육을 받는다. "이 믹서는 여성들의 지루하고도 단조로운 일을 대신해 주기 때문에 여성이 창의성을 표현하도록 돕는다는 사실에 강조를 두고 선전해야 한다." 또한 "그것은 여성이 직장에서 발휘할 모든 능력을 집안에서도 사용할 수 있도록 만들어 준다"고 가르친다. 저자는 어떤 젊은 가정주부의 말을 인용하면서 끝을 맺는다. "현대화되는 것은 좋은 것이다. 그것은 마치 당신이 최신형 기계가 갖추어진 공장을 운영하는 것과 같다."

이런 이야기를 듣고 나면 무척 불쾌하다. 베티 프리단에 따르면, 사물의 세계가 돌아가는 법칙, 곧 이윤의 법칙이 여전히 배후에서 우리를 조종하고 있다. 우리가 원칙의 문제를 논하고 있는 배후에, 이해 관계에 얽힌 흑막이 감춰져 있다. 여성의 선택의 자유는 수많은 편견뿐 아니라 사업가들의 고의적인 개입으로 인해 더욱 제한받고 있다. 우리는 데니스 드 루지몽이 언급한 것처럼, 헨리 포드가 자동차에 대한 '필요'를 인위적으로 창출했다는 것을 잘 알고 있다.

언젠가 나는 전시장에 들렀다가 세일즈의 대가가 선전하는 말에 넘어가 고도로 정교한 믹서 하나를 사서 집으로 돌아왔다. 나는 그것이 아내에게 아주 적절한 선물이라고 생각했다. 그러나 아내는 그것이 한 번도 사용하지 않았다! 최근에 나는 그것을 사용하려고 찬장에서 끄집어냈다. 그 믹서의 정교성은 참으로 돋보였다. 지나칠 정도로 뛰어난 독창적인 상품이었다. 믹서를 사용함으로써 절감된 시간은 그 부품을 조립하고 분해하고 청소하는 일과, 사용법을 익히는 데 대부분 소모되었다. 그 사용법은 영어를 불어로 번역해 놓은 것인데 마치 독일어를 번역한 것처럼 지나치게 직역을 해서 무척 어색했다. 케이트 밀레트는 "노동 절약형 상품의 발명은 질적으로 단조로운 일에 영향을 주었을지는 모르나 시간적으로는 거의 효과가 없다"고 했다.

이 모든 것이 우리가 논의하고 있는 주제, 특히 집안일의 지루함과 관련된 실제적인 문제에 매우 중요한 사실을 말해 주고 있다. 남자들은 기술적 해결책을 제시한다. 그러나 여성은 사물이 아니라 사람을 위해 일한다. 즉 여성은 기계가 아니라 손가락을 사용해서 인격적으로 일하기 좋아한다는 뜻이다. 그렇기 때문에 공장에서 만든 값싼 스웨터를 사는 것이 훨씬 쉽긴 하지만 굳이 손으로 뜨개질을 하겠다고 고집하는 것이다. 나는 여성들을 대상으로 강연할 때는 뜨개질을 하면서 들어도 좋다는 말을 종종 하는데, 그 이유는 그것이 강연을 귀담아 듣는 데 도움이 된다는 사실을 알고 있기 때문이다. 그러면 가방을 열고 도구를 꺼내어 뜨개질을 하는 여성이 항상 있게 마련이다. 내가 아는 프랑스 의사 부인은 인격 의학에 관한 강연회 중 계속 뜨개질을 했는데 이것이 바로 남자들이 모르고 있는 상호 이해의 분위기인 것이다.

여성이 사물이 아닌 사람을 위해 일하는 동안 그 상대방에 대해 잠시 생각하는 습관이 있음을 또한 주목하라. 어떤 사람은 집안일에 소모되는 시간에 대해 지나치게 계산적일 수 있다. 에스더 빌라는 4인 가족의 경우 정확하게 2시간 46분이 걸린다고 주장한다. 하지만 그 시간에는 가족을 생각하는 시간도 포함되어야 할 것이다.

남자들이 집안일을 하찮게 여긴다는 사실이, 여성들도 그 일을 지루해하고 싫증을 느끼는 주된 원인 중 하나다. 여자들에게는 남자들이 여자가 하는 일의 가치를 인정하고 있음을 느끼는 것이 중요하며, 그것은 남자들의 경우도 마찬가지다. 즉 각자가 상대편의 활동에 가치를 부여하는 것이다. 나는 남자들이 집안

일을 하찮게 여기고, 가정 주부를 칭찬하는 데 그토록 인색하며 감사할 줄 모르는 모습을 보면 너무나 지혜롭지 못하다는 생각을 종종 한다. 어떤 여성은 이렇게 말한다. "한 시간 혹은 한 시간 반 동안 정성스레 음식을 만들었는데, 단 15분 만에 다 먹어 치우고는 어느 누구도 감사하다는 말 한마디 없어요." 정말 아무도 없을까? 오히려 어린아이들은 자기가 좋아하는 음식이 상에 오르면 손뼉을 치고 좋아한다. 그들은 아직 감정을 억제하는 것을 배우지 않았기 때문이다.

만약 남자가 그 어린아이들처럼 여자는 사람을 위해 일한다는 사실을 진정 이해하게 된다면, 아내가 남편을 사랑하기 때문에 그녀의 일이 가치 있다는 것을 또한 깨닫게 될 것이다. 그리고 아내가 이런 식으로 이해받고 인정받고 있음을 느끼게 되면 그녀는 혼신을 다하여 집안일에 헌신할 것이다. 나는 베른 대학에서 '진보'를 주제로 개최된 교수들의 학회에 관해 들은 적이 있다. 그 학회에서 마지막 발언을 한 사람은 수학자였는데, 그는 "결국 중요한 것은 사랑밖에 없다"고 말했다.

예수님은 제자들이 어부로 돌아가 고기를 잡는 동안 그들을 위해 친히 음식을 만드셨다(요 21:9). 그리고 이 사건은 부활 이후에 일어난 것으로 지상의 일에 대한 예수님의 관심이 줄어들었을 법한 때였다. 나는 비록 내가 먹기 위해 음식을 만들긴 해도, 요리를 하면서 예수님의 그 모습을 종종 떠올리곤 한다. 그러면서 먼 옛날의 조상들과 교통하면서 나를 지적인 왜곡으로부터 보호해 주는 근원으로 돌아가는 느낌을 갖는다. 왜냐하면 프로메테우스의 교훈이 거기 있기 때문이다. 즉 불은 도구를 연마할 뿐 아니라 음식을 만드는 데도 사용되어 왔다. 사실 불의 사용은 인간만이 지닌 독특한 특성 중 하나며, 그것은 남녀 모두 동일하다. 나는 물건을 사면서도 즐거움을 느낀다. 하지만 재래 시장이 훨씬 인격적임에도 슈퍼마켓의 편리함을 더 자주 이용하는 것은 분명 내가 잘못 하는 것이다.

어쨌든 집안일의 문제는 이미 변화가 시작되었다. 많은 젊은 부부가 집안일을 분담하며 새로운 동반자 관계를 형성하고 있는데, 이는 인격적인 접촉을 위해 매우 바람직한 현상이다. 남자의 존엄성이 그의 인격보다는 그의 일에 달려 있는 것이라 생각되던 오래된 편견은 사라지고 있다. 그런 편견은 남자가 게으르고 자만에 차 있음을 나타낸다.

그래서 어떻게 하란 말인가? 우리가 하는 다양한 활동을 가늠하는 가치 기준은 없는 것인가? 여자가 집에 있든 직장에 나가든, 어느 것을 선택하든 간에 아무런 상관이 없다는 말인가? 페미니스트들이 주장하듯 직업을 통해 자기 가치를 입증한다는 것은 일종의 환상에 불과한가? 나는 분명 그렇게 생각하지 않는다! 참으로 중요한 것은 우리가 개인적 소명이라고 말하는 지극히 주관적인 것이다. 즉 여성은 자기에게 맞다고 확신하는 바에 따라 스스로 결정한 삶을 살아야 한다. 문제는 아무도 그 시대의 편견으로부터 자유로울 수 없으며, 우리가 본 것같이 항상 숨겨진 영향력으로부터 벗어나지 못한다는 것이다.

사실 우리 모두는 타인의 인정과 존경을 통하여 우리 자신의 가치를 확인하려고 끊임없이 애쓴다. 과거, 수입이 필요한 여성만이 직장에 나가던 시대에는 나머지 여성들은 결혼 생활을 통해 자신의 가치를 확인하려고 했다. 이것은 오늘날에도 어느 정도는 사실이다. 여성이 결혼하는 것은 사랑 때문에, 그리고 가정을 갖고 싶기 때문만은 아니다. 그것은 결혼이 주는 사회적 지위 때문이기도 하다. 부모 역시 사위가 기대에 못 미치는 인물일지라도 이 사실을 유념한다. 미혼 여성은, 기혼 여성이 다른 어떤 재능 때문이 아니라 결혼했다는 이유 하나만으로 더 높이 대우받는 것을 보면서 이 사실을 절감하게 된다.

예를 들어 여론을 살펴보자. 화학자와 요리사가 둘 다 가열하고, 탈수시키고, 증류하고, 추출하고, 두드리고 섞는 일을 하지만 일반적으로 요리사보다 화학자가 더 존경을 받는다. 그것은 아마 에블린 쉴레로가 제기한 질문, 곧 왜 화학이 상당히 많은 여성들이 지원하는 유일한 과학 분야인지에 대한 대답일 것이다. 개인적인 기술이 더 필요한 것은 요리임에도 불구하고 화학이 더 명예로운 지위를 누리게 된 이유는, 화학은 과학이 갖는 명예를 나누어 갖기 때문이다.

에블린 쉴레로는 또한 어느 한 직종에 여성이 많을수록 그 임금은 더 낮다고 지적한다. 그렇다면 직업을 갖는 것이 여성의 가치를 확인시켜 주지만 여성은 그 직업의 가치를 하락시키는 셈이 된다. 기능과 사람이라는 두 요인은 상호 연관성이 있다. 기능은 남성적인 기준이고, 사람(혹은 인격)은 여성적인 기준이다. 기능이 사람의 가치를 입증시켜 주는가, 아니면 그 반대인가? 글쎄, 나는 모르겠다.

모든 것이 상대적이다. 고등 교육을 받지 않은 여성의 경우 가치가 저하되는 이유는 고등 교육을 받은 여성들이 있기 때문이다. 한때 과학의 명성이 최고조에 달했을 때 여성들은 교육받을 권리를 주장했다. 그러나 이제는 그것이 하향길에 접어들었다. 그것이 핵 폭탄 때문인가? 이 문제에 관한 한 과학자들이 정치가와 군대에 의해 조작당한 것이 사실이지만, 정밀 과학과 인문 과학은 하향길인 데 비해 사회학, 생물학, 심리학의 지위는 점차 높아지고 있다. 많은 학생들을 끌었던 것이 바로 과학의 명성인데, 이제는 그 많은 수의 과학도들 때문에 과학에 오점이 생기게 되었다. 한때 젊은이들이 의무적으로 대학에 가다시피 한 지역을 보면 이제는 많은 이들이 진학을 포기하고 있다. 학생들과 함께 일하는 한 미국인 의사는 그 대학에서 지난 수년 동안 백인 대학생의 수가 점점 줄어드는 반면 흑인들은 증가하고 있다고 나에게 말했다. 흑인들은 아직도 교육을 통하여 자기 가치를 확인하려 하고 있는 것이다.

지금은 여성들이 고등 교육과 학문을 통해 자기 가치를 입증하려는 노력이 점차 하향길로 접어드는 것 같다. 여성 스스로 그것을 의심하기 시작했다. 데이비드 리즈만(David Riesman)이 지적하듯이, 여성들이 학문을 포기하는 이유는 결혼하기 위해서, 혹은 너무 많은 교육이 오히려 '결혼의 장애물'이 될까 봐 우려하기 때문이다. (베티 프리단은 이에 덧붙여) 여성들이 듣는 소리는 "장차 네 남편이 조직인(회사에 열성적인 사람—역주)이 될 경우에는 너무 많이 교육받아서는 안 된다"는 것이다. 왜냐하면 고위직이 남자들에게만 허용되면 될수록 여자들은 낮은 교육 수준을 요구하는 활동에 가담하여 수입을 올리게 될 가능성이 더 많기 때문이다.

이제는 가치 확인의 기준으로서 소득 수준이 교육 수준을 대치하고 있는 실정이다. 이것이 수많은 미혼 여성에게 거의 유일한 기준이 되었고, 그들이 타인을 위해 하는 전통적인 헌신의 기준보다 더 중요시되고 있다. 가족 중 아픈 사람이 있는가? 엄마가 직장에 다니기 때문에 충분한 관심을 받지 못하는 어린아이가 있는가? 지금은 독신 여성이 그 공백을 메우고 있으며, 그것이 아주 정상적인 현상으로 여겨지고 있다. 독신 여성에게는 남편도 없고 보살필 아이도 없다는 이유로 미셸 페렝은 그들에게 보기 드문 찬사를 보낸다. 우리는 바로 이 '독신 여성들'에게서 순수한 사랑을 발견한다. 그 사랑은 넓고도 욕심이 없다는 특징이 있으며 소유하지 않고 요구하지 않는 사랑이다. 그러나 이런 순수성에도 불구하고 그들은 사회에서 거의 존경을 받지 못하고 있다.

다른 한편, 돈을 많이 벌어 고급 아파트를 사서 초현대식 음향 시설을 비롯한 멋진 가구들로 꾸며 놓고, 많은 친구들을 즐겁게 해주는 것은 정서적 결핍에 대한 타당한 보상 심리다. 남편이 없을지라도 그것은 여전히 가정이며 그 속에서 여성은 자기 가정을 꾸민다. 이것이 바로 여성들이 불공평한 봉급 제도에 그토록 반대하는 이유다. 여성이 일과 관련하여 어떤 독립된 위치를 확보하게 되면 더욱 성취감을 얻게 된다. 스위스에서는 여성 기구들이 이런 목적하에 한 기관을 만들었는데 큰 성공을 거두었다.

그러나 경제적 독립은 기혼 여성에게도 중요하다. 이를 뒷받침하는 증거는 수없이 많다. 여성들이 두 가지 역할로 인한 과도한 스트레스에도 불구하고 보통 집안일보다도 더 지루한 일인 직업을 갖는 이유는, 일로 인한 즐거움보다는 경제적인 독립 때문인 경우가 많다. 지젤 알리미는 "여성이 받은 진짜 저주는 남이 벌어다 준 돈을 써야 한다는 것이다"라고 쓰고 있다. 적은 액수라도 남자에게 요청해야만 하는 아내가 남편에게 부여한 권한을 남편 자신은 전혀 알아채지 못한다 하더라도, 돈을 버는 사람이 모든 것을 주장하게 마련이다. 맞벌이를 하게 되면 여성은 부부간의 대화에서 더 많은 자유를 누리게 된다!

그러나 이것은 바로 인간이 자기를 해방시켜 주는 자의 포로가 된다는 사실을 반복하는 데 불과하다. 여성이 돈을 벌면 일정 수준의 생활을 확보하게 되고, 이에 익숙해지고 나면 아이들과 더 많은 시간을 보내기로 결심한다 하더라도 결코 직장을 그

만둘 수 없게 된다. 그리고 그 때에는 남편의 반응을 고려하지 않으면 안 된다. 클로드 메이야드는 어떤 젊은 여성이 결혼 조건으로 직장 생활을 계속하도록 허용할 것을 요구했다고 한다. "남자는 그 제안에 동의했다. 그러나 일단 결혼하자 남자는 마음을 바꿨다." 나는 이런 현상이 비일비재하다고 생각하는데, 그 이유는 남자는 일단 결혼하면 아내가 자기에게 속해 있다고 느끼며, 따라서 자기에게 전적으로 헌신해야 한다고 생각하기 때문이다. 아나이스 닌은 이런 제안을 받아들인 또 한 사람의 예를 드는데, 그는 사상이 전자보다 더 자유로운 남자였다고 한다. 이번에는 여자 편에서 마음을 바꾸었는데, 그 이유는 자기가 남편을 충분히 사랑하지 않기 때문에 직장에 나가고 싶어하는 것으로 남편이 오해할까 봐 걱정이 되었기 때문이다.

당신은 이 문제, 곧 여성을 집안에 묶어 두려는 것이나 여성을 가정에서 해방시키려는 운동이 일으키는 문제가 얼마나 복잡한지를 알 수 있다. 여기에 어떤 법칙을 부과하려는 것은 너무나 경솔한 짓이다. 나는 이 주제에 관해 여성들이 쓴 많은 책을 읽었는데, 그 책들의 저자 중 내가 가장 공감했던 부류는 자기 견해를 강력하게 주장한 이들이 아니라, 자신의 견해가 아무리 진실된 확신에 근거하더라도 자신 속에 있는 회의를 솔직히 시인하는 저자들이었다. 우리는 베티 프리단이 이런 견해에서 저런 견해로, 또 다른 견해로 바뀌는 과정을 앞에서 보았다. 프리단보다도 자기 내면의 갈등을 훨씬 더 예민하고 통찰력 있게 관찰한 저자는 「나는 가정으로 돌아가고 싶다」(*Je Veux Rentrer à la Maison*)를 쓴 프랑스 여성 크리스티안 콜랑주다.

콜랑주 여사는 자기는 가정과 직장에서 모두 성공하기를 원했다고 초두에 시인하면서 시작한다. 그녀는 어린 시절부터 "나는 커서 기자가 되고 싶고, 또 자식도 많이 낳고 싶어"라고 말하곤 했다고 한다. 그리고 실제로 그녀는 일급 기자가 되어 유명한 잡지의 주필이 되었고 세 아들을 낳았다. 그러나 그녀는 그 직업으로 인해 누리는 매우 풍부한 생활에도 불구하고 두 가지 역할을 동시에 하는 것이 얼마나 어렵고도 불만족스러운지를 숨김없이 이야기한다. 그리고 그녀는 집안일을 계속해서 성실하게 도와주었던 훌륭한 파출부가 없었다면 그 모든 것이 불가능했을 것이라고 지적하는데, 오늘날에는 그런 경우가 극히 드물다.

그렇다고 문제가 해결된 것은 아니다. 또한 그녀가 이전에 쓴 「여성과 경영」(*Madame et la Management*)에서 말한 것처럼, 시간과 일을 신중하게 관리한다고 해서 문제가 해결되는 것도 아니다. 문제는 마음에 있기 때문이다. 그녀는 이렇게 쓰고 있다. "막내 아들이 태어났을 때 가정의 귀신이 이미 나를 괴롭히고 있었다.…마지막 자식은 마치 마지막 사랑과도 같았다." "그때에는 나의 이성이 나의 감정을 잠잠하게 만들었다.… 당신이 지금 중단한다면 마흔이 될 때 후회할 것이다.… 일단 자식 낳는 것이 마무리된 다음에도 인생은 여전히 갈 길이 멀었다."

그러나 감정은 끈덕진 것이 특징이라고 그녀는 덧붙인다!

그녀는 감정에 완전히 항복하진 않았지만 대신 타협하기에 이르렀다. 가정을 위해 어느 정도라도 시간을 되찾기 위해, '더 명예롭고 더 많은 수입이 보장되는' 직업을 거절했다. 그러자 당연히 페미니스트들로부터 비난을 받았는데, 이는 어떤 인터뷰에서 드러난 사실이다. 페미니스트들의 눈에는 그녀가 여성의 대의명분을 배신한 것으로 보였다. 그럼에도 불구하고 그녀는 자기가 기혼 여성의 일할 권리를 위해 얼마나 열심히 싸웠고, 한 사람의 저널리스트로서 여러 나라를 대상으로 연구 조사한 사실을 상기시키면서 지금도 여전히 여성 운동의 지지자임을 밝히고 있다.

나는 그녀의 민감성을 보고 이 명석한 여인에게서 감명을 받았다. 예를 들면 그녀는 자기 자식 중 하나가 조금만 아파도 발생하는 극적인 상황들을 암시하고 있다. 그녀는 파트 타임으로 일하는 것 등 어떠한 타협도 기혼 여성에게 타당한 이상적인 해결책이라고 말하지 않는다. 오히려 자신의 경우를 단지 가장 덜 나쁜 해결책으로 이야기한다.

당신은 이 모든 문제가 얼마나 복잡하고 미묘하며, 원칙을 만들기에 난감한 문제인지 알게 되었을 것이다. 좀더 어려서 결혼한 여성 중에는 집안일에 집중하기 위해 직업에 관한 생각을 완전히 포기했다가 아이들이 자란 다음, 특히 막내가 결혼해서 분가했을 때 직장도 없고 훈련도 받지 못한 채 남아 있는 자신을 발견하는 경우가 많다. 그들은 어떻게 해야 하는가? 늦게라도 공부를 시작해야 하나? 지금에 와서 어렵게 기술 훈련을 받아야 하는가? 많은 사람들이 진지하게 고려하지 않는 자선 사업을? 전임 아니면 파트 타임? 또 다른 여성들은 막내가 학교에 입학하자마자 과로할 것을 각오하고 직장에 뛰어든 다음, 나중에는 자기의 야망 때문에 자식과 남편을 희생시키지 않았는가 하는 양심의 가책을 받으며 살아간다.

내가 처음부터 조언하지 않겠다고 했던 사실을 당신은 기억할 것이다. 여성을 한 인격으로 인정하는 것은 여성 스스로가 선택한 것에 대하여 완전히 책임지도록 허용하는 것이다. 이는 여성의 자유를 존중하는 것을 의미한다. 그러면 남편은 어떻게 되는 것인가? 그렇다고 남편이 "그건 당신 문제니까 당신 마음대로 하구려" 하는 식으로 아무 상관없다는 태도를 취해서는 안 된다. 이 문제에 대해 우리는 인격 의학 학회에서 토론한 적이 있다. 그 때 여러 부인들이 한결같이 한 이야기는, 자신이 어떤 결정을 내려야 할 때 솔직하고 진지하며 부인의 양심을 존중해 주는 부부간의 대화가 얼마나 큰 도움이 되었는지 모른다는 것이었다. 여성 자신들보다도 오히려 남편이 먼저 아내의 장래를 내다보고 사전에 준비하도록 깨우쳐 주었다고 여러 부인들이 말했다.

부부간의 대화는 결혼 초기부터 가장 근본적인 것이다. 그것은 논쟁자들이 주장하듯이 원칙의 문제를 논하는 것이기보다는, 오히려 가장 타당한 행위를 차근차근 정직하게 추구해 가는 것을 뜻한다. 나는 이것을 상대방을 향한 하나님의 뜻을 추구하는 것이라고 말하고 싶다. 여성의 일에 관하여 뛰어난 통찰력을 가진 크리스티안 콜랑주가 말하듯이 그것은 마치 약을 복용하는 것과 같다. 즉 아이가 하나일 때는 부부간의 대화에 어려움이 별로 없다. 아이가 둘이 되면 두 배로 힘들어지는 것이 아니라 열 배 이상 어려워진다. 그리고 셋이 되면 불가능해지고 만다.

이것은 물론 가족 계획의 문제를 제기하는데, 콜랑주 여사는 이 문제를 언급하지 않는다. 나 역시 이 책의 범위를 벗어나므로 언급하지 않겠다. 낙태 문제 또한 이 책의 주제와는 거리가 멀지만, 페미니스트들의 핵심적인 주장 중 하나가 낙태를 더 이상 죄로 규정해서는 안 된다는 것이기 때문에 간단하게나마 언급할 필요가 있겠다.

나는 이 책의 관점에 입각해서, 낙태와 관련하여 주관적·정서적·애정적 요인이 중요하다는 사실을 강조하고자 한다. 나는 페미니스트들의 주장 저변에는 다음과 같은 요인들이 깔려 있다고 생각한다. 그들이 분개하는 것은, 사실 남자에게 책임이 있는데도 불구하고 남자는 처벌하지 않는 그야말로 불공평한 처사다. 미혼 여성을 유혹한 젊은이든, 아이가 하나 더 있을 때 가져야 할 책임을 회피하려는 이기적인 남편이든, 모든 진지한 대화를 거부하고 '그건 당신이 알아서 할 일'이라는 식이거나 한마디 말도 하지 않는 장본인은 바로 남자다.

그러하기에 법률은 정서적인 반응은 완전히 무시한 채 자체의 논리에만 맹목적으로 따르는, 남성들이 고안한 거대하고도 냉혹한 기계와 같은 것으로 여성의 눈에 비치는 것이다. 더군다나 법률은 오히려 여성에게 비난을 퍼붓는데, 이는 이미 사라져 버린 남자를 비난하는 것보다 더 쉽기 때문이다.

나는 의사가 순전히 심리적인 관점에서 여성과 진지하게 대화하기만 해도 그 여성이 낙태하지 않도록 도울 수 있는 경우를 생각보다 많이 발견했다. 임신한 여자들 가운데 자기 속에서 자라고 있는 것이 하나의 생명이라는 사실에 민감하지 않은 여성은 하나도 없다. 낙태는 항상 여자의 마음에 깊은 상처를 남겨 놓는다. 나는 그 상처의 치유와 관련하여 성경이 말하는 하나님의 용서는 무조건적이라는 진리를 상기하곤 한다. 즉 예수님은 자칭 '의로운 자'의 도덕주의적 위선을 끊임없이 비난하셨는데, 이는 그들 속에 있는 위선의 죄가 그들이 비난하는 다른 사람들의 죄보다 더 심각하기 때문이었다.

나는 연방 정부에서 여론 조사를 할 때 낙태 반대 성명서에 서명했다는 이유로 우리 교회의 어떤 교인으로부터 비난을 받은 적이 있다. 당시 그 성명서는 정부에 제출하고자 힘들여 만든 타협 법안이었는데, 그것 역시 이 해결 불가능한 문제에 대한 해결책이 될 수는 없었다. 그러나 나는 낙태를 합법화했을 때 여성들에게 부과되는 고통을 페미니스트들이 미처 깨닫지 못하고 있다고 생각한다. 나의 오랜 친구인 에른스트(Ernst) 박사는 이 자유화 운동에 반대하고자 국제적인 의사 협회를 창시했다.

10. 여성 해방 운동의 진로

나는 앞에서 크리스티안 콜랑주 여사와 그녀의 책 「나는 가정으로 돌아가고 싶다」에 관해 언급했다. 내가 그 내용을 쓰고 있을 바로 그 때, 연방 의회의 의원으로 있던 가브리엘 난셴(Gabrielle Nanchen) 여사가 다음 선거에 출마하지 않기로 결심했다는 기사를 신문에서 읽었다. 난셴 여사 역시 가정으로 돌아가서 집안일에 전념하고, 남편과 세 아이를 뒷바라지하기 위해 그렇게 결정한 것이었다. 이번에는 의회 의원직을 포기하는 갑작스런 사태가 벌어진 것이다.

그 여사는 매우 존경받고 있었기 때문에 틀림없이 재선될 사람이었다. 신문에서는 그녀를 소속 정당의 '지도적인 인물'이자 스위스 여성 운동의 지도자로 묘사했다. 의회 대변인은 다음과 같이 그녀를 격찬했다. "가브리엘 난센 여사는 사회주의 정당 및 의회 전체에서 가장 뛰어난 의원 중 하나로 순식간에 부각되었다. 그녀는 어떤 각료직이든 능히 수행해 낼 유능한 인물이었다. 그러나 그녀가 가장 두드러지게 기여한 분야는 사회적인 영역이다. 곧 노인과 과부의 연금제, 어머니에게 주는 혜택 등을 들 수 있다." 그리고 그는 계속하여 "가브리엘 난센에게는 매력이 있다. 그것은 우아한 자태와 방송시 드러나는 특히 듣기 좋은 목소리다"라고 말했다.

당연히 페미니스트들 사이에서 상당한 동요가 있었다. 한 여성 기자가 그녀에게 질문했다. 그러자 이렇게 대답했다. "물론 어떤 사람들은 나의 사퇴가 남녀간의 진정한 평등은 불가능함을 입증하는 것이라고 말할 것입니다. 만약 남자가 내 위치에 있었다면 나와 동일한 결정을 하지 않았을 것입니다. 사실 이것이 오늘의 현실입니다. 그렇지만 나는 지난 8년에 걸쳐 정치가의 역할과 가정 생활이 양립 가능함을 입증했다고 생각합니다. 내가 내각에 합류했을 때 나에게는 매우 어린 두 아이가 있었음을 기억해 주십시오. 나는 지금까지 소속 정당을 실추시키지 않으면서 동시에 자식들을 손상시키지 않고 두 가지 역할을 잘 수행해 왔다고 생각합니다."

그녀는 두 가지 역할을 조화시키는 것이 가능하다는 것을 입증했지만 자기는 더 이상 그렇게 살지 않겠다고 결심한 점을 주목하라. 당신이 알다시피 이제 세 번째 아이가 태어났고, 이는 내가 방금 인용한 콜랑주 여사의 말을 확증해 주는 것이다. '평등'이란 단어를 둘러싼 한 가지 오해가 있다. 물론 권리상의 평등이 있어야 한다. 그러나 권리가 전부는 아니다. 마음 혹은 감정도 있다. 그러므로 환경상의 평등은 결코 이루어질 수 없다.

어쨌든, 그녀가 8년 전에 의원직을 수락했을 때와 마찬가지로, 엄마로서의 이번 결정 역시 페미니즘에 승리를 안겨 준 것으로 생각해야 옳지 않겠는가? 여성의 권리란 모든 정치적인 압력과 편견에도 불구하고 여성 스스로 결정을 내릴 권리를 의미하는 것이 아닌가? 자유롭고 책임 있는 인격으로 인정받는 것이 참된 해방이 아닌가? 가브리엘 난센은 사람들의 편견을 두 번이나 깨뜨린 셈이다. 8년 전에는 어린 자녀를 가진 엄마는 집에만 있어야 한다는 편견이었고, 지금에 와서는 의원직 포기를 하나의 배신으로 여기는 편견이다.

당신은 여기서 이런 논쟁을 좀더 근본적인 수준으로 전향시키려는 것이 나의 의도임을 감지할 수 있을 것이다. 중요한 것은 여성들이 어떻게 해야 한다는 것을 일방적으로 지시하는 것이 아니라 그들의 자유를 존중하는 것이다. 즉 여성들을 신뢰하고, 그들로 하여금 의회에 있든 가정에 있든 어디서든지 이 위기의 때에 여성이 기여할 바가 무엇인지 그 사명을 숙고하도록 하는 것이 중요하다. 마치 운동 경기에서 점수를 매기듯이 의회, 행정부, 혹은 다른 관직에서 일하는 여성의 숫자를 계산하여 여성 해방의 정도를 측정하는 데 사용하는 것은 가당찮은 짓이다. 물론 여성이 정계나 전문직에 처음으로 발을 내디딘 것은 기념할 만한 사건임에 틀림없다. 하지만 이제는 더 이상 여성의 능력을 입증할 필요가 없다.

아직도 의회 및 행정부에 여성이 극히 적은 이유가 해묵은 편견 때문이라고는 생각하지 않는다. 그 이유는 오히려 정치가의 역할과, 엄마로서의 일과 심정을 조화시키는 것이 분명히 어렵기 때문이다. 이런 일을 하기에는 독신 여성이 더 자유로운 것이 사실이다. 그러나 실상 의회와 같이 남녀가 섞여 있는 곳에서는 독신 여성이 기혼 여성만큼 권위를 인정받지 못하고 있는 것이 문제다. 남자들은 독신 여성을 기혼 여성만큼 진지하게 받아 주지 않는다. 정당들이 선거 유세를 할 때마다 여성 후보자에게 자녀가 몇 명 있는지를 항상 밝히는 것을 보면 이 사실을 의식하고 있는 것이 분명하다.

하여튼 나는 여성들이 우리 문명 사회의 발전에 유익한 영향을 더 많이 미치기를 바라는 마음이다. 하지만 정치와 같이 힘이 좌우하는 영역에 여성이 참여한다고 해서 큰 진전이 있을지는 심히 의심스럽다. 만약 당신이 저울의 한 쪽에는 10킬로그램을, 또 다른 쪽에는 3그램을 얹었을 때, 가벼운 쪽에 3그램 정도, 혹은 1-2킬로그램을 더한다고 해도 아무런 차이가 없을 것이다. 저울의 모양을 바꾸려면 10킬로그램을 만들어야 한다.

나는 이것이 여성 후보에게 표를 던져 당선시켰는데도 실상 정치에는 거의 효과가 없는 이유라고 생각한다. 의회에서 여성은, 원칙론을 둘러싼 끝없는 논쟁과 틀에 박힌 정당간의 싸움을 비롯한 남성적인 속성을 지닌 의회 제도에 적응하지 않으면 안 된다. 한편 실제적인 삶에서는 여성이 그 힘을 최대한 발휘할 수 있는데 왜냐하면 삶의 영역에서 중요한 것은 여성의 기능보다도 여성의 인격이기 때문이다. 남성은 인격보다도 기능에 더 관심을 기울이는 존재다.

많은 예를 들 수 있다. 현재 내 고향에서는 지방 선거가 진행되고 있다. 리즈 지라르댕(Lise Girardin) 여사 또한 재출마를 하지 않기로 했다. 그녀는 여성으로서 최초로 제네바 시장이 된 인물이다. 그녀의 시장 당선은 그 곳에서 여성의 정치적 해방을 이룩하는 첫걸음으로 호응을 받았으며, 그녀의 업무 수행 역시 크게 호평을 받았다. 그러나 그녀가 유일한 여성이었고 이제는 그 자리를 남자에게 내어주었다.

그렇다면 우리는 지라르댕 여사를 비롯한 크리스티안 콜랑주, 가브리엘 난셴, 또한 미국의 마라벨 모르간의 성공, 그리고 다른 여러 인물들의 경우를 페미니즘이 후퇴하고 있는 증거로 볼 것인가? 혹은 베티 프리단이 1950년대에 묘사했던 것처럼 또 다른 기상 변화에 해당하는 것으로 볼 것인가?

점차 더 기술 중심의 비인간적인 사회로 변해 가는 현대 문명에 정치 및 전문직으로의 여성 해방이 거의 영향을 주지 못하기 때문에 여성 해방 운동에 대한 실망의 조짐은 없는가? 그 실망은 마치 과거 식민지 국가들이 서구 문명을 좇다가 자기 나라의 인재들을 희생시킨 데서 오는 실망과 비슷할 것이다.

나는 에블린 쉴레로의 말에 충격을 금치 못했다. 그녀는 자크 모노와 함께 편집한 유명한 책 「여성의 실체」의 서문에서 여성 해방 운동을 억누르고 있는 모호성의 문제를 지적하고 있다. 한편으로 그 운동은 남성과 동등한 여성의 권리를 주장함으로써 남성과는 다른 생물학적·심리적 차이를 부정하는 경향을 띠고 있다. 하지만 다른 한편, 그 운동은 여성의 인격적 독창성을 강조하고 있다. 그녀는 "우리가 원하는 것이 무엇인가? 남자와 같이 되는 것인가, 아니면 여성으로서의 독특성을 표현하자는 것인가?"라고 의아해한다.

나는 두 가지 단계를 구별한다면 이 모순이 해결될 수 있다고 생각한다. 여성 해방 운동이 시작될 때에는, 지금까지 여성을 거부하던 영역에서 여성도 남성만큼 능력이 있음을 보여 줄 필요가 있었다. 따라서 남녀의 유사성을 주장하는 것이 필요했던 것이다. 아직 완전한 해방을 이룩하기에는 갈 길이 멀지만 이제는 이미 여성의 능력이 입증되었다. 그러므로 이제는 여성의 특성을 강조하면서, 남성이 할 수 없는 것으로써 여성에게 기대할 바가 과연 있는지를 물을 때가 되었다. 페미니즘의 승리를 여성이 남성과 같은 기능을 하는 것으로만 규정한다면, 이는 남성을 모델로 삼는 것을 의미하므로 남성의 우월성을 긍정하는 것에 불과하다. 프랑스 퀘레가 말하듯이 "우리는 여성이 하나의 인격이 되기를 원한다. 그러나 우리는 여성에게 남성을 닮은 원숭이처럼 행동하도록 요구함으로써 결국 남성의 우월성에 경의를 표하고 있는 셈이다."

내가 중세와 관련하여 인용한 적이 있는 역사가 레진 페르누도 이와 비슷한 말을 한다. "그것은 마치 여성이 남성적인 세계에 침투한 사실에 기뻐하는 데 그쳐 더 이상 필요한 상상력을 계발하는 데 아무런 노력을 기울이지 않는 것과 같다. 이 상상력 계발은 우리 사회에 결핍된 것을 여성 특유의 속성으로 보완하는 데 반드시 필요한 것이다. 그들은 남성을 닮고, 동일한 일을 할 능력이 있음을 인정받고, 남성적인 방식을 수용하고, 심지어는 남성과 같은 옷을 입는 것 등으로 만족해한다.…따라서 우리는 여성들이 남성적인 세계에 대한 무의식적인 동경에 의해 움직이는 것이 아닌지 의심하게 된다. 여성이 자신의 정체성을 상실하고 여성의 독창성마저 부인하면서까지 남성과 최대한 똑같이 될 필요가 있는 것처럼 행동하기 때문이다."

사실 페미니스트들이 쓴 책에서 실망의 빛을 감지할 수 있다면 다른 요인들 때문일 수도 있다. 어떤 모험도 최초의 목표와는 다른 새로운 목표를 향한 새 출발과 신선한 자극 없이는 지속될 수 없다. 모든 모험이 점차 시들해지다가 결국 중지되게 되는데, 그 이유는 실패했기 때문일 수도 있지만 오히려 성공했기 때문에 그렇게 되는 경우가 더 많다. 최초의 여의사, 최초의 여성 변호사, 최초의 여성 장교, 최초의 여성 장관 등이 되는 것은 굉장한 흥분을 불러일으켰다. 그러나 그런 자리에 여성이 더 많이 진출할수록 점점 더 평범한 현상이 되어 버린다. 모든 성공, 심지어 사소한 시험에 합격하는 것조차 처음에는 크게 보이지만, 일단 과거의 일이 되어 버리면 미미하게 보이게 마련이다. 마치 여성이 새로운 옷을 처음 볼 때 그것을 사는 꿈을 꾸며 황홀해하지만, 일단 그 옷을 사고 나면 곧 실망해 버리는 것과 같다.

아무리 혁신적인 사상이라도 내가 텔레비전에서 즐겨 보는 봅슬레이 경기와 같다. 그 경기에서는, 경기자가 엄청난 노력을 기울여 썰매를 최대한 빠른 속도로 민 다음 마지막 순간에 썰매를 탄다. 그리고 그 후에는 떠밀려 내려가기 때문에 더 이상 썰매를 밀지 않는다. 이와 같이 모든 새로운 사상도 처음 아주 짧은 기간에는 개척자들의 최선의 노력을 요구하는 때가 있다. 그러나 일단 불이 붙은 다음에는 더 이상 노력할 필요없이 그냥 굴러 가는 것이다. 그것은 용인된 제도가 되고 신선한 맛을 잃어버린다. 그 사상이 반대에 직면하게 되면 지지자들의 뜨거운 열정을 불러일으키지만, 그 사상이 용인되기만 하면 그런 열정은 순식간에 사라져 버린다.

나는 모든 인간의 심성에 투쟁 본능이 있다고 믿는다. 따라서 모든 사람은 어떤 논쟁적인 문제를 포착하는 데서 즐거움과 열정과 성취감을 얻는다. 어쩌면 당신은 인간에게 보수적인 속성도 있지 않느냐고 반문할지 모르겠다. 그것도 사실이지만, 인간이 쾌감을 얻는 것은 투쟁 상대를 만나 그와 경쟁할 때다. 평화보다는 전쟁을 하는 것에 격정에 사로잡히기가 더 쉬운 법이다. 이러한 투쟁의 매혹적인 손짓이 여성 해방 운동에 중요한 역할을 감당했음을 누가 부인할 수 있겠는가?

한번은 넬리와 내가 꽤 젊은 의사 부부와 대화를 나눈 적이 있다. 상당히 오래 전의 일인데, 당시만 해도 젊은이들이 머리를 길게 기르기 시작할 때였다. 그것은 기성 세대에게는 여전히 하나의 도전으로 비친 현상이었다. 그런데 우리가 자기들과의 대화를 즐기고 있음을 눈치채고는 무척 놀라는 듯한 표정을 지었다. 마침내 그 젊은 의사는 "제가 이렇게 장발인 것을 보고 혹시 충격을 받지는 않으셨나요?"라고 물었다. 그러자 넬리는 폭소를 터뜨리면서 "당신은 지금 제네바에서 최초로 단발 머리를 한 여성과 대화하고 있다는 사실을 모르고 계셨군요!"라고 말했다.

당시에 단발 머리는 지금의 장발보다 훨씬 더 심각한 문제였다! 성경에서조차 긴 머리를 여자의 영광으로 칭찬하는 구절이 있다(고전 11:15). 그렇지만 우리는 그 문제를 놓고 심각하게 충돌한 적이 한 번도 없었다. 넬리가 단발을 택한 것은 단지 간편하기 때문이었고 나 역시 그게 좋았다. 그런데 자기 딸을 본 장인 어른의 표정에서 나는 그것이 얼마나 심각한 문제인지를 짐작할 수 있었다. 넬리가 나와 결혼하기 전이었다면 상상도 못했을 것이 분명했다!

그것은 페미니스트들의 조그마한 성명서와 같은 것이었다.

물론 넬리에게는 그런 의도가 전혀 없었겠지만, 결혼으로 말미암아 부모의 감독에서 해방된 기쁨을 표출하고 있었던 것이다. 장인 어른은 아무 말씀도 하지 않으셨다. 예전에 우리가 당시 파리에서 유행하던 실내 장식의 영향을 받아 아파트에 현란한 벽지를 바른 것을 보았을 때에도 장인 어른은 침묵으로 반응하셨다.

우리는 소위 자본가 계급에 속하긴 했지만, 자본가 계급 세계에 대해 페미니스트들보다 더 비판적인 입장을 취했다. 어쩌면, 나의 아버지가 이미 별세한 후라 더 이상 반발할 대상이 못 되었기 때문에 대신 장인 어른을 그런 대상으로 삼았을 가능성도 배제할 수 없다. 하지만 장인은 그것을 아주 긍정적으로 받아들이셨다. 그분은 사위인 나를 굉장히 신뢰하셨고 우리는 계속해서 애정 어린 대화를 나누었으며, 장인 어른의 마지막 투병 기간에는 둘의 관계가 더욱 깊어졌다. 그러나 나는 늘 반항아로 남아 있었다. 1968년 5월에 일어난 파리 학생들의 폭동을 지지했고, 지금도 나는 우리 문명 사회에 대해 비판적인 입장을 가지고 있다.

기존 현상에 도전하는 다양한 운동들 사이에는 일종의 묵인이 있다. 동시에 서로 이용하는 경향도 있음을 보면 모호한 측면도 있는 것 같다. 프랑스혁명 당시 여성들이 열정적으로 몸을 내던졌는데, 이는 혁명이 주창하던 자유가 여성 해방까지 이룩해 주리라는 기대 때문이었다. 그들은 여성의 자유를 요구하면서 "단두대에 달릴 수 있는 권리는 또한 말할 권리를 의미한다"고 군중에게 열변을 토했다. 처음에는 남자들이 여성 운동의 기동력을 이용했지만, 혁명이 성공하자마자 여자들의 입을 봉해 버렸다. 오늘날에도 우리는 직장 여성의 권리를 옹호하는 운동에서 동일한 현상을 발견한다. 프랑스에서 발간된 에블린 르가레의 책을 보면, 노동 조합이 처음에는 페미니스트들의 지지로부터 많은 유익을 얻지만 그 후 막상 그에 보답할 때가 되면 슬그머니 발뺌하는 것을 많은 여성이 신랄히 비난한다.

그러므로 모든 투사들의 열정을 지탱시켜 주는 '반골'이 되는 데 일종의 쾌감이 따르는 것은 사실이지만, 그것만으로는 여론에 변화를 불러일으키기에 불충분하다. 어떤 대의명분을 지지하도록 큰 대중을 동원하려면, 타당성 있는 이상(理想)을 목표로 제시하지 않으면 안 된다. 과학적 심리학은 그 이상 나아갈 수 없는데, 이는 과학이 가치를 무시하기 때문이다. 심리학은 우리의 무의식적인 동기를 파헤침으로써 행위의 역동성을 연구할 수는 있으나, 진정한 동기와 확신 및 가치관 등은 본질상 심리학의 범위 밖에 있는 것이다.

여성 해방 운동의 성공을 보증해 준 것이 다름 아닌 '정의'라는 참된 가치였음은 의심의 여지가 없다. 이 가치는 모든 인간이 보편적으로 인정하는 것으로서, 그것을 경멸하는 자들조차 자기의 불의를 정당화시키기 위해 더 높은 정의의 이름을 빌리는 것을 보게 된다. 페미니스트들 역시, 남녀가 갖는 권리상의 어떤 차별도 금하는 인간의 존엄성에 호소했던 것이다. 이 남녀 간의 평등은 비록 원칙적으로는 인정받았지만, 법적으로나 실제적으로는 아직 불완전한 상태다. 여성이 자기가 원하는 대로 행할 수는 있게 되었지만, 결국 비난받기 일쑤다.

사실 여성이 무엇을 하든 비난을 면치 못하게 되어 버렸다. 여성이 자유를 획득함에 따라 어쩔 수 없이 어떤 선택을 하지 않으면 안 되기 때문이다. 내가 보기에 가장 불공평한 비판은, 여성이 모성적 본능을 부정함으로써 자기 본성을 왜곡시키고 있다는 비판이다. 본능은 변치 않는 것이다. 우리는 여성을 가정에 묶어 놓는 것이 남자의 독재가 아니라 여성의 모성적 본능 때문만이라고 믿어야 하는가? 하여튼 과거의 중산층 여성은 현대 여성보다 자녀들과의 관계가 더 멀었다. 그들은 자식들을 하인의 손에 맡겼다. 따라서 이 논쟁에는 많은 위선이 들어 있다.

더구나 모든 심리학자들은 모성 본능이 소유욕의 근원이 되어 자녀의 발달에 해를 끼치고, 자녀가 성장한 후에는 끊어 버려야 할 장애물이 될 수 있음을 알고 있다. 엄마가 항상 자녀와 함께 있어 그 관계에 너무나 강한 애착을 갖고 있을 경우에는 그것을 깨뜨리기가 더 어렵다. 엄마는 계속해서 자식을 어린아이처럼 다루고 외부의 어떤 영향에도 질투를 느끼며, 조그만 위험 요소라도 지닌 것이면 무엇이든 거부하게 된다. 처음 2, 3년 동안에는 엄마의 전적인 보살핌이 필수적이지만, 그 기간이 지난 후에는 엄마가 바깥 활동을 한다 해도 자녀에게 결코 해가 되지 않는다. 베티 프리단은 엄마가 일하러 나가는 러시아 아이들이 미국 아이들보다 더 안정되어 있다고 지적한다.

어린아이에게 필요한 것은 사랑, 곧 사심 없는 숭고한 사랑이다. 자녀와 함께 보낼 시간이 적은 엄마가 자식과 훨씬 더 풍성한 관계를 맺을 수도 있다. 이는 엄마 자신이 더 온전한 인격으로서 더 관대하고 더욱 자신을 내어줄 준비가 되어 있기 때문이다. 여기에 근본적인 문제가 있다. 이는 엄마의 외적인 생활 방식보다는 내적 상태와, 또 엄마의 행위보다는 인격과 더 깊은 관련이 있다. 이것은 이 책의 주제와도 연관되며, 인격 감각 및 인격적 접촉과도 관계가 있는데 이것이 바로 여성의 타고난 속성으로서 더욱 계발될 필요가 있는 것이다.

어떤 사람들은 여자는 만족할 줄 모르는 존재라고 조롱하듯 비판한다. 즉 집에 있을 때는 지루해하고 직장에서는 가정을 그리워한다는 것이다! 마치 남자는 여자만큼 지루함을 느끼지 않는다거나 지루함을 더 잘 견디는 속성이 있다고 주장하는 것 같은데, 사실은 정반대라고 생각한다. 남자는 시골에 있을 때에는 바쁘고 정신 없이 돌아가는 도시 생활을 그리워하고, 도시에서는 평화스러운 시골을 갈망한다. 인간은 항상 자기가 갖지 못한 것을 갈구하게 마련이다. 모든 자유는 선택하는 것이기 때문에 항상 그 선택으로 많은 것을 잃게 된다.

하지만 지루함의 문제는 더 깊다. 나는 지금 어떤 것을 그리워하는 향수병에 대한 이야기를 하고 있는 것이 아니라, 지루함 그 자체 곧 지루한 느낌에 관해 말하고 있다. 이것은 인생의 의미 문제와 얽혀 있어서 우리가 하는 일이 무의미하다고 느낄 때 즉시 발생하는 문제다. 여성이 교육받을 권리와 일할 권리를 주장하는 이유는 일 그 자체에 있는 것이 아니라 그 일이 주는 유익과 인생에 부여되는 의미 때문이다. 그래서 여성들이 이 점에서 종종 실망한다.

그러나 가장 재미있는 최고의 위치만은 전체적으로 남자들에게 주어져 있다는 사실을 제외하면 이제 우리는 남녀가 평등한, 혹은 거의 평등한 상태에 이르렀다. 그런데 우리 사회 전체가 지나치게 조직화되고 체계화되다 보니 지루함이 생겼다. 장인(匠人)들은 수고의 열매를 볼 수 있었기 때문에 삶의 의미를 알 수 있었다. 이 점에 대해서는 더 말할 필요가 없다. 그러나 내가 지금 여성 해방 운동에서 기대하는 것은, 첫 번째 투쟁 단계가 거의 끝난 현재 시점에서 이제는 두 번째 바람을 불러일으켜야 한다는 것이다. 이 바람은 바로 인격적 접촉의 결핍으로 빈혈증에 걸려 있는 우리 사회를 치유하겠다는 야망을 의미한다.

우리가 가진 사명을 깨닫는 것보다 더 우리의 삶에 의미를 부여하는 것은 없다. 그리고 우리의 사명을 자각하는 것은 우리의 개인적 재능을 인식하는 것과 밀접하게 관련된다. 나는 여성들에게 다음과 같이 자문해 보라고 권하고 싶다. 즉 내가 믿는 바대로, 인격적 접촉과 정서적인 삶, 또한 각 개인의 인격적 필요에 대한 구체적인 관심의 측면에서 여성이 남성보다 더 나은 은사를 받지 않았는가 하는 질문이다. 그렇다면 그에 따른 결론은, 여성이 남성의 태도에도 불구하고 과감히 고등 교육을 받고 또 용기 있게 남자들의 직업 세계에 뛰어든 다음에는, 똑같은 용기를 내어 여성 특유의 민감성, 감정, 정서, 남자들은 두려워서 억압하고 있는, 본질상 합리적이지 않은 모든 것을 더 이상 부끄러워하지 말고 더욱 인격적인 존재가 되어야 한다는 것이다.

11. 여성들이 말하기를…

이제 페미니즘은 두 번째 단계로 진입할 수 있다. 첫 번째 단계에서는 여성이 정치 및 전문 영역을 비롯한 사회 생활과 문화 생활에 참여할 권리를 주장했으며, 그것을 부분적으로나마 획득했다. 두 번째 단계에서는 여성의 독특한 재능을 인식하고, 남성에게 부족한 것 가운데 이 세상에 기여할 바를 여성의 사명으로 깨달아야 한다. 우리가 살펴본 바와 같이, 남자는 사물을 조작하는 일이나 기술적 진보와 생산을 겨냥한 객관적인 연구 및 기능적인 조직 등에 익숙하다. 하지만 남자는 삶의 필수적인 감정의 영역, 개인적인 느낌의 표현 그리고 심지어는 자기 감정의 인식조차 자유롭지 못하다.

그 결과 우리는 이처럼 차갑고, 비인격적인 기계 같은 세계에 살고 있다. 어떻게 여성이 이 곳에 따스한 온기를 되살려 줄 수 있겠는가? 그것은 분명 여성이 더욱 여성다워짐으로써 가능하다. 즉 여성적인 방식으로 세상을 개발하고, 여성적인 방식으로 느끼고 여성적인 방식으로—생물학적으로가 아니라 인격적으로—인생을 이해하고, 여성적인 방식으로 사고하고 말함으로써 그렇게 할 수 있다는 뜻이다. 이것은 결코 쉬운 길이 아니다! 왜냐하면 지난 오랜 세월 동안 여성은 남성을 모델로 삼아 왔으며 남성이 기대하는 그런 여성이 되려고 분투해 왔기 때문이다.

나는 이러한 새로운 물결의 첫 조짐들을 보게 되었다. 그 예는, 「다시 말해서」(*Les mots pour le dire*)라는 책에서 마리 카디날과 아니 르클레르가 벌이는 토론에서 찾을 수 있다. 물론 그 책에는 남성과 남성의 우둔함에 대한 신랄한 비판이 있긴 하지만 그것이 그 책의 핵심은 아니다. 이 두 여성은 자기들 속에 있는 여성의 독특한 자질을 찾고 있다. 그들은 여성적인 방식으로 글을 쓰는 것이 무엇인지 묻고 있다. 이에 대해 마리 카디날은 본인은 별로 중요하다고 생각지 않지만 너무나 중요한 대답을 우리에게 주고 있다. "잘 모르겠지만 한 가지 아는 것은 나의 경우 일인칭으로 쓰고 싶다는 점이다"라고 그녀는 대답한다. 그게 무슨 뜻인가? 바로 여성은 인격 감각을 갖고 있다는 것이다! 남자는 추상적인 개념, 이론, 사상, 사물 등을 표현하기 위해 삼인칭으로 글을 쓴다. 하지만 여자는 자신의 개인적인 경험을 글로 옮긴다. 일인칭으로 글을 쓴다는 것은 자신을 독자의 손에 맡기고 그에게 개인적으로 이야기하며 그와 인격적인 관계를 형성하거나 적어도 그런 시도를 하는 것을 의미한다.

나 역시 이 대답을 읽으면서 기분이 좋았다. 내가 오랫동안 일인칭을 사용하여 글을 쓴 이유가, 글을 읽고 연구하는 하나의 기계가 아니라 나와 대화하는 한 사람의 인격으로 독자를 대우하고 싶었기 때문이다. 이와 동일한 이유로 나는 출판할 글을 쓸 때 다시 타이프로 치지 않아도 되게끔 원고를 깔끔하게 정서한다. 읽기 쉽도록 글을 정자로 쓰는 것은 상대방을 인격으로 존중한다는 표시다. 이런 것이, 나의 '아니마'가 대부분의 남성보다 덜 억압되고 있다는 증거다. 또한 나의 직업에서도 나의 민감성이 과학적 지식보다 더 큰 역할을 한 것이 사실이다. 그리고 나는 사람들과도 좋은 관계를 맺고 있다. 이처럼 일인칭으로 글을 쓴 남자들이 나 외에도 여럿 있지만 장 자크 루소를 예로 들고 싶다. 나는 그의 사상에는 동의하지 않지만 그는 한 사람의 인격으로서 나에게 감명을 준 인물이다. 내가 이 책을 쓰기 위해 지금까지 읽은 책 가운데 여성이 쓴 책들은 한결같이 일인칭으로 쓰여 있었다. 내가 찾는 것은 그들의 생각보다는 그들의 느낌이었는데, 그들은 바로 자기의 느낌을 이야기하고 있었다.

이제 여러분은 마리 카디날과 아니 르클레르가 책에서 무슨 이야기를 하는지 나에게 물을 것이다. 예를 들면, 그들은 자신의 월경기의 피와 출산 및 낙태시의 피에 관해 이야기한다. 나는 그들을 충분히 이해한다. 그들은 지난 수세기 동안 부끄러운 것인 양 숨겨야 했던 소재들을 능숙하게 되찾고 있다. 피는 영광의 상징이다. 조국을 위해 흘린 영웅들의 피, 순교자의 피, 우리가 성찬식 때 최고의 경의를 품고 마시는 세상을 구원하기 위해 흘린 예수 그리스도의 피를 보라. 여자의 피는 어떠한가? 그런 이야기는 입 밖에도 내지 말라! 왜 그런가? 이것은 남자가 무의식적으로 여자를 경멸하는 표시가 아닌가 생각한다. 다음에 다시 이 문제에 대해 다루기로 하자.

피는 여자의 일생에서 중요한 역할을 하고 있는데, 그것을 둘러싼 무거운 침묵은 그것을 오히려 더 확대시켰다. 오늘날 개발된 '피임약'은 겉으로 보기에는 월경을 억제하는 데 완벽한 효과를 내는 것 같지만, 그렇다 하더라도 실제로 여성의 월경을 없애지는 못한다. 사실 나는 이 사실을 모르고 있었다. 그러나 산부인과 의사들은 환자들이 심리적인 부작용을 일으킬까 두려워 피임약을 전혀 사용하지 않는 것 같다. 의사들은 환자를 너무나 잘 알고 있는 것이다! 여성은 월경에 따르는 불편함과 곤란함을 불평하는 동시에 강한 애착을 갖고 있다! 이는 비합리적이다. 왜냐하면 그것은 정서의 문제이기 때문이다.

여성에게는 월경이 여성됨의 필수적인 표시이자 젊음의 상징이기도 하다! 그렇기 때문에 폐경기에 접어들면 기질성(器質性) 질병과 심리적 장애가 매우 자주 찾아오는 것이다. 남자는 여전히 정력이 왕성한 나이인데 여자만 빨리 늙은 것 같은 느낌을 준다. 그러나 그 때까지는 월경이 여자의 삶 전체에 깊이 영향을 미치는 요인으로 작용한다. 그것을 책에서 글로 표현하는 것은 새로운 경험일지 모르나 어떤 여성들은 여성들끼리도 그것에 대해 이야기하지 않는다. 그들은 어떤 약속 날짜를 정할 때도 월경 날짜를 생각하며 결정하고 있다. 많은 여성에게 그것은 사회 생활을 방해하는 불리한 조건으로 작용한다. 아니 르클레르는 「여성의 말」(*Parole de femme*)의 서두에서 독자들에게 "내가 하는 말은 내 가슴 깊숙한 곳에서 나오는 것들이다"라고 경고했다.

월경에 대한 태도에서 나타나는 여성의 이중적인 심리 반응은 여성의 일반적인 특성이다. 그것은 부인과에만 국한된 것이 아니라 모든 애정의 원인이기도 하다. 그것은 또한 여성은 남성과는 다른 방식으로 자기의 몸을 경험한다는 사실을 의미한다. 여성은 자기 몸과 더욱 일체감을 느낀다. 여성은 월경 주기에 완전히 의존하면서 온 몸으로 그녀의 성을 경험한다. 그러면 독신 여성, 곧 결혼해서 아이를 갖고 싶은 갈망은 있으나 그렇지 않고 월경을 계속 감수해야 하는 여성에 대해서는 무슨 말을 하겠는가? 그러나 이런 면에서 기혼 여성의 운명이 어떻게 바뀌었는지 생각해 보라. 자식이 평균 여덟 내지 열 명이 있던 과거에는, 아이마다 9개월씩 임신해 있다가 출산 후 3년 동안 젖을 먹여야 했으므로 월경이 거의 없었고, 따라서 엄마는 거뜬하게 생활해 나갔던 것이다.

그러나 피는 또한 출혈을 의미한다. 출산 때는 보통 엄청난 출혈이 있다. 생명의 탄생에는 피 흘림이 있는 것이다! 제왕 절개 수술을 해서 출산하면 더 많은 출혈이 있다. 우리 모두는 피투성이로 태어난다. 그렇기 때문에 우리가 피에 대해 거부감을 갖는지도 모른다. 하지만 가장 강렬한 출혈은 낙태시에 일어나는데, 그 때에는 생명이 세상에 탄생하는 기쁨조차 없다. 이러한 출혈은 여성이 경험하는 강렬한 감정으로서 심리적일 뿐 아니라 신체적인 경험이다.

마리 카디날은 자기의 출산 경험을 생생하게 기술하고 있는데 이는 의사들에게 영향을 미치기에 충분한 묘사다. "그들은 이젠 내가 틀렸다고 생각했는지 장 피에르(Jean-Pierre)를 수술실로 불렀다. 처음부터 끝까지 내 정신은 말짱하게 깨어 있었으며 어느 순간부터는 극도의 행복감을 맛보기 시작했다. 내 몸은 아무런 감각도 느낄 수 없었으나 내 뇌는 평상시와 달리 너무도 활발했다. 나는 내 주위에 있는 모든 사람들을 주의 깊게 관찰하고 있었다. 그 곳은 캐나다였다. 나는 감탄할 만큼 뛰어난 기술을 갖고 일하는 그들을 볼 수 있었다. 그들은 이방인인 나의 생명을 살리기 위해 모든 조치를 취했다. 그들이 엄청난 사랑과 힘과 능력으로 움직이고 있었기 때문에 나는 그들에 대해 사랑을 느꼈다. 나는 고마움의 표시로 그들을 돕고 싶었다. 그 다음 날 의사가 나에게 '당신이 살아난 것은 바로 당신 때문입니다. 당신이 대단히 협조를 잘한 때문이죠'라고 말했다. 사실 나는 신체적으로는 아무것도 할 수 없는 상태였다. 출혈로 인해 너무나 약해져서 머리조차 들 수 없던 것을 기억한다. 하지만 내가 미미하게나마 움직인 것은 살아나기 위해서라기보다는 그냥 기분이 좋았기 때문이었다. 그들의 수고에 대한 보답일 뿐이었다."

수술뿐 아니라 심리치료나 기타 전문적인 치료에서 환자와 의사가 진정으로 나누는 순수한 사랑에 대해 이보다 더 잘 표현한 말은 없을 것이다. 마리 카디날은 계속해서 다음과 같이 말한다. "내 몸에는 혈압 상태를 계속 보여 주는 수은으로 가득 찬 높은 튜브가 연결되어 있었다. 5리터나 되는 많은 피를 수혈받았음에도 불구하고 눈금이 0-2 사이에 머물러 있는 것을 볼 수 있었다. 혈압이 더 이상 오르지 않았을 때 나는 내 몫을 다하지 못하는 것 같아 그들에게 미안한 마음이 들었다. 하지만 그 때가 내 일생에서 가장 아름다운 순간이었다. 난 아무런 느낌이 없었고, 내 몸은 전혀 무게가 없는 것 같았다. 나는 완벽한 자유 상태에 있는 것 같았다." 아니 르클레르가 그녀에게 "당신은 '난 죽어 가고 있구나'라는 생각조차 들지 않았습니까?"라고 묻자 마리는 "물론 들었죠! 그러나 아무 상관이 없었답니다!"라고 대답했다.

그 곳에서 일어난 것은 죽음을 이긴 승리와 같은 것이었다. 인간만이 자기가 결국 죽을 것임을 아는 피조물이므로 인간은 죽음에 대한 무의식적인 두려움을 계속 품고 사는 존재임을 인식할 때, 방금 언급한 경험이 바로 최고의 해방이었음을 이해하게 된다. 이 사실이 또한 그녀가 맛본 최고의 행복감을 설명해 줄 것이다. 즉 그녀는 "하지만 그 때가 내 일생에서 가장 아름다운 순간 중 하나였다"고 말한다.

이 이야기를 하니까, 최장 14분 동안 '임상상의 죽음' 상태에 있다가 현대의 인공 호흡술로 다시 살아난 이들의 고백을 모은 레이몬드 무디(Raymond Moody) 박사의 책이 생각난다. '임상상의 죽음'이 도대체 무엇인가? 그들은 인공 호흡으로 살아났으므로 죽지 않은 것이다! 무디 박사의 책은 죽음 이후의 세계에 대해서는 전혀 언급하지 않는다. 대신 그 세계에 첫발을 들여 놓는 순간, 즉 죽음이 다가오는 그 마지막 순간에 그들이 경험한 느낌들을 묘사하고 있다. 그들의 고백은, 죽음이 멀리 있을 때는 너무나 무시무시하게 보이지만, 마지막 순간이 닥쳐 그것이 왔을 때는 좋게 보인다는 것이다. 이 사실은 쿠블러 로스 여사의 연구에서도 확인되고 있다. 로스 여사는 삶의 마지막 순간에 대한 오해를 지적하는데, 죽어 가는 사람은 산 자가 상상할 수 없는 새로운 실재에 이미 들어간다는 것이다.

삶과 죽음의 경계는 우리가 생각하듯 그렇게 분명한 것이 아니라는 말이다. 이는 지금까지 죽음을 정의하기 위해 노력한 의사들의 수고를 무의미하게 만드는 대단히 거북한 사실이다! 죽음에 대항하여 생명을 보호하는 데 헌신한 의사들이 죽음의 정의를 내릴 수 없다는 것은 참으로 역설적이다.

결국 무디 박사가 연구한 모든 경우를 보면, 인공 호흡술이 없었더라면 죽음의 순간은 그 기술이 사용되는 그 찰나로 규정되었을 것이다. 이것은 오랫동안 합리주의 정신을 이어받아 온 철학자들에게는 더욱 거북한 사실인데, 합리주의는 아리스토텔레스 이래 철학의 기초가 되어 모순의 원리를 부정해 왔기 때문이다. 즉 어떤 사람이 살아 있다면 죽은 것이 아니고, 죽어 있다면 더 이상 살아 있는 것이 아니라고 본다. 우리는 여기서 서구 전체의 사상 체계가 흔들리는 현상을 보고 있다. 이는 마치 아인슈타인과 하이젠베르그가 그 때까지만 해도 굳게 닫혀 있던 전통 물리학을 상대성 이론과 불확실성의 원리로 무너뜨린 것과 유사하다. 우리 모두는 특정한 논리 체계 내에서 일어난 충격이 얼마나 생산적이었는지를 잘 알고 있다. 에리히 프롬(Erich Fromm)은 모든 서구 문화가 아리스토텔레스의 세 가지 논리, 동일률(A는 A다), 모순율(A는 non-A가 아니다), 배중률(A는 A인 동시에 non-A일 수 없다)에 기초를 두고 있음을 명료하게 입증한다. 에리히 프롬은 이것을 사랑과 연결시켜 언급하는데, 사랑은 논리적이지 않기 때문이다. 아리스토텔레스의 원리는 정확한 사고의 원리이긴 하지만 정확한 행위의 원리는 아니라고 말한다. 즉 사랑은 행동이지 생각이 아니다. 당신이 보다시피 우리는 이 책의 주제로 돌아가고 있다! 서구 문명은 사고와 행동 간의 모순을 놀라운 방식으로 보여 주고 있다. 즉 서구 문명의 객관적, 과학적, 논리적인 사고 자체는 완전한 반면, 그 행위는 비인간적이다. 서구 문명은 행동보다 사고를 선호하므로 남성적이다. 한편 여성은 논리보다는 행동에, 사고보다는 경험에 더 관심이 있다.

이 서양의 이원론은 사실상 데카르트에게서 나온 것이 아니라 아리스토텔레스까지 거슬러 올라간다. 아리스토텔레스는 물리학을 형이상학에서 분리시켜, 전자는 논리적 증명이 가능한 것으로 후자는 직관적 느낌으로 보았다. 남자는 논리적 지성의 상징인 반면, 여자는 마음의 직관의 상징이다. 우리가 알아야 할 것은 이 둘은 상호 보완적이며, 이 상호 보완성은 남녀가 서로 깊이 협력할 때 더욱 구체화될 수 있다. 왜냐하면 데카르트가 말했듯이 지성의 기능은 분리시키고 나누고 반대하는 것임에 비해 직관만이 모든 것을 종합하기 때문이다. 그러므로 우리 남자들은 처음에 해부한 것을 퍼즐 맞추듯이 다시 짜 맞춤으로서만 인격의 근본적인 통일성을 인식할 수 있다. 한편 여자들은 그 통일성에 대한 직관력을 갖고 있다.

에리히 프롬은 또한 서양 문화와 동양 문화를 비교하는데, 후자는 사고보다 직관을 우위에 두고 있다. 서양에서는 종교마저도 학구적 논쟁과 편협함, 전쟁 등으로 점철되어 지적이고 독단적인 성격을 띠는 반면, 동양에서는 관용과 존경과 용납 등이 질서로 되어 있다. 이 사실이 칼 야스퍼스에게 충격을 주었다. 일본에서는 결혼식은 신도의 예에 따르면서 장례식은 불교식으로 집행하는 것이 가능하다. 나는 이 문제에 대해 나의 책을 번역한 요세프 야마구찌 목사와 대화를 나눈 적이 있다. 그는 가톨릭 신학 연구로 박사 학위를 받았는데 논문의 주제가 선(禪)과 베르그송의 직관에 관한 것이었다.

베르그송은 르네상스 이래 이성에 눌려 있던 직관의 지위를 복귀시키려고 노력한 보기 드문 서구 사상가다. 그는 "지성의 특징은 삶을 이해하지 못하는 타고난 무능함에 있다"고 썼다. 사실 지성이 이해하는 삶은 삶의 생물학, 곧 삶의 생리적, 심리적, 사회적 현상이지 삶 자체는 아니다. 객관적인 연구는 기계 구조와 부품의 상호 작용(how)을 조명해 주지만, 현상의 원인(why)을 밝혀 주지는 못한다. 유전 암호가 어떻게 작용하는지를 설명하는 것은 그것이 왜 존재하는지를 밝혀 주기 위해서가 아니다. 신비를 파악하는 것은 직관이다. 그리고 베르그송은 기술 만능주의의 위험성을 경고했는데 지금은 그의 시대보다 더 악화된 상황이다. 그는 기술 발전에 대한 보상으로 '영혼의 보충'을 주장했으나 그것은 아직 실현되지 않았다. 그것은 '아니마'로 살아 있는 직관이 뛰어난 여성에게서 기대할 수 있지 않겠는가?

대단히 지적인 두 여성의 대화에서 우리는, 여성을 매료시키는 것은 이 세계의 형상을 논리적으로 구성하는 것이 아니라 개인적으로 경험하고 인지하는 것, 즉 관념보다는 감각임을 보았다. 따라서 깨달음에는 두 가지 형태가 있다. 하나는 논리적·지적 깨달음이고, 다른 하나는 직관적·감정적 깨달음으로서 이 지적이기보다는 육체적인 깨달음이다. 남성은 이지적인 속성이 지배적이라서 '방법'을 추구하고, 여성은 육체적인 속성이 우세하여 '이유'를 묻는다. 여성은 지적인 설명에 대한 욕구가 남성보다 적은데, 그 이유는 말로 정의할 수 없는 신비를 더 잘 파악하는 능력이 있기 때문이다.

논리적 지성은 어떤 것은 잘 이해하는 듯한 인상을 준다. 우리 남성은 기계가 '어떻게' 움직이는지를 알기 때문에 모든 것을 이해하고 있다고 생각한다. 때문에 우리는 여성에게 우리가 미처 이해하지 못하는 것을 알도록 도와 달라고 요청하지 않는다. 만약 남성이 자신의 부족함을 깨닫고 여성에게 도움을 구한다면 이는 여성에게 상당한 진보가 될 것이다. 언젠가 내가 하나님께 더 많은 직관을 달라고 기도한 것이 생각난다. 기도 직후에 묵상을 하는 동안 나는 하나님이 내 곁에 아내를 두어 직관의 근원이 되게 하셨다는 사실과, 내가 지금까지 아내의 말에 충분히 귀기울이지 않았다는 사실을 깨달았다. 아울러 내 아내뿐 아니라 상담실에서 매일 대화를 나누는 모든 여성들을 주셨음을 발견했다.

우리는, 베르그송이 입증했듯이 종교적 차원에서도 같은 것을 발견하게 된다. 물론 믿음은 우리가 객관적으로 연구해야 할 중요한 지적인 의문들을 제기한다. 그러나 신학자들도 계속해서 주장하고 모든 사람이 느끼는 바는, 논리적 지성이 삶의 신비를 이해하지 못하는 만큼이나 신앙의 신비를 깨닫는 데도 무력하다는 것이다. 그렇다면 신학 체계 전체는 지적으로 이해할 수 없는 것을 지적으로 이해하려고 엄청나게 노력하는 것으로 보일 수도 있다. 철학에 대해서도 같은 말을 할 수 있을 것이다. 소크라테스는 자신을 아는 것이 불가능하다는 것을 계속 주장하면서도 동시에 자기를 알기 위해 지칠 줄 모르고 추구하지 않았는가?

우리는 복음서를 읽을 때 일반적으로 여자가 남자보다 예수님을 더 잘 이해했다는 사실을 알 수 있다. 예를 들어 요한복음 3장과 4장에서 요한이 기록하는 예수님과 니고데모의 대화와 예수님과 사마리아 여인의 대화를 주목해 보라. 니고데모는 남자요, 학자이자 중요한 인물로서 은밀히 예수를 찾아와 지적인 정직성을 발휘하여 그 가난한 방랑자의 영적인 권위를 인정하는 데까지 나아간다. 그는 존경하는 어조로 "랍비여, 우리는 당신이 하나님께로부터 온 선생인 줄 압니다"라고 말한다. 여기서 그가 '나'라는 호칭보다는 학구적인 냄새가 나는 '우리'를 사용하는 것을 볼 수 있다. 그러나 그는 예수님이 하신 말씀을 하나도 깨닫지 못한다. 예수님이 거듭남에 관해 이야기하시자 니고데모는 "어떻게 그것이 가능합니까?"라는 과학적인 질문을 던진다. 이에 예수님은 "너는 이스라엘 선생이면서도 이런 것을 모르는구나!"라고 말씀하신다.

사마리아 여인은 유대인이 말을 건네는 것조차 금지된 이방인이었지만 예수님은 인종 차별의 편견을 무너뜨리신다. 또한 여자였기 때문에 제자들이 돌아왔을 때 "예수님이 여자에게 이야기하는 것을 보고 깜짝 놀랐다." 예수님이 그 여인에게 하신 말씀은 니고데모에게 하신 말씀만큼 깨닫기 어려운 내용이었다. 즉 예수님이 주시는 생수에 관한 이야기요, 그 물을 마시는 자는 누구든지 "다시는 목마르지 않을 것이다"라는 말씀이었다. 그녀 역시 "어떻게 당신이 이 생수를 얻겠습니까?"라는 객관적인 질문을 던진다. 한편 예수님이 그녀의 사생활에 관해 말씀하시자 그녀는 즉시 깨닫고 "나는 당신이 선지자임을 압니다"라고 반응한다. 그러고 나서 즉시 메시아에 관한 영적인 질문을 제기한다. 예수님은 "당신이 이야기하는 그가 바로 나입니다"라고 대답하신다.

예수님이 남자에게는 자기 정체를 그처럼 분명하게 선언하신 적이 없다. 그분은 제자들에게까지 심리치료사들이 쓰는 방법을 사용하셨다. 즉 예수님은 그들의 직관을 일깨우는 질문인 "너희는 나를 누구라 하느냐?"(마 16:15)고 물으셨다. 사도 베드로는 "당신은 그리스도시요 살아 계신 하나님의 아들이십니다"라고 대답한다. 하지만 마지막까지 예수님과 제자들 간에 얼마나 많은 오해가 계속되었는지 모른다! 예수님이 제자들과 나누신 마지막 대화(요 13:31-17:26)는 참으로 비극적이다. 그들이 던지는 모든 질문을 보면, 그 동안 예수님이 하셨던 말씀의 핵심을 파악하지 못했음이 분명히 드러난다. 그리고 예수님이 하신 대답을 보면, 그 사실이 얼마나 예수님께 상처를 주었을지 짐작하게 된다. 그들은 남성적·객관적 방식으로 오해한 것이다. 그들은 가시적인 사건들을 찾고 있었다. 즉 예수님이 그들에게 아버지를 보여 주셔야 하고, 로마인을 쫓아내셔야 하고, 자기 왕국을 건설하셔야 한다는 것 등이다.

빌라도 역시 이와 똑같은 오해를 한다. "네가 말한 대로 나는 왕이다"라고 예수님이 대답했으나, 그것은 "내 나라는 이 세상에 속한 것이 아니다"라는 주장 다음에 하신 말씀이었다(요 18:36-37). 그러나 빌라도의 아내를 기억하라! 그녀는 자기의 사명을 생각하고 있었다. 즉 그녀는 가장 깊은 직관의 원천인 꿈에 관심을 두고 있었고, 자기 남편이 불의를 행할 위험에 처해 있음을 깨닫고 있었다. 그리고 그것을 남편에게 이야기했다(마 27:19).

또한 예수님이 부활을 처음 보여 주신 대상이 바로 여자, 곧 막달라 마리아였다. 예수님이 여성에 대해 갖고 계신 호의와 신뢰를 이보다 더 분명하게 보여 주는 것은 없다. 마리아 역시 그것을 알았다. 예수님이 마리아의 이름을 부르는 순간 그녀가 깨닫는 장면은 참으로 감동적이다!(요 20:16) 그리고 예수님은 제자들(남자들)이 여자들의 말을 틀림없이 믿지 않을 것을 아셨음에도 불구하고, 마리아에게 부활의 소식을 전할 책임을 주신다. "사도들에게는 그들의 말이 허탄한 듯이 들려 믿지 아니하나"(눅 24:11). 이것이 아내가 남편에게 직관으로 느끼는 것을 이야기하면 남편이 흔히 보이는 반응이다. "당신은 객관적이지 못하고 그저 상상만 하는구려!"

나는 예수님이 여성을 진지하게 대하신 다른 예도 들 수 있다. 예수님은 여성을 인격으로 존중하셨기 때문에 대화의 상대로 삼았으며 가장 깊이 신뢰하는 동반자로 여기셨다. 당신의 눈을 열어 인류 역사 전체를 살펴보라. 예수님의 이러한 태도는 타의 추종을 불허할 정도로 독특한 것이다. 하지만 이 분명한 사실에 관해 충분한 논의가 있는 것 같지 않다. 예수님은 모든 편견으로부터 자유로운 분임을 친히 보여 주셨다. 즉 그분은 남자를 대할 때와 똑같은 호의와 신뢰, 요구와 약속을 갖고 여자에게 말씀하셨다. 그렇다면 예수님이 왜 남자들만 제자로 선택하셨는가 하고 반문할지 모르겠다. 그 이유는 당시 사회적으로 여성이 선교 사명을 감당하기 어려웠으므로 남자들에게 그 사명을 위탁하신 것이다.

그러나 예수님은 여자를 천대하는 남자의 불의를 통감하셨음이 분명하다. 역사학자 장 들뤼모가 이 점을 잘 지적한다. "예수님은 기꺼이 여자들에게 둘러싸여 그들과 이야기하고 그들을 매우 인격적으로 존중하셨는데, 특히 여자가 멸시당하는 상황에서는 더욱 그러하셨다." 그래서 그는 바리새인인 시몬의 집에서 윤락 여성을 옹호하고 나섰으며, 그 여자를 훌륭한 모범으로 칭찬하시기까지 했다(눅 7:36-50). 또 한번은 위협적인 남자 군중이 간음한 여인을 끌고 와서 모세의 율법대로 돌로 쳐 죽일 권리를 강력히 주장했을 때 예수님은 오히려 그 여인을 변호하셨다(요 8:3-11). 그리고 질투심 많은 마르다가 동생 마리아를 가리키며 예수님과 너무 많은 시간을 보낸다고 불평했을 때도 예수님은 마리아를 옹호하신다. 오히려 예수님이 비난하신 대표적인 죄는 우리가 빠지기 쉬운 교만으로, '의인'이 되어 남을 경멸하는 것이다!

이처럼 여성을 해방시키신 예수님의 영향은 참으로 지대했다. 초대교회에서 여자들은 당시 사회에서보다 훨씬 더 중요한 비중을 차지했다. 물론 사도 바울도 여자에 대한 일종의 열등감에서 완전히 벗어나지는 못했다. 그런데도 어떤 성경 학자들은 바울이 여자들을 향해 집회시 잠잠하라고 가르친 성경 구절(고전 14:34)이 원본에서 나온 것인지를 의심한다. 사실 그리스도 안에서는 "…남자나 여자나 다 그리스도 예수 안에서 하나이니라"(갈 3:28)고 쓴 사람이 바울이었다. 이보다 더 분명하게 남녀평등을 선언하기도 어려울 것이다. 아울러 바울이 안부 인사를 할 때 여자들도 언급하고 있음을 주목하라. 마지막으로 덧붙이고 싶은 것은, 바울이 유럽에서 집행한 최초의 세례는 바로 진홍색 염료를 팔던 미천한 여성 상인인 루디아에게 베푼 것이었으며, 바울 자신이 그녀의 집에서 유숙하기도 했다는 것이다.

더욱이 성경은 당시의 다른 문서보다 여성에 대해 훨씬 개방적이다. 드보라는 이스라엘의 사사였고(삿 4:4), 바락과 함께 군대 지휘관이 되어 시스라를 쳐부수었다. 또한 여자 선지자들도 있었다. 그래서 안나 선지자가 시므온처럼 그리스도의 오심을 찬양했다(눅 2:36). 오순절 때에는 사도 베드로가 "아들과 딸들은 예언을 하고"(행 2:17, 표준새번역)라는 요엘의 말을 인용함으로써 여성이 공적인 종교적 역할을 갖고 있음을 인정했다. 교회의 초대 교부들은 여자를 싫어한 것으로 널리 알려져 있는데, 에릭 훅스는 그것을 당시 스토아 철학의 영향 때문이라고 입증하고 있고, 노데(Nodet) 박사는 제롬(Jerome)의 노이로제 탓으로 돌린다. 교회는 이런 엉뚱한 인물들 때문에 값비싼 대가를 치렀다.

아베 오래송은 "여성은 초월성을 향해 열려 있는 존재다"라고 쓰고 있다. 여성은 신비를 깨닫는다. 엘리사벳은 문자 그대로 자기 몸을 통하여 성육신의 신비를 깨달았는데, 바로 자기 몸 속에 있던(후에 세례 요한이 된) 아기가 동정녀 마리아를 보고 펄쩍 뛰자 그것을 깨닫게 된 것이었다!(눅 1:39-45) 그리고 그녀가 조카인 마리아에게 그 사건의 의미심장함을 설명하자 마리아는 그 유명한 찬가를 불렀던 것이다! 이 찬가는 여성이 불렀던 위대한 찬가 중 하나다(눅 1:46-55).

12. 남자는 여자 말을 듣지 않는다

예수님과 여자들의 대화를 깊이 연구한 책이 또 하나 있는데, 바로 프랑수아즈 돌토(Françoise Dolto)가 제라르 세베랭(Gerard Sévérin)과의 대화를 수록한 「정신 분석의 위기에 처한 복음서」(*L'Evangile au Risque de la Psychanalyse*)다. 인터뷰 형식으로 쓰인 이 책은 파리에서 정신 분석학자로 활동하는 두 남녀의 대화를 묶은 것이다. 특히 나는 이 책 전체에 흐르는 프랑수아즈 돌토의 여성적 민감성에 감동을 받았다. 그녀는 잘 알려진 성경의 여러 장면을 참신한 시각으로 관찰하는데, 이는 나의 남성적 시각보다 더 뛰어난 통찰력이었다. 그래서 나는 신학을 거의 남자들이 독점하고 있는 현상이 애석하게 느껴졌다. 물론 아빌라의 테레사(St. Teresa of Avila)와 리조의 테레사(St. Teresa of Lisieux)

와 같은 탁월하고 예외적인 인물들이 있기는 하다.

그 책의 가장 두드러진 내용 중 하나는 가나의 혼인 잔치에서 일어난 예수님과 그의 어머니의 대화(요 2:1-11)다. 나는 그 대화에서 "여자여, 나와 무슨 상관이 있나이까. 내 때가 아직 이르지 아니하였나이다"(요 2:4)라고 한 예수님의 말씀에 항상 어리둥절했다. 여기에 나오는 '때'에는 예수님이 '침묵과 은둔의 생활을 떠나 공적인 삶으로 접어들' 시기와 관련하여 '객관적' 논쟁이 있는 것이 사실이다. 그래서 그분은 그 때가 아직 오지 않았다고 말한다.

이 대화와 관련하여 프랑수아즈 돌토는 객관적인 대화 저변에 흐르는 감정상의 대화를 새롭게 발견하고 있다. 여기서 진짜 논쟁은 예수님과 어머니 사이에서 일어나는 것이 아니라 바로 예수님의 마음속에서 일어나고 있다. 결정적인 때가 다가오고 있는 지금 그분은 고뇌로 가득 차 있으며 그분의 어머니는 그것을 여성의 직관으로 감지하고 있다. 예수님의 대답은 그러한 내적 동요를 시인하며 "여자여, 당신의 말을 듣고 내 속에 울려퍼지는 이 갑작스럽고 비상한 반향은 무엇입니까?"라고 말씀하시는 것이다. 이를 통찰하는 능력은 여자가 정신 분석학자보다 뛰어나다. 예수님의 말씀은 논리적이지 않기 때문에 나에게는 오히려 신비롭게 들린다. 남자는 항상 논리를 수단으로 이해하려 한다. 그런데 이 말씀은 일종의 감정적인 의사소통에 속한다.

그러나 마리아는 예수님보다 덜 초조해한다. 그렇기 때문에 마리아는 '산모가 출산할 때를 알듯이' 그 때가 도래했다고 정확하게 예견할 수 있었다. 내가 앞에서 인용했던 페미니스트들처럼 우리는 다시 여자의 최고의 감정 체험인 출산으로 돌아왔다. 출산과 피! 프랑수아즈 돌토는 첫 장면부터 그것을 보았던 것이다. 즉 그녀는 가나의 포도주를 예수님이 장차 흘릴 피의 상징으로 보았는데, 그 피는 장차 예수님이 '하나님과 인간 사이의 새로운 언약'의 표시로 제자들에게 마시게 할 성만찬의 포도주로 다시 상징될 것이었다. 그리고 제라르 세베랭이 "무슨 일이 벌어지고 있나요?"라고 묻자 프랑수아즈 돌토는 "생명이 탄생하고 있다!"고 외친다.

그러므로 여자에게 피와 출산은 다른 사건들의 의미를 밝혀주는 암호 해독기와 같은 것이다. 여기에서 사건에 해당하는 것은 공적 사역을 시작하는 '예수님의 탄생'이며, 산모는 마리아로서 다시 한 번 '하나님의 어머니'가 되고 있는 것이다. 마리아는 그 때가 온 것을 느꼈기 때문에(이성적으로 판단한 것이 아니고) 자신의 확신을 말없이 아들에게 전달했던 것이다. 이제 가나에서 예수님은 기적을 통하여 마리아의 직관을 실천에 옮기려 하는데, 그 행동은 마치 출산시 산모와 아기가 뗄 수 없는 관계로 묶여 있듯이 엄마와 아들 사이에 존재하는 독특한 유대에서 나온 것이다. "저희에게 포도주가 없다"는 어머니의 단순한 말에서 예수님은 "기다리고 있었던 성령으로부터 오는 신호를 감지했던 것이다." 즉 마리아는 내가 이 책에서 사용하는 의미에서 '자신에게 주어진 여성의 사명'을 성취하고 있다. 마리아는 여자의 직관으로 하나님의 뜻을 분별하여 대화를 시작했고, 자기의 확신을 아들에게 전달했다.

가나에서 시작된 예수님의 공생애 말기, 즉 수난받기 3일 전에 일어난 사건인, 베다니에서 기름부음을 받은 일(요 12:1-8)은 우리가 방금 연구한 장면과 조화를 이루는 것이다. 이번에는 예수님과 다른 마리아(예수님이 다시 살리신 나사로의 누이)의 무언의 대화다. 예수님이 제자들 및 다른 손님들과 함께 잔치상에 차린 음식을 드실 때였다. "마리아는 지극히 비싼 향유 곧 순전한 나드 한 근을 가져다가 예수의 발에 붓고 자기 머리털로 그의 발을 닦으니 향유 냄새가 집에 가득하더라"(요 12:3). 사랑과 엄청난 사치가 공존하는 이 사건은 가룟 유다의 신랄한 비판을 불러일으켰다.

프랑수아즈 돌토는, 마리아는 이제 예수님의 발 앞에 앉아 그분의 말씀을 듣는 수동적인 어린 소녀가 아니라고 말한다. 그녀는 지금 능동적인 여인으로 변모하여 남자들의 비난도 두려워하지 않고 행동하는 모습을 보여 주고 있다. 나는 여기에 여성 해방의 진면목이 있다고 덧붙이고 싶다. 여기서 여성은 하나님의 역사(歷史)에 동참한다. 인류 역사 전체에서 가장 결정적인 순간에, 마리아는 직관을 사용하여 핵심적인 메시지를 증거하는 증인이 되었다. 그리고 예수님은 죽음의 때가 도달했다는 그녀의 메시지를 이해하고 있다. "아마 마리아 자신도 미처 깨닫지 못한 상태에서 예수님에게 그분의 임박한 죽음을 알려 주었을 것이다"라고 프랑수아즈 돌토는 쓰고 있다. 예수님은 큰 소리로, 마리아가 향유를 부은 것은 "나의 장사할 날을 위한" 것이라고 말씀하셨다.

내가 앞에서 이야기한 것과 같은 향유를 붓는 이야기가 또 하나 있다(눅 7:36-50). 프랑수아즈 돌토는 이 두 장면을 종합하면서 "이 두 여인은 그들의 사랑을 표현하고 있다. 그들이 남의 비난을 무릅쓰면서까지 갸륵한 사랑을 표현했을 때 예수님은 그들의 여성적인 민감성에 경의를 표하셨다"고 말한다. 프랑수아즈는 또한 이것을 가나에서의 사건과 연결시키면서 이렇게 말한다. "어머니인 마리아가 가나에서 예수님의 공생애의 때를 밝혀 준 것처럼, 베다니의 마리아는 사랑과 직관을 통하여 향유로써 죽음의 때가 당도한 것을 보여 주었던 것 같다."

여성이 이 세계에서 사명을 갖고 있다는 우리의 사상이 이제는 새롭고 더 깊은 차원으로 진입하는 것을 보게 된다. 그것은 단지 여성이 예수님에게 귀기울이는, 즉 많은 남성들보다 예수님을 더 잘 이해하는 차원을 넘어서 이제는 예수님이 여자들에게 귀기울이는 데까지 나아간다. 즉 예수님은 여자들의 메시지 속에서 아버지의 뜻이 계시되고 있음을 깨닫고, 그들의 말을 진실한 마음으로 열심히 듣고 계신다. 어떤 결정적인 순간에는 예수님이, 여자들이 자기 앞에서 보여 주는 그 길을 따라가기 위해 스스로를 허용하는 장면을 보게 된다.

이와 같이 남자가 진지한 기대감을 품고 여자의 말을 듣는 경우는 별로 많지 않다고 생각한다. 남자가 여자에게 주로 기대하는 것은 봉사다. 즉 성적인 봉사, 집안 살림, 자녀 양육을 위한 교육의 봉사, 사회 생활을 위한 외적 봉사, 성실한 비서로서의 봉사 등이다. 남자들은 여자에게서 조언을 구하기는커녕 어떤 주도권이나 새로운 아이디어조차 거의 기대하지 않는다. 여자가 이런 것을 제시하면 남자는 신경질적으로 반응하는 것이 보통이고, 여자의 말을 따르고 싶어하지 않는다. 한 여성이 나에게 이렇게 말했다. "제 남편이 최근에 친구의 제안에 따라 현명한 결정을 내렸답니다. 그런데 그 조언은 사실 제가 오래 전에 남편에게 이야기한 것과 똑같은 것이었어요. 글쎄 제 말은 도무지 들으려고도 하지 않더니 친구가 조언을 하니까 즉각 듣더라고요."

　일반적으로 남자는, 여자가 남자의 말을 듣는 것만큼 여자의 말을 진지하게 듣지 않는 것 같다. 우리는 여자들이 확신에 차서 다음과 같이 말하는 것을 종종 듣는다. "우리 아빠가 그렇게 말씀하셨어"라는 어린 소녀의 말, "제 남편이 그러셨어요"라는 아내의 말, "제 아들 녀석이 그렇게 말했죠"라는 엄마의 말, "제 상관이 그렇게 말씀하셨답니다"라는 여비서의 말 등. 여자들에게 그것은 반박의 여지가 없는 말들이다. 이런 것을 보면, 여자에게는 남자의 권위를 인정하는 타고난 성품이 있는 것 같다.

　어떤 페미니스트들이 쓴 과격한 책을 볼 때도, 그들이 투쟁하는 대상이 남자라기보다는 오히려 자기의 본성인 것처럼 보일 때가 많다. 또 여성이 진지한 대우를 못 받는 것에 분노하고 있음을 발견한다. 여성 운동이 극단적으로 치닫는 현상에 대해 남자들도 비난하지만, 많은 여자들 역시 불평을 한다. 그렇다면 이 여성 지도자들이 그처럼 큰 소리로 외치는 이유는 자기들의 말을 사람들이 듣지 않고 있다고 느끼기 때문은 아닐까? 물론 여자들이 남자가 하는 말이라면 무엇이든 진지하게 듣는데 남자는 여자의 말을 한마디도 듣지 않는다고 말하면 과장된 표현임에 틀림없다. 그러나 여자가 남자의 말을 듣는 만큼 우리 남자들이 여자의 말을 신중하게 듣지 않는다는 것은 인정해야 할 것이다.

나는 예전에 했던 한 인터뷰를 계기로, 여성에게는 근본적으로 진지한 대우를 받고 싶어하는 욕구가 있다는 것을 깊이 깨달았다. 나는 마리 클레르 레즈카세(Marie-Claire Lescaze)라는 젊은 여성과 인터뷰를 했는데 그녀는 내 오랜 친구의 딸이었다. 처음에는 인터뷰 요청을 거절했는데, 이유는 지금까지 내가 결혼 및 사회 생활에서의 남녀 관계에 관해 이미 이야기한 것 이상 더 할 말이 없었기 때문이었다. 하지만 결국 그녀의 인터뷰를 수락해 함께 점심 식사를 하면서 광범위한 대화를 나누었다. 그 후 그녀가 잡지에 쓴 글을 읽게 되었는데, 그녀는 나와의 대화를 통해 한 가지 분명한 사실을 깨닫게 되었다고 했다. 그것은 바로 여자는 남자들이 자신을 진지하게 대하지 않는다고 느낀다는 것이다.

놀라운 것은 그 인터뷰를 읽고 수많은 사람들이 나에게 글을 보내고 말을 걸어 왔는데, 여성들이 가진 근본 문제가 바로 그것이라는 것이다. 그래서 나는 그 여기자에게 감사를 표하고 싶다. 그녀가 없었다면 이런 책을 쓸 생각조차 하지 못했을 것이기 때문이다. 즉 그녀가 나에게 동기를 부여해 준 것이다.

우리는 여성이 여성을 진지하게 대하는 것조차 허용하지 않는다. 여성이 허세를 부리는 것이라고 생각하기 때문이다. 미셸 페렝이라는 여기자는 어떤 재판에 관한 글을 기고했다가 거절당한 경험을 쓰고 있다. "나는 일종의 금기를 어긴 것이다. 즉 나는 여성으로서 그 글을 썼다. 신문 편집인이 기대한 잡다한 내용으로 가득 찬 소위 여성적인 기사를 쓴 것이 아니라 진짜 여성다운 글을 썼던 것이다. 왜냐하면 나는 편집인들이 남자로서 판단하는 것과 똑같은 방식으로 여자로서 판단하고 있었기 때문이다." 또 "만약 내가 남자였다면 내 글이 받아들여졌을 것임에 틀림없다"고 덧붙인다.

베누아트 그룰은 그 사실을 뒷받침해 주는, 미국에서 한 실험에 관해 언급하고 있다. "200명의 여학생을 모아 놓고 어떤 철학 에세이를 평가하도록 했다. 먼저 100명에게는 필자의 이름을 '존 맥케이'라는 남자가 쓴 것으로 해서 평가를 시켰다. 그리고 나머지 100명에게도 동일한 글을 주면서 이번에는 '조안 맥케이'라는 여자가 쓴 것처럼 가장해서 평가를 시켰다. 그런데 대다수의 여학생들이 존의 글을 독창적이며 깊이 있고 상상력이 풍부한 에세이로 평가한 반면, 조안의 글은 피상적이고 재미없는 흔해빠진 에세이로 평가했다." 이처럼 여성의 글에 대한 부정적인 평가가 나오는 이유는 아주 최근까지만 해도 여자가 쓴 글이 너무나 적었기 때문이라고 생각한다. 여성들은 지난 수십 세기 동안 남자들에 의해 잠잠하도록 강요당해 왔다고 주장한다. 이것은 약간 과장된 표현인 것 같지만, 사실 글을 쓰기도 전에 이미 하찮은 글로 무시되는 상황이라면 무슨 보람을 갖고 여성들이 글을 쓰겠는가?

만약 여성들이 자기 자신이 과소평가되고 있다고 느낀다면, 여성에게 온갖 권리들, 정치적인 권리, 교육 및 직업의 권리, 남자와 동등한 봉급을 받을 권리, 발언을 하고 글을 쓸 권리 등을 준다고 해서 여성 문제가 해결되는 것은 아니다. 우리가 여자의 말을 귀담아 듣지 않는다면, 여성이 인격체로서 자기의 가치를 완전히 회복하는 것은 불가능하다.

부부 관계에서는 아내가 주로 말을 많이 하는 편인데, 아내가 길게 이야기한 다음 마지막에 가서는 과연 남편이 자기 말을 듣고 있는지 의아해하는 경우가 너무나 많다. 어떤 부인은 나에게 이렇게 말했다. "저는 가끔 하던 말을 갑자기 중단하고 남편에게 '당신 지금 내 말 듣고 있어요?'라고 묻곤 합니다. 그러면 남편이 신문 뒤로 얼굴을 파묻은 채 투덜거리는 소리로 그렇다고 말합니다. 하지만 때로 제가 하는 질문에는 아주 긴급한 것들도 있는데도 남편은 그 문제를 해결해 줄 아무런 응답도 주지 않는답니다." 아나이스 닌 역시 '몸은 거기 있지만 정신은 출장 나간' 남편에 관해 이야기하고 있다.

나는 여자가 남자보다 현실에 직면해서 더 용감하다고 생각한다. 가정 주부가 가계의 수입과 지출을 잘 맞추기 힘든 경제적인 문제에 직면해서도 그러하다. 이러한 경제적인 문제에 봉착하면 부부가 가계부를 앞에 놓고 함께 진지하게 의논하는 것이 마땅하다. 그런데 보통 남편은 그런 대화를 회피한다. 남편이 아내에게 살림하도록 주는 돈으로는 남편이 요구하는 생활 수준을 유지하기가 도무지 불가능한데도 불구하고, 남자는 흔히 "내가 벌어다 주는 돈으로 당신이 알아서 살아야지"라는 식으로 책임을 회피한다. 게다가 남자는 자기가 쓴 돈에 대해서 기록조차 하지 않는 경향이 있다.

많은 여성들이, 자기 남편이 친구나 사업 동료 혹은 고객에게 사기당하거나 사업이 곤경에 빠져 과감한 조치를 취해야 함에도 불구하고 망설이는 경우를 많이 본다고 한다. 그 때 아내가 최대한 부드러운 태도로 "사랑하는 여보, 무슨 일이 있어요? 요즈음 당신이 무척 우울해 보여요. 무슨 걱정거리라도 있나요? 제가 당신 사랑하는 줄 알죠? 제가 조금이라도 도움이 되고 싶어요"라고 하면서 이야기를 꺼내려고 하기만 해도 남편은 침묵으로 일관하는 경우가 많다고 한다.

그리고 어떤 부인은 남편이 자기에게서 떠나간다고 느낀다.

목석 같은 사람이 되거나 정당한 이유도 없이 갑자기 고함치는 성질 나쁜 남자가 되어 버린다. 아내에게 이야기해도 좋은 것까지 숨기고 말하지 않는다. 혹시 남자가 도무지 이야기하기 곤란한 문제가 있는 것은 아닐까? 하지만 그런 경우에도 남자가 솔직하게만 이야기한다면 여자는 보통 남편을 되찾기 위해서라도 용서해 줄 준비가 되어 있다. 그래서 아내는 좋지 않은 생각인 것을 알면서도 남편의 생각을 넘겨짚는 습관을 갖게 된다. 그러면 남편은 화를 버럭 내면서 "아무 일도 없다고 당신에게 벌써 말하지 않았어! 글쎄 당신은 왜 그렇게 넘겨짚는 걸 좋아해? 별것도 아닌 것 갖고 야단법석하는 게 여자라더니 정말 당신 같은 여자랑 사는 게 지긋지긋해!"라고 말해 버린다.

사실 어떤 여성은 정말 쓸데없는 일로 소란을 피우는 경우도 있다. 그런 여자는 남편이 자기를 떠나거나 배신하면 당장 자살하겠다고 협박한다. 그러면 남자들은 서로의 감정 표현을 두려워한 나머지 감정적으로 무감각한 채 사는 경우도 많다. 남자는 여자가 알아채기를 무의식적으로 바라듯 서툰 거짓말로 둘러댄다. 의식적으로는 감정을 두려워하여 사실을 부인하지만, 무의식적으로는 솔직히 고백하는 현상이 나타난다.

그런데 왜 그는 다른 여자에게 애착을 갖게 되는 것일까? 남자는 자기의 외도가 발각나게 될 때에야 어쩔 수 없이 아내에게 이야기한다. 오랫동안 남편은 불만족스런 상태로 실망 속에서 지내 왔다. 그리고 이제 한꺼번에 아내에게 온갖 불평을 다 쏟

아붓는데, 이는 예전에는 한 번도 입 밖에 내지 않던 것들이다. 이것 역시 감정을 두려워한 까닭이다! 조금만 용기가 있었더라도 쉽게 해결될 문제인데, 이 감정의 두려움 때문에 관계가 완전히 파산되는 비극을 맞게 된다. 때로 남자는 감정을 피하기 위해 우스갯소리로 받아넘긴다. 예를 들어, 클로드 메이야드의 질문을 받은 어떤 여성은 이렇게 말했다. "남편은 여러 번 자녀에 관해 말했답니다. 거의 우스갯소리처럼 '아이를 갖는 게 어때?'라고 말하곤 했죠."

인생의 문제에 봉착하면 사실 여자가 더 용기 있게 대처한다. 내가 사는 지방의 일간 신문에는 여성란이 마련되어 있다. 그 난에는 요리나 유행하는 옷에 관한 기사가 실릴 뿐 아니라 날마다 부부 관계, 부모와 자식 관계, 형제·자매 관계, 가정과 학교, 피임약, 이혼, 사회 생활, 직장 여성의 어려움, 문명 사회가 낳은 불안 등의 아주 다양한 글들이 등장한다.

얼마 전 이를 본떠서 남성란이 마련되었는데, 그것은 일주일에 한 번밖에 실리지 않는다. 그런데 그 난에는 온통 미식가의 이야기나 은근한 섹스 농담과 같은 하찮은 글밖에 실리지 않았다. 남자들은 자기를 당황스럽게 하는 것이나 자신의 사적인 이야기가 나올 것 같으면 일찌감치 눈을 감아 버린다. 그들은 마치 이 세상에는 기술적인 문제밖에 없는 것처럼 믿게 만든다. 그들은 사물의 세계 속에서 피난처를 찾고 있는 것이다.

여자들이 그처럼 말이 많은 이유는 남자가 도무지 들어 주지 않기 때문이라고 생각되지 않는가? 이것은 일종의 악순환과 같다. 즉 남자가 조용하면 할수록 여자는 말을 더 많이 하게 되고, 여자가 말을 많이 할수록 남자는 더 입을 다물게 되는 것이다. 따라서 여자는 허공에 외치는 꼴이 되고 자신의 말을 덜 진지하게 여기게 된다. 그 결과 여자의 말은 목표 없는 수다로 전락하고 만다. 한 젊은 여성은 "사실 그런 상황이 생기면 내가 훨씬 더 많이 말하는 것 같아요. 그렇게 해서라도 대화의 공백을 메워야 한다고 느끼는 거겠죠"라고 말한다.

남자는 다른 남자가 제기한 질문에 대해서는 대답해야 한다고 느낀다. 하지만 여자가 질문한 것은 대답하지 않아도 된다고 생각한다. 실제로 많은 여자들이 심리치료사를 찾는 이유가 자기 이야기를 진지하게 들어 주는 남자에게 털어놓고 싶기 때문일 경우가 많다. 그렇게 되면 그 여자는 말하는 방식이 완전히 바뀐다. 그녀는 자신의 존엄성을 재발견하게 되고 자신을 진지하게 받아들인다. "심리치료사가 관심을 기울이게 되면 당신은 그제서야 당신이 하고 있는 말에 대해 스스로 관심을 두기 시작한다"고 마리 카디날은 쓰고 있다. 남편이 그처럼 귀담아 들어 주는 경우는 매우 드물다. 의사가 아닌 다른 남자였다면, 자기는 전혀 그런 의도가 없는데도 여자가 자기를 유혹하고 있다고 생각할지도 모른다.

당신은 남자들이 도무지 여자를 진지하게 대하지 않는다는 나의 말이 너무 과장된 표현이라고 생각할 수도 있다. 혹은 내가, 스스로 오해받고 있다고 착각하며 자기의 불행을 하소연하는 비참한 여자들을 너무 많이 보았기 때문에 직업상 빠지기 쉬운 착각을 지나치게 일반화시키고 있다고 생각할지 모른다. 그러나 그 문제가 여자에게 열등감을 주는 너무나 결정적인 요인이라고 믿기에 나는 이러한 견해를 피력하지 않고는 견딜 수 없다.

이미 암시했듯이, 신경 과민증도 없고 남편의 사랑을 의심하지도 않는, 지적이고 활동적인 여성이라 할지라도 자기의 실망감을 다음과 같이 표현할 수 있는 것이다. "저는 남편과 제대로 대화가 안 되는 것 같아요." 만약 내가 이런 고백을 그녀의 남편에게 말한다면, 그는 깜짝 놀라 어리둥절해하며 "그러나 우리는 무슨 일이든지 함께 이야기하고 있다고요! 아내가 무엇을 더 원하고 있는거죠?"라고 진심으로 물어 볼 것이다.

물론 그들은 틀림없이 모든 것을 함께 나누었을 것이다. 그러나 그 대화의 소재는 온통 남자들이 좋아하는 사실들과 사상에 관한 객관적인 이야기뿐이었을 것이다. 하지만 여자에게 진정한 대화는 자신의 느낌에 관해 이야기하는 것, 아니 오히려 더 중요하게는 여자가 알고 싶어하지만 남자는 어떻게 표현해야 할지 모르는 남편의 느낌에 관해 이야기하는 것이다. "레알리테"(*Réalités*)란 잡지에 드니즈 세르지(Denyse Sergy)는 "남편에게 드리는 공개 편지"라는 훌륭한 글을 실었다. 사물에 대한 객관적인 견해를 싣기 위해 편집되는 그 잡지에 어떻게 그런 글이 실렸는지 놀라울 뿐이다. "저는 당신의 소유물이 아닙니다. 저는 당신의 아내랍니다. 배우자로서 당신과 공유하고 싶은 것은 '함께 나눈다'는 동사입니다.…"라고 그녀는 쓰고 있다. 그녀에게 '함께 나눈다'는 것은 그들의 느낌을 나누는 것을 뜻한다. 그들의 대화가 너무나 무미건조했던 탓이다! "저는 건조한 땅과 같아서 날이 갈수록 괴로움만 더해 갑니다."

그러므로 우리는 내가 이 책 서두에서 구별한, 객관적·지적 대화와 감정적·인격적 대화 사이의 근본적인 구별로 돌아가야 한다. 1장에서 내가 언급한 나의 경험으로 되돌아가 보자. 사실 나 역시 아내와 함께 모든 것을 이야기했으나 우리 대화 중 무엇이 빠졌는지를 깨닫지 못했다.

나는 앞에서 네덜란드인 경제학자 친구에 관해 이야기했다. 그가 아주 개인적인 방식으로 자신의 삶에 관해 나에게 이야기함으로써 감정적인 대화의 문을 열었기 때문에, 나는 처음으로 고아로서 고통받았던 심정에 관해 토로할 수 있었다. 나에게 묵상하는 법을 처음으로 가르쳐 준 사람도 바로 그 친구였다. 그 대화가 있기 며칠 전, 내가 처음 그를 만났을 때 그는 나에게 묵상에 관해 이야기해 주었다. 그 날이 1932년 11월 23일. 정확한 날짜까지 지금도 기억한다. 제네바에 있던 오래된 집이었고, 저녁 때였다. 우리 외에도 취리히에서 온 신학자 에밀 부르너(Emil Brunner), 정신 분석학자 알퐁스 매데(Alphonse Maeder), 작가 테오필르 스포에리(Théophile Spoerri) 등 세 명의 남자가 더 있었다.

그들의 이야기는 내게 굉장한 반발을 불러일으켰다. 그러나 그 네덜란드인은 매일 아침 갖는 묵상 시간이 자기 삶을 완전히 변화시켰다고 간단하게 말했다. 그 말이 나를 사로잡았는데, 그것은 양심의 가책을 느끼던 부분이었기 때문이다. 나는 교회 일에 헌신한 자이긴 했지만 영적인 생활은 너무나 빈약한 것을 잘 알고 있었다. 그런데 국제 연맹에서 그처럼 중요한 직책을 맡고 있는 전문가가 어떻게 시간을 낼 수 있을까? 나는 매우 궁금해졌다. 그래서 대화가 끝날 때를 기다렸다가 그에게 다가가서 "당신은 매일 아침 얼마 동안이나 하나님의 임재 가운데 묵상을 합니까?"라고 물었다. 그러자 그는 "그날 그날에 따라 다르긴 하지만 보통 한 시간씩 하고, 가끔 한 시간을 넘기기도 합니다"라고 대답했다.

다음 날 아침, 나는 아내가 무슨 일이냐고 물을 것 같아 소리 없이 한 시간 일찍 일어나 서재로 들어갔다. 그리고 시계를 풀어 내 앞에 놓고는 '이제 내가 조용한 가운데 한 시간을 묵상하면 어떻게 될지 알고 싶다'고 나 자신에게 말했다. 그러나 내 머릿속에 지나가는 생각들이 너무나 보잘것없고 세상적이며 희미한 것들뿐이라 도저히 기록할 수가 없었다. 나는 무엇인가 잘못되었다고 느꼈고 정말 창피했다. 사실 나는 하나님께 귀기울이는 법을 모르고 있었다. 그런데도 나는 손목에 시계를 도로 차면서 앞으로 며칠 더 계속해 봐야겠다고 중얼거렸다. 그 순간

이런 생각이 떠올랐다. '잠깐! 바로 이 생각이 하나님께로부터 온 것이 아닐까?' 그 후 나는 그렇게 실천했다.

그로부터 두 주가 지난 후 아내와 나는 크리스마스 선물을 사러 프랑스 리용으로 갔다. 물건을 산 다음 함께 점심을 먹었던 조그마한 싸구려 식당이 지금도 있다. 그 때 넬리는 약간 망설이면서 이렇게 말했다. "오늘은 좀 일찍 집으로 돌아갔으면 좋겠어요. 오늘 아침 우리가 너무 일찍 출발하는 바람에 내가 꼭 하고 싶었던 일 한 가지를 못 하고 왔거든요." 이크! 나도 마찬가지였다. 그 날이 내가 처음으로 묵상 시간을 빼 먹은 날이었다! 우리는 서로 쳐다보며 웃음을 터뜨렸다. 우리에게 떠오른 생각은, 그 동안 우리가 각각 비밀리에 시험 삼아 묵상 시간을 갖고 있었지만 제대로 묵상이 이루어질 때 이야기하려고 서로 감추고 있었다는 사실이었다! "그럼 이제 집으로 가서 함께 묵상을 하는 것이 어때요?"라고 넬리가 말했다.

우리는 그렇게 했다. 하지만 나는 홀로 할 때보다 마음이 더 불편함을 느꼈다. 사실 나는 이미 그 불안감을 알고 있었다. 그 후에도 우리가 함께 '작은 예배'라고 불렀던 묵상 시간을 가질 때면 언제나 그런 경험을 했다. 하지만 우리는 둘 다 그리스도인이었다. 사실 우리가 처음 만난 때는 둘 다 주일 학교 교사로 봉사하던 시절이었다. 우리는 기독교 가정을 꾸미고 싶었다. 그래서 저녁에 기도만 하기보다는 정기적으로 '작은 예배'를 드리기로 결정했다. 그러나 도대체 어떻게 시작할 것인가? 넬리는 수줍음을 많이 탔기 때문에 내가 성경 구절을 하나 읽고 나서 그 구절에 대해 설명하는 일종의 짧은 설교로 이어졌다! 나는 목사 역할을 담당하고 있었고, 넬리는 교회에서 얌전하게 설교 말씀을 듣는 교인처럼 조용히 귀담아 듣고 있었다. 그런데 우리는 둘 다 뭔가 우스꽝스럽다는 생각이 들면서 상당한 거부감을 느꼈다.

그러나 묵상 시간에 내가 목사 역할을 한다고 해서 그 거북스러움이 사라지지 않았고, 우리 둘 다 상당히 당황하고 있었다. 그 때 넬리가 멋진 의견을 내놓았다. "내일 한 번 더 해보죠. 내일은 이 당황스러움의 원인이 무엇인지를 하나님께 조용히 여쭈어 보는 것으로 묵상 시간을 시작해 봐요." 다음날 아침 나는 여전히 거북함을 느꼈다. 나는 긴장을 풀고 편안한 가운데 내 생각을 적어야 한다는 걸 알고 있었고, 하면 된다는 사실도 잘 알고 있었다. 그런데도 안개 속을 헤매는 느낌이었다! 한편 넬리는 조용히 자신의 생각을 적고 있었다. 그것은 결코 내가 잊지 못할 내용의 글이었다. "당신은 나의 의사요, 나의 심리학자요, 나의 목사이기도 하지만 나의 남편은 아니에요."

나는 너무나 어이가 없어 말문이 막혀 버렸다! 그것은 성 생활에 대한 불평이 아니었다. 우리는 만족스러운 성 생활을 영위하고 있었기 때문이다. 당신이 이미 감지한 것같이, 넬리는 나의 근본적인 문제를 정확하게 지적하고 있었던 것이다. 즉 나는 다른 많은 남자들처럼 개인적인 느낌을 표현하지 못하고 있었다. 나는 지적인 객관성을 띤 의사로서, 심리학자로서, 선생으로서, 심지어는 신학자로서의 나의 역할 속에 피신하고 있었다. 사실 나는 인격의 세계, 곧 나의 아내나 하나님께 인격적·감정적 헌신을 하는 것이 불편하게 느껴졌기 때문에 내가 편하게 느꼈던 사물의 세계 속에 피난처를 만들었던 것이다.

의사와 환자의 관계, 심리학자와 내담자의 관계, 선생과 학생의 관계, 이야기하는 남자와 듣는 여자의 관계 등은 모두 엘리안 레비 발랑시(Eliane Lévy-Valensi)의 표현을 빌리자면 비대칭적인 관계 유형이다. 묵상할 때 우리는 서로 동등한 입장에서 대칭적인 관계 속으로 들어가야만 했다. 즉 하나님의 임재 앞에서 동등한 두 인격이 같은 수준에서 서로 감정과 느낌과 소망과 두려움을 함께 나누는 것이 필요했다. 프랑수아즈 돌토가 베다니의 마리아에 관해 이야기한 것처럼, 넬리는 수동적인 자세에서 벗어나 능동적이 되기 시작했으며 더욱 인격적인 대화를 주도해 나갔다. 그리고 나를 위해 사물의 세계와 인격의 세계 사이에 놓인 문을 활짝 열어 주었다.

그래서 넬리가 죽기 전까지 적어도 일주일에 한 번씩 함께 가졌던 묵상 시간이 나에게는 인격적인 접촉을 배우는 실습 시간이었으며, 환자들과의 관계까지 점차 변화시켜 주었다. 이렇게 함께 묵상을 나눈 지 몇 년이 흐른 어느 날 작은 사건 하나가 발생했다. 넬리가 나와 함께 묵상할 때 적었던 글을 읽어 주고 있었는데, 나는 아내가 쓴 내용을 심리학적으로 분석하며 설명하기 시작했다. 그 때 아내는 날카롭게 반발하면서 주먹으로 의자를 쾅 치고서는 이렇게 소리질렀다. "당장 그만두지 못해요! 당신이 말할 차례가 아니란 말이에요! 당신이 적은 글을 읽을 때에는 제가 기꺼이 들어 주었어요. 지금은 제 차례란 말이에요! 제발 방해하지 마세요. 저는 당신의 심리학적 설명을 듣고 싶지 않단 말이에요!"

정말 그렇다! 나는 가끔 그런 실수를 저질렀지만 그 사실조차 깨닫지 못했다. 나는 객관적인 분석을 좋아하는 남성적인 성향에 이끌려 묵상의 의미를 왜곡하고 있었다. 나는 듣는 방법도 여러 가지가 있음을 알기 시작했다. 대답하기 위해 들을 수도 있고, 혹은 단지 듣기 위해 들을 수도 있다. 대답하기 위해 듣는 것이 우리가 계속해서 취하는 태도다. 사실 우리는 한 쪽 귀만 열어 놓고 들으면서 우리가 대답할 말에 더 신경 쓸 때가 많다. 즉 우리가 현명한 대답을 할 기회를 포착하기 위해 상대방의 이야기를 살피는 경우가 많은 것이다. 우리는 마치 총을 들고 숲 가장자리에 서서 동물이 나타나기를 기다리는 사냥꾼과 같다. 참된 대화는 대답하기 위해 듣는 것이 아니라 상대방의 감정을 공유하기 위해 듣는 것이다.

13. 남자는 여자를 경멸한다

나는 점차 아내나 다른 여성들에게 귀기울이는 법을 배웠으며, 그들을 조금이나마 이해하고 존경하며 그들도 남성과 동등한 인격임을 깨달아 갔다. 특히 하나님의 임재를 함께 구하는 가운데 그 깨달음은 더욱 깊어졌다. 무엇보다 하나님의 임재야말로 우리 모두를 인격적 존재가 되게 하는 것이다. 그렇다면 이제 모든 일이 해결된 것인가? 더 이상 아무런 문제도 없는가? 결코 그렇지 않다. 만약 그렇게 선언한다면 아무리 진심에서 우러나온 판단이라 할지라도 너무나 단순한 생각이다. 우리는 더 깊이 성찰해야 한다. 나는 최근 일어난 한 사건을 통해 이것을 뼈저리게 느꼈다.

나는 화가인 내 며느리가 그린 그림을 무척 좋아한다. 그녀는 여성 화가 협회의 회원이고, 그 협회가 자화상 전시회를 계획하고 있을 당시 그녀의 그림이 전시회에 출품될 예정이었다. 당연히 나는 그녀를 축하해 주었고 그 전시회 기간에 대해 물었다. 아직 한참 있어야 열릴 것이라고 생각했기 때문에 시간을 내는 데 아무런 어려움이 없을 줄 알았다. 그러고 나서 얼마의 시간이 흐른 후 다시 전시회 날짜를 물었더니 며느리의 대답은 이미 전시회가 열리고 있는 중이라는 것이었다! 내가 얼마나 당황했을지 당신도 상상할 수 있을 것이다. 나는 여성을 진지하게 대우해야 한다는 주장을 하기 위해 지금 이 책을 쓰고 있다. 그런데 나 자신조차 그렇게 하지 못하고 있음이 꼼짝없이 드러난 셈이다!

내 며느리 모니크는 즉시 "만약 남편이 그린 그림이 전시되고 있었다면, 아버님은 날짜를 절대로 잊어버리지 않았을 거예요!"라고 말했다. 그녀는 당연히 화난 표정으로 말을 할 수 있는 상황에서도 오히려 미소를 지으면서 상냥하게 말했다! 아니, 그것은 건망증 때문에 너무 가슴 아파하지 않도록 늙은이에게만 사용하는 약간 놀리는 듯한 어조였다. 며느리의 말이 나와 아들 사이의 혈육 관계를 암시하는 말이었다고 생각지 않는다. 오히려 그 말은 내가 이 책에서 논하고 있는 성 차별과 더 관계 있는 발언이었다. 요컨대 왜 여성 화가들은 자기들끼리 협회를 만드는 것일까? 여성들이 더 진지하게 대우받기 위해서가 아닌가?

어쨌든 나는 며느리의 말을 그런 의미로 받아들였다. 프로이트는 기억하지 못하고 지나치는 실수를 '서투른 행위'(bungled action)라고 불렀고, 그것을 내적 갈등의 징후라고 말했다. 그것은 무의식적인 감정을 무심코 드러내는 것이며, 악한 본성을 노출시키는 것이라고 말할 수 있다. 이 행위는 꿈과 더불어, 무의식 세계를 파헤쳐 우리가 억누르고 있었던 감정을 노출시키는 가장 좋은 수단이다.

따라서 그 사건은 내 가장 치욕스러운 본성을 여지없이 노출시켰다. 의식적으로는 굉장히 성실하게 이 책을 쓰고 있었지만, 내 마음 깊숙한 곳에서는 여성에 대한 무의식적인 경멸이 항상 흐르고 있었던 것이다! 그 말은, 내가 열정을 다해 남녀의 근본적인 평등을 단언하는 것은 바로 무의식적인 경멸에 대한 의식적 보상 행위라 할 수 있다는 뜻이다. 나로서는 이런 진단을 수용하기가 어렵다. 정말 나 역시 무의식 세계 깊숙한 곳에서 여성을 멸시하고 있는 것인가? 최근 한 여성 정신 분석학자가 나에게 여성에 대한 무의식적인 두려움이 있다고 말했을 때 내가 그것을 완강히 부정한 것처럼 지금도 똑같은 심정이다.

그렇다면 그 사건을 정당화시켜 볼 길은 없는 것일까? 무의식은 마치 지질학자들의 화석과 같다. 그것은 자신의 개인적인 과거와 인류의 과거가 담긴 퇴적물이다. 우리 모두는 사회적인 상황에 제약을 받으면서 살아간다. 나 자신만이 예외적으로 사회의 영향을 받지 않는다고 말한다면 그것은 참으로 교만한 생각일 것이다. 지난 400년은 여성에 대한 경멸로 가득 찬 시대였다. 물론 의식적으로는 그런 만연한 편견에 반발할 수 있지만, 내 잠재 의식에 남아 있는 그 흔적을 어떻게 피할 수 있겠는가? 그리고 그것이 나에게 해당된다면 다른 모든 남자들도 마찬가지다. 그것이 바로 페미니즘이 제기하는 모든 문제의 근본이 아닐까 생각한다.

그렇다면 이 문제는, 내가 이 글을 쓰고 있는 동안 영국에서 여성이 수상으로 선출되는 획기적인 사건이 발생한 것처럼 단지 여성에게 시민적·정치적 권리를 부여한다고 해서 해결될 문제가 아님이 분명하다. 문제는 더 깊은 데 있다. 그것은 심리적인 차원의 문제다. 남성의 심리 깊숙한 곳에 여성에 대한 경멸이 계속 버티고 있는 한, 대처 여사의 수상 당선에 따르는 칭찬과 축하와 찬사들은, 과거에 여성들에게 선사했던 겉은 번지르르하지만 사실은 기만적인 찬사와 다름이 없다.

물론 처음에는 기존 제도들을 공격하여 불공평하게 남자들만 누리던 권리를 여자에게도 부여하는 것이 필요했다. 그러나 그것만으로는 충분하지 않다. 미셸 페렝이 이 점을 잘 지적하고 있다. 그녀는 여성이 정치 고위직에 당선되는 것으로 보아 확실히 많은 진보가 이루어졌다는 사실을 인정한다. 그러나 "그렇다고 여성에 대한 경멸이 사라졌다는 것은 아니다"라고 덧붙인다. 그러므로 여성 문제의 저변에 있는 심리적인 문제를 인식하는 것이 매우 중요하다. 이 문제는 여성의 역할과 관련된 우리의 모든 주장보다도 훨씬 더 뿌리 깊은 것이요, 훨씬 더 해결하기 어려운 것이다. 프로이트는 무의식적인 충동이 존재하고 있다는 사실을 깨닫지 않는 한, 그것을 결코 근절할 수 없다고 말했다. 그리고 융 역시 인류의 집단적인 속성 가운데 무의식적 요인은 정복하기가 불가능하며, 그 무의식이 가장 강한 의식적 열망조차도 항상 이기게 되어 있다고 말했다.

지난 주 나는 퇴직 준비에 관한 세미나에 초대받아 강연을 했다. 내 강연에 앞서 로잔에서 온 영양학자 자클린 골레이(Jacqueline Golay)가 하는 강연을 듣기 위해 나는 일찍 그 곳으로 갔다. 그 곳은 제네바 호수를 내려다볼 수 있는 아름다운 장소였다. 강연이 시작되기 전 우리는 커피를 마시며 담소를 나누었다. 그녀는 내가 집필하고 있는 이 책에 관해 물었다. 내가 "글쎄요, 저는 남자의 마음속에 여자에 대한 일종의 경멸 같은 것이 있다고 생각합니다만…" 하고 미처 말을 끝내기도 전에 그녀가 "물론 그래요. 여성들은 그 경멸을 분명히 느끼고 있지요!"라고 끝을 맺었다.

최고의 교육을 받고, 과학 분야에 관련된 중요한 직업을 갖고 있으며, 많은 사람에게 존경을 받고, 도처에 강연을 하러 다니는 여성이 갑작스럽게 여성은 남자가 품고 있는 이 무의식적인 경멸을 느끼고 있다고 말한 것이다! 그녀는 또한 소비자 연맹 활동에 매우 적극적으로 참여하고 있었는데, 그 연맹의 목적은 가정 주부에게 손해를 끼치는 모든 상업적인 행위를 적발하는 데 있었다. 그녀는 장난기 넘치는 표정을 지으면서 나를 정면으로 보고 있었다. 마치 속으로 '남자가 이 사실을 부인하지 않고 시인하기만 해도 그 이상 바랄 게 없겠다!'고 말하는 것만 같았다.

나는 여자가 남자보다 무의식의 세계를 더 잘 읽을 수 있다고 확고히 믿는다. 물론 남자도 할 수는 있겠지만 말이다. 우리는 자신을 '매우 남성적'이라고 여기는 프로이트가 무의식을 읽어 내는 것을 보았다. 그러나 그렇게 하기 위해 남성들은 전체적인 이해 체계와 과학적 도구를 필요로 한다. 반면 여성은 일반적으로 남자의 억압된 감정에 대한 직관을 가지고 있다. 그래서 남편은 자기 아내를 '상상하는 물체'라 주장하게 되고 으레 부부간에 오해가 생기는 것이다.

많은 남성들이 상당히 의식적으로, 심지어는 공공연하게 여성을 경멸하고 있음을 부인하지 못할 것이다. 지젤 알리미는 자신이 튀니지에서 태어났을 때 딸이라는 이유로 아버지가 얼마나 실망했는지 이야기해 준다. 사실 그녀의 남동생은 공부를 못한 반면 그녀는 학교에서 탁월한 우등생이었음에도 아버지는 아들에게만 관심을 두었다. 이런 현상은 비일비재하다. 아버지의 멸시 때문에 지젤 알리미가 여성 해방 운동에 사명감을 갖게 된 것이 분명하다. 그녀는 젊었을 때 열심히 노력했다. 그녀는 책에 파묻혀 '자유로워질 수 있는 수단'을 찾았다고 말한다. 그리고 변호사가 되기로 작정한 이유는 '이탈리아인, 튀니지인,

식민지 상태에 있던 아랍인,…그리고 여성들'을 변호하기 위해 서였다. 그녀가 법정에서 처음 변호하던 날, 머리를 정돈하여 모든 것이 수수하게 보이도록 애썼다고 말한다. 즉 "그들로 하여금 내가 여자인 것을 잊어버리게 하기 위해서였다"는 것이다. 그녀는 "그들이 내 말에 귀기울이도록 하기 위해서, 또 나를 진지하게 받아들이게 하기 위해서"였다고 쓰고 있다. 여기에 이상한 역설이 있다. 그녀의 아버지가 그녀에게 정상적인 애정을 갖고 대했더라면 어쩌면 평범한 여성밖에 되지 못했을 그녀의 인생이 굉장한 모험이 되었다!

나는 페미니스트들이 쓴 책에서, 이처럼 남자가 매우 의식적이고도 냉소적으로 여자를 경멸하는 실례를 얼마든지 발견할 수 있다. 그 가운데 가장 통렬한 예는 케이트 밀레트가 쓴 「성 정치학」(*Sexual Politics*)이다. 그 책은 헨리 밀러(Henry Miller)의 「성」(*Sexus*)에서 한 구절을 인용하면서 시작하는데, 그 내용은 주인공이 매우 잔인하면서도 세련된 방법으로 아이다(Ida)라는 여자를 야만스럽게 성적으로 학대하는 장면을 그린 것이다. 그는 그 행위를 마친 후에 "나는 저 여자를 괴롭히고 그녀에게 치욕감을 주기 위해 분명하게 행동으로 보였다. 나는 눈꼽만치도 저 여자가 인격이라고는 생각지 않는다"고 선언한다.

나는 케이트 밀레트에 대해 분노가 치밀어 올랐던 것을 부인할 수 없다. 그녀의 책에 담긴 어조 역시 극단적이다. 나 역시 남자라는 사실 때문에 모욕감이 솟았으나, 나만큼은 그녀가 비판하는 잔인한 남자들과는 같지 않다고 스스로 확신하려고 애썼다. 그런데 며느리의 전시회 사건을 계기로, 내가 바로 예수님의 유명한 비유에 나오는 "하나님이여 나는 다른 사람들…과 같지 아니함을 감사하나이다"(눅 18:11)라고 기도한 그 바리새인과 똑같은 생각을 가지고 있었음을 인정할 수밖에 없었다.

정신 분석학자 알로이 폰 오렐리(Aloys von Orelli) 박사가 한 말을 상기하는 것이 좋을 것 같다. "우리는 자신이 억압하고 있는 것을 다른 사람 속에서 발견할 때 분노를 느낀다." 사실 이 점에서는 고대의 복음과 현대 심리학이 서로 일치하고 있다. 예수님이 계속해서 비난하신 죄는 잔인한 사람들의 죄라기보다는 오히려 자기의 선한 양심 위에 높이 서서 다른 사람들을 멸시한 점잖은 사람들의 죄였다. 또한 심리 분석이 계속해서 드러내는 것은 우리의 위선이다. 여자들이 야만적인 남자들의 손에 고통받고 있음이 사실이지만, 동시에 우리 모든 남자들 속에 있는 무의식적인 경멸로부터 더욱 교묘한 방식으로 고통당하고 있다. 페미니스트들이 제기하는 문제를 부각시키는 것은, 아니 르클레르와 같이 철학 교수이자 매우 친절하고 교양 있는 여성의 "우리는 무시당하고 있다"는 말이다. 그녀가 염두에 두고 있는 대상은 몇몇 예외적인 남자가 아니라 보편적인 모든 남자다.

나는 '경멸'이란 단어가 좀 강한 표현이라는 지적을 받아들일 용의가 있다. 오히려 '무시'라는 용어를 사용해야 할지 모르겠다. 그러나 이 두 단어의 의미 차이도 우리 자신을 정당화시킬 수는 없을 것이다. 내가 경멸이란 단어를 사용한 이유는 우리가 무시하고 있는 그들은 그것을 경멸로 느끼기 때문이다. 온갖 종류의 인종 차별을 당하는 피해자들은 모두 그렇게 느끼고 있는데, 우리가 여기서 다루고 있는 것은 일종의 인종 차별과 같다. 경멸은 가장 심각한 사회 문제다. 이 경멸을 느끼는 사람은 바로 무시당하는 자들이며, 남을 무시하는 사람들은 무심코 그렇게 한다. 이와 같은 사회적인 경멸에 희생당하는 피해자들은 마르크스가 말하는 프롤레타리아, 유색 인종, 사회에 적응하지 못하는 자, 실패자, 정신 질환자, 노인, 소수 인종으로 피해받는 자, 우익의 눈에 좌익으로 비치는 자와 그 정반대의 경우, 심지어는 신자의 눈에 비치는 비신자들 혹은 비신자들의 눈에 비치는 신자들 등이다.

무시당한다는 느낌 때문에 발생하는 갈등이 얼마나 많은가! 부부 싸움만 해도 한 편이 상대방에게 무시당한다는 느낌을 받을 때 그 관계가 훨씬 더 악화된다는 사실을 당신은 알고 있을 것이다. 그리고 보통 서로를 경멸하기 때문에 문제는 더 복잡해진다. 경멸이 경멸을 낳은 것이다. 자크 엘룰(Jacques Ellul)은 우리가 어떤 나라를 인종 차별 국가로 무시하는 것은 위선적인 행위라고 지적한다. 우리 각자의 마음속에, 그리고 어느 나라에서든지 드러나는 정도의 차이는 있지만 인종 차별이 내재하고 있기 때문이라는 것이다.

내가 케이트 밀레트의 책을 읽고 나서 발견한 것은 남자에 대한 경멸이었다. 부자들이 사회적인 대우를 받기 때문에 스스로 느끼지 못하고 있지만, 사실 가난한 사람들은 부자를 무시하고 있다. 남녀간에도 이와 동일한 현상이 일어난다. 케이트 밀레트가 나를 분노케 할 수 있지만 나에게 상처를 주지는 않는다. 반면에 여자가 남자에게서 느끼는 경멸은 아무리 무의식적인 것이라 할지라도 여자에게 열등감을 불러일으키고, 여성이 자신의 잠재력을 최대한 발휘하지 못하도록 막는다.

사내 아이들이 '계집애 같다'는 소리를 듣거나 '겁쟁이'라는 인상을 주지 않기 위해 내심 원치 않으면서도 서로 거칠게 싸우는 것을 당신은 알고 있을 것이다. 내가 학교에 다닐 때는 그 싸움을 '코그넌스'(cognance, 문자적으로는 '참패'라는 뜻)라 불렀다. 보통 힘센 녀석이 도망가지도 못하는 약한 녀석에게 싸움을 걸었다. 그리고 "코그넌스!"라고 외치면 우리는 모두 구경하러 모여들었다. 그러나 우리는 거의 매번 실망하고 마는데, 그것은 승자가 된 녀석의 진짜 동기가 싸우는 것이 아니라, 다른 애들이 보는 앞에서 상대방을 우습게 만들려는 것이어서 싸움이 금방 끝나 버렸기 때문이었다.

특히 사춘기에 접어들면서 성적 충동이 생기기 시작할 때 남자 아이들은 여자들을 놀리곤 하는데, 그 때는 아직 공개적으로 표현되지 않고 비꼬는 말투 뒤에 숨어서 표출된다. 매력이 넘치는 아가씨라도 남동생이 자기를 습관적으로 미운 오리새끼라고 불러대면 평생 동안 자신의 매력을 의심할 수도 있다. 그 결과 그녀는 자기에게 맞는 화장이나 머리 모양을 전혀 찾지 못하게 되고, 심지어는 남자가 성적인 매력에 끌려 자기를 슬쩍 쳐다볼 때에도 그것을 경멸의 눈초리로 오해하기까지 한다. 또 어떤 여성은 남동생이 자기를 '뚱보'라고 부르곤 했기 때문에 날씬해지기 위해 잔인할 정도로 다이어트를 하는 경우도 있다.

기독교에서는 천대받는 자를 복 있는 사람이라고 천명한다. 불교 역시 이스라엘의 선지자들과 똑같이 선언한다. 다른 모든 종교도 마찬가지다. 심지어 여성을 경멸하는 이슬람교까지 그러하다. 그러나 사람들은 이 메시지를 전파하기 위해 가장 뛰어난 목사들과 가장 능력 있는 승려들과 가장 권위 있는 아야톨라들을 찾는다. 나는 교회에서 활동할 때 다음 사실을 뼈저리게 느꼈다. 즉 지적인 능력이 뛰어나고 설교를 잘하는 목사는 온갖 칭찬을 받는 반면, 이런 자질을 못 갖춘 목사들은 아무런 대우도 받지 못한 채 무력감만 더해 간다. 내가 1장 끝에서 이야기한 것처럼 인격이 지위보다 더 중요하다는 것을 깨달았을 때 나는 후자에 속하는 어떤 목사에게 가서 용서를 구했다.

목사와 승려들의 설교에도 불구하고 사회는 여전히 편견으로 가득 차 있고, 페미니즘이 얻어 낸 모든 결과에도 불구하고 남성 우월주의라는 편견은 기세 등등하다. 내가 관찰한 바에 따르면 여성들마저 스스로를 열등한 존재로 믿는 경우가 비일비재하다. 이 점에서 나는 케이트 밀레트의 의견에 동의하는데, 그녀는 여성들이 "자기 자신뿐 아니라 서로를 무시하고 있다"

고 쓰고 있다. 우리 사회는 남성적 가치인 힘, 성공, 명예를 최고로 생각한다. 우리 남자들은 함께 모여 사랑의 노래를 부르지만, 서로 경쟁하고 상대방을 무색케 하려고 애쓰며 서로를 짓밟고 승리하려고 발버둥친다. 그리고 여성들도 동등한 대우를 받기 위해서는 똑같이 위험한 경기를 치르지 않으면 안 된다. 나는 외로운 어린 시절에 훌륭한 의사가 되는 것보다 위대한 장군이나 위대한 정치가가 되는 걸 꿈꾸었고 그러면서도 동시에 겸손의 모델이 되고 싶었다!

그리고 가슴보다 머리를, 감정보다 객관적 지식을 더 우위에 두는 지적인 편견이 있었다. 이제서야 나는 결혼 초기 내 모습을 분명히 알게 되었다. 그 때 나는 아내보다 교육을 더 잘 받았다는 이유로 더 우월한 인간이라고 생각했었다. 그러면서도 누군가가 나에게 내가 아내를 멸시하고 있다고 말했더라면 완강히 부인했을 것이다! 더구나 아내 역시 자신을 열등한 존재로 여긴 것인지 많은 아내들처럼 남편인 나를 받들어 모셨다. 나는 아내가 열등감으로 괴로워하는 것을 볼 수 있었다. 그래서 아내에게 이것을 설명해 주고 더 자신감을 갖도록 권면하기 시작했다. 하지만 이것은 오히려 내가 아내 위에서 군림하고 지시하는 모습밖에 되지 않았다. 그러나 우리가 하나님의 임재 앞에 함께 나아갔을 때 비로소 나는 내 느낌을 고백할 수 있었다. 또한 아내에게 내가 필요한 만큼 나에게도 아내가 필요하며, 아내가 나에게 배우는 것만큼 나도 아내에게서 배울 것이 있음을 아내가 느끼게 되었다. 그것이 진정한 평등이었다.

모든 생물은 가치 있는 존재로 존중받을 필요가 있다. 나는 바로 이 필요 때문에 여성들이 여성 해방 운동에 참여하게 되었다고 생각한다. 여자들은 남자와 동등하게 인정받기 위해 남자처럼 일하고, 남자처럼 공부하고, 남자처럼 정치에 참여하고, 종종 남자처럼 행동하려고 애썼던 것이다. 그렇기 때문에 여성들은 자발적으로 종이 되었고, 그렇게 된 것을 불평하면서도 그처럼 쉽게 착취당하도록 스스로를 허용하고 말았다. 아울러 여자들이 자기의 본성에 반하여, 사랑 없이도 남자의 성욕에 때때로 굴복하는 이유도 그것이다. 많은 직장 여성들, 특히 독신들이 나에게 이렇게 말했다. "내가 하는 봉사는 그 가치를 인정받지만 '나'라는 인격은 인정받지 못하고 있어요. 그래서 나 자신이 마치 일의 도구처럼 느껴져요." 여성이 남성보다 더 예민한 인격 감각을 갖고 있다는 바로 그 사실 때문에 인격으로서 인정받고 싶은 욕구가 남자보다 더 강한 것이다.

그렇다면 여성에 대한 남성의 경멸은 도대체 어디서 온 것인가? (이 책을 읽지 않을) 잔인하고 야만적인 남자들이 의식적으로 표출하고, 선한 의지를 품고 진정으로 남녀 평등을 원하는 수많은 남자들의 무의식 속에 있는, 그렇게도 근절하기 어려운 이 경멸감은 어디서 오는 것인가? 앞에서 여성의 사회적 조건이 르네상스로부터 지난 세기말까지 급격하게 악화된 것을 보긴 했지만, 남성이 여성을 무시하는 이 심리적인 문제는 인류의 초창기까지 거슬러 올라간다. 아주 옛날 여자가 지배하던 모계 사회가 존재했었다는 말이 있지만, 프랑수아즈 에리티에(Françoise Héritier)는 "그런 사회는 결코 존재한 적이 없었다"고 확신에 차서 말하고 있다.

먼 옛날 기후 변화로 인하여 인간은 먹을 것이 풍부하던 숲에서 나와 대초원으로 이동하여 사냥을 하고 부싯돌을 깎아 무기를 만들지 않으면 안 되었다고 한다. 그 때 남자들은 여자에게 이렇게 말했을 것이라고 마리 카디날은 상상한다. "당신은 아이를 뱃속에 하나 갖고 있고, 또 하나는 가슴에, 또 하나는 무릎에 있소. 그래서 당신은 나와 함께 사냥할 수가 없으니 내가 없는 동안 나무 열매나 따구려." 그렇게 말하면서 남자는 사냥하는 일이 열매 따는 일보다 더 고상하다는 생각을 여자에게 심어 주었을 것이라는 추측이다.

글쎄, 가능성이 희박한 이야기처럼 들린다. 왜냐하면 여자는 열매를 따는 동안 동시에 아이를 키우고 있었기 때문이다. 원시인들이 현대인보다 자식을 갖고자 하는 욕망이 훨씬 강했다는 사실을 우리는 알고 있다. 여자에게 가장 큰 저주는 아이를 낳지 못하는 것이었다. 여호와께서 아브라함에게 약속한 최고의 상급은 바다의 모래알과 같이 헤아릴 수 없을 만큼 많은 자손을 주는 것이었다(창 22:17). 인류 초기에는, 남성에게도 유전학자들이 소위 말하는 '부모의 투자'의 중요성이 지금보다 더 높았을 것임이 틀림없다. 오늘날 남자는 건축가와 같아서,

후대에 자손을 남길 뿐 아니라 업적도 남기고 싶어한다.

아니 르클레르의 글을 보면 그녀가 장난스럽게 상상하는 내용이 나오는데, 그것은 먼 옛날 남자가 자녀 생산에서 자기의 역할을 미처 깨닫지 못했을 당시에 자식을 낳을 능력을 가진 여자를 보고 '왜 여자만 아기를 낳지?'라고 질투했을 것이라는 상상이다. 그 때문에 남자는 여자를 모독함으로써 자기 위신을 세우려 했다는 것이다. 그러나 '복수심에 불타는 남자는 행복해질 수 없기' 때문에 그런 행위는 오히려 자기 얼굴에 침 뱉는 격이라고 그녀는 교훈조로 덧붙인다. 하지만 그녀 자신이 그러한 상상을 하는 것 역시 일종의 복수심에서 나온 것임을 시인하는 듯하다.

이는 그저 공상에 불과한 것인가? 그렇긴 하지만 그 속에 한 가지 진리가 내포되어 있다고 생각한다. 현대 심리학은, 남자가 객관적인 이성에 따라 행동하는 것이 아니라, 자신의 느낌, 특히 '남성성'에서 나오는 믿을 수 없을 정도의 온갖 모순된 느낌에 따라 행동한다는 사실을 명백히 밝혀 주었다. 성적인 욕망, 두려움, 보복적인 질투심, 시기, 반동 심리, 사랑과 증오, 존경과 경멸, 원한, 소유욕 등이 그것이다. 이 모든 느낌들은 마치 무용수들이 끝없는 원을 그리듯이 서로 연결되어 연쇄 반응을 일으킨다.

남자가 자존심 때문에 여자를 지배하려 한다는 설명은 아무런 설득력이 없다. 왜냐하면 여자도 남자만큼이나 자존심이 강하기 때문이다. 그리고 남자가 힘이 더 세기 때문이라고 말하는 것도 왜 남자가 힘을 그런 식으로 사용하는지는 설명해 주지 못한다. 힘을 발동시키는 것은 느낌이다. 시인들은 이 사실을 이미 오래 전에 이야기했다. 작고 재치 있는 그리스 노예였던 이솝(Aesop)은 여우와 포도 우화를 썼다. 좋은 포도가 너무 높이 달려 있어서 그것을 딸 수 없었던 여우는 그 자리를 떠나면서 그 포도는 아직 덜 익었다고 말한다. 요컨대 경멸은 욕구 불만과 밀접한 관계가 있다. 그래서 영원한 유혹자인 여성은 영원히 멸시당하는 것이다.

욕망은 우리의 사회 생활 구석구석에서 그 힘을 발휘한다. 과거 언젠가 카페에서 음식을 먹고 나서 여종업원에게 평소보다 많은 팁을 준 적이 있다. 왜냐하면 그 여종업원은 눈에 띄는 짧은 치마를 입은 미모의 여성이었기 때문이다. 결국 나는 눈요기의 대가로 돈을 준 셈이다. 내색은 하지 않았지만 그 아가씨도 즐거운 표정이었다. 그러나 나는 그렇게 행동함으로써 그녀를 물건으로 취급하고 있었고, 그녀가 마땅히 받아야 할 인격적인 대우를 하지 않았다. 나는 그와 같은 나의 행동에서 여성에 대한 억눌려 있던 무의식적인 경멸이 여지없이 발각되었다는 것을 알게 되었다. 페미니스트들이 쓴 책을 보면, 종종 여자들이 남자의 음탕한 눈길에 얼마나 분노하고 있는지가 기술되어 있다. 그 이유는 분명 그것이 여자에 대한 경멸의 표시임을 여자들이 느끼고 있기 때문이다.

경멸은 욕망과 결부되어 있는 동시에 두려움과도 연결되어 있다. 모든 남자는 여자를 두려워하는데, 그것은 미지의 대상에 대한 두려움이다. 왜냐하면 여자의 본성 속에는 남자에게 신비롭게 보이는 것이 너무나 많기 때문이다. 이런 면에서는 동물 세계에서 수컷이 암컷을 유혹하면서도 암컷을 두려워하는 것과 유사하다. 만약 이 점이 의심스러우면 비투스 드뢰셔(Vitus B. Dröscher)가 쓴 「그들은 사랑하고 죽인다」(*They love and kill*)를 읽어 보라. "그들은 남자처럼…사랑하고 죽인다." 나 역시 거의 모든 동물들의 수컷이 암컷에 대해 굉장한 두려움을 갖고 있다는 사실을 알고 깜짝 놀랐다. 수컷들이 암컷의 상대로서 의무를 다하기 위해 계략과 속임수, 전략, 위장술, 간계 등을 사용하지 않을 수 없다는 사실을 읽어 보면 웃음이 절로 나온다.

이 가련한 수컷들이 두려워하는 것은 무엇인가? 어떤 경우에는 암컷에게 잡아 먹히는 것이 두려워서 암컷을 수태시킨 후 재빨리 도망치는 것이다! 그러나 대부분의 경우는 암컷에게 퇴짜 맞을 것을 우려하는 실패에 대한 두려움이다. 인간만이 이러한 법칙에서 벗어나는 예외적인 종(種)이라고 생각하기는 무척 어렵다. 사실 모든 여성이 모든 남성을 두려워하는 것 못지않게 모든 남성이 모든 여성을 두려워하는 현상은 쉽게 찾아볼 수 있다. 인간의 본성은 얼마나 모순투성이인지 모른다! 교만과 수치, 욕망과 두려움, 용기와 비겁함, 자신감과 불신 등이 우리 모든 인간의 마음속에 계속해서 공존하고 있으며, 심지어는 서로를 역동적으로 지원하고 있다.

동물들도 이처럼 거절당하는 것에 대한 두려움을 갖고 있다. 드뢰셔는 가련한 수컷에 관한 감동적인 이야기를 해준다. 수컷은 먼저 멋있는 집을 지어야 하는데, 자기가 사모하는 암컷에게 보여 주어 그 암컷이 자기를 받아들여 주길 바라는 기대감에서다. 이 사실은 동물학자 리처드 도킨스(Richard Dawkins)가 쓴 「이기적 유전자」(*Selfish Gene*, 을유문화사 역간)에서도 확인되고 있다. 그는 이 메커니즘을 소위 '자연 선택설에 기초한 사회 이론'이라고 부르는 최근의 유전 이론에 대입시켜 설명한다.

유전자 이론의 근본 원리는, 자손들에게 전이된 유전자 중 생존할 확률이 가장 높은 행위 유형이 살아 남는다는 자연 선택의 원칙이다. 아버지가 정절을 지키고, 어머니와 계속해서 함께 살면서 자녀 양육을 도와준다면 그 생존 확률이 더욱 높아진다. 그렇지 못한 아버지는 '부모의 투자' 면에서 자기 몫을 다하지 못하는 엽색꾼에 불과하다. 이와 연관해서 도킨스는 페미니스트들이 자주 사용하는 '착취'라는 단어를 사용한다. '암컷은 이러한 수컷의 착취에 대항해서 무엇을 할 수 있겠는가?' 암컷은 수컷의 성급한 구혼을 오랫동안 저지하면서, 연애 시절에 확실한 정절 테스트를 시도한다. 만약 수컷이 그 기간에 가족들이 함께 살 보금자리를 꾸민다면, 성실한 남편이자 헌신적인 아비가 될 가능성이 높은 것이다.

그러므로 여자아이가 남자아이의 첫 번째 프로포즈를 겉으로는 거절하지만 마음으로는 '좋아요'라고 반응할 때 그것은 여자의 이중성과는 아무런 관계가 없으며 전혀 신비롭거나 잔인한 것이 아니다. 그것은 단지 여성의 유전 정보에 의해 그렇게 구조화되어 있기 때문이다. 그리고 남자는 돈 후앙을 흉내 내면서 얼마나 많은 여성을 정복했는지를 여자 앞에서 과시하지만, 막상 첫사랑을 고백할 때는 믿기 어려울 정도로 수줍어하는 것이다! 이 모든 것에 얼마나 많은 불가사의가 담겨 있으며, 이것을 주제로 한 명작들이 얼마나 많은지 모른다.

14. 유전학으로 본 남성과 여성

나는 리처드 도킨스의 책을 너무나 재미있게 읽었다. 81세의 고령에 책을 읽고 그처럼 흥분할 수 있다는 것이 놀랍지 않은가! 이제 나는 그 흥분을 당신과 나누고 싶다. 사실 그 흥분은 어린 시절 「파브르 곤충기」(*Souvenirs Entomologiques*, 삼성출판사 역간)를 읽으면서 느꼈던 것과 같은 것이었다. 그 후 동물학자 아돌프 포트만(Adolf Portmann)의 다음과 같은 글을 읽었다. "만약 당신이 인간을 이해하기 원한다면, 너무나 다양하고 미묘하며 너무나 인상적인 동시에 종종 수수께끼 같은 동물들의 습성을 관찰하는 것보다 더 좋은 방법이 없다."

리처드 도킨스는 인간이 무엇인지를 설명하기 위해 다윈의 자연 선택설을 먼저 이야기한 다음, 네덜란드인 식물학자 위고

드 브리스(Hugo de Vries)의 연구를 인용하는데, 그는 진화는 연속되는 변이(mutation : 유전자나 염색체에 발생하는 변화—역주)에 의해 진행된 사실을 밝힌 사람이다. 그러고 나서 리처드 도킨스는 이런 학설들이 지난 한 세기 이상 무시되었다가 멘델의 업적이 재발견됨으로 어떻게 빛을 보게 되었는지 설명한다. 그리고 끝으로 덴마크의 과학자 요한슨의 유전 이론을 설명하고 있는데, 이 이론은 현재 세계적인 과학자들이 인정하는 중요한 학설이다. 유전자들은 '유전의 원자들'이다. 이것은 이미 잘 알려진 사실인데, 자크 모노와 프랑수아 자콥(François Jacob) 등이 쓴 책에 매우 명료하게 설명되어 있다.

다윈이 본 것처럼, 유전자는 종을 구별시키는 형태적·기능적 특성들(해부학과 생리학)뿐만 아니라, 그것들의 특징적인 행위(행위를 연구하는 생태학 분야로서 도킨스의 전문 영역)도 자손에게 전달한다. 이 두 영역에서도 자연 선택의 법칙이 똑같이 작용한다.

당신이 알다시피 이것은 화학의 문제다. 유기체 내 각 세포의 염색체 속에 있는 핵산은 굉장히 긴 사슬 모양의 이중 나선형으로 꼬인 채 배치되어 있는데, 그것들이 모여 DNA라는 '큰 분자'를 형성한다. 이것은 네 종류의 무용수들이 서로 손을 잡고 있는 거대한 원과 같으며, 각 원의 형태는 모두 다르다. 이것이 유전 암호(genetic code)다. 컴퓨터 정보 처리 과정에서와 같이 그것은 부호로 된 메시지로 이루어져 있는데, 이는 단백질을 통제하는 역할 외에 스스로는 아무것도 할 수 없다. 그것들은 홀로는 행동할 수 없고 명령을 받을 때만 움직임으로써 진정한 팀워크를 보여 준다! 그리고 다른 각도에서 보자면, '화학자들에게 단백질'에 해당하는 것이 '유전학자들에게는 유전자'다.

사실 이 네 종류의 무용수들은 알파벳의 네 철자와 같다. 철자들이 결합해서 단어가 될 때 의미를 갖는 것처럼, 그것들도 모여서 하나의 메시지를 형성한다. 이 메시지는 반은 아버지로부터, 반은 어머니로부터 받은 성(性) 세포를 통하여 결국 자식들에게 전이될 것인데, 그 이전에 유기체 전체에서 세포에서 세포로 복제되어 전이된다. 따라서 도킨스의 유추를 사용하면, 모든 세포는 '사용 방법'과 더불어 '건물 전체에 대한 건축가의 설계도'를 갖고 있는 것이다. 그리고 이 과정은 한 인체 속에서 '6,000,000,000,000,000,000,000번' 일어난다.

복제된 세포는 유기체 내에 있든 그 유기체의 자손들 속에 있든 생명이 짧다. 계속 남는 것은 끝없이 이어지는 복제 세포들의 행렬이다. 그러므로 유전자의 본질적인 특성은 연속적인 복제를 수단으로 스스로를 재생산하는 능력에 있다. 그래서 유전자들을 '복제 기계'라고 부른다. 그들의 유일한 법칙은 가능한 한 오랫동안 생존하는 것이다. 따라서 유전자들에게 유기체는 '생존 기계'에 불과하고, 섹스는 그 유전자들이 대대로 살아남을 수 있게 해주는 방책이다.

이제 자연 선택을 언급할 시점이 되었다. 복제에 복제를 거듭하는 길고 긴 작업 과정에서는 실수가 발생할 수 있다. 어떤 것은 생존 확률을 높이는 반면 또 어떤 것은 생존을 방해하기도 한다. '선택'에 의해 전자는 재생산 과정에 합류되고 후자는 제외된다. 이 모든 과정에서 본능의 문제가 전혀 제기되지 않고 있음을 주목하라. 그 책 전체가 동물의 행위와 암수의 관계에 관해서만 다루고 있는데도 '본능'이란 단어는 도무지 찾아볼 수 없다(내가 젊었을 때만 해도 그 단어가 과학 서적에 얼마나 많이 나타났는지 모른다). 이와 마찬가지로 결정론에 대한 언급도 나타나지 않는다. 단지 프로그램화란 용어만 나올 뿐이다.

인공 두뇌학으로 유추해 보면 놀라운 사실들이 드러난다. 우리의 삶 및 죽음과 관련된 모든 것은 유전자에 의해 프로그램화되어 있다. 세포 하나하나와 우리가 하는 모든 행위를 포함하여 매우 세밀한 부분까지 말이다. 예수님이 "너희에게는 머리털까지 다 세신 바 되었다"(마 10:30)고 말씀하셨을 때 이 사실을 암시하신 것처럼 보인다. 그런데 컴퓨터를 한번 생각해 보라. 어떤 컴퓨터가 조립되고 프로그램화될 때는 고정된 목적이 있게 마련이다. 즉 프로그램화란 개념에는 이미 목적 의식이 불가피하게 내포되어 있다는 뜻이다. 그러나 내가 젊었을 때만 해도 과학 분야에서 목적이 함축된 어떤 해결책을 제시하는 것보다 이단시된 것은 없었다. 그 동안 괄목할 만한 변화가 일어난 셈이다! 메이나드 스미스(Maynard Smith)의 ESS 이론은 훨씬 더 목적 개념을 강하게 담고 있는데, 도킨스는 그 이론에 관해 이렇게 언급한다. "미래에 ESS 개념의 발명을 되돌아보면서 그것을 다윈 이래 진화론에서 가장 중요한 발전 중 하나로 평가하게 될지도 모른다." 여기서 ESS란 철자는 '진화적으로 안정된 전략'(Evolutionarily Stable Strategy)의 약자임을 주목하라.

전략! 이보다 더 목적 개념이 함축된 단어를 찾을 수 있겠는가? 전략이란 전략가가 어떤 목적을 달성하기 위해 선택한 일련의 책략이 아닌가? 자크 모노는 '목적'이란 단어를 피하기 위해 헬라어 단어를 사용하면서 '목적론적 법칙'에 관해 설명한다. 도킨스는 이에 대해 이렇게 평한다. 그처럼 은유를 사용한다고 해서, 그리고 "우리는 지금 의식적인 전략 수립에 관해 이야기하는 것이 아니라, 유전자에 의해 부여된 무의식적 행동 프로그램에 관해 말하고 있다"고 주장한다고 해서 별 차이가 생기는 것은 아니다. 무슨 단어를 사용하든지 목적이란 개념을 함축하지 않을 수 없기 때문이다. 그러한 해석은 이미 다윈에 의해 도입된 것이며, 노벨상을 받은 프랑수아 자콥은 그의 권위 있는 유전학사(史)에서 "자연 선택은 목적성을 부과한다"고 천명하고 있다.

지금 불평을 늘어놓고 있는 것은 물론 아니다. 나는 단지 내 젊은 시절에 있었던 과학의 '인과 결정론'과 세계를 통치하시는 창조주 하나님을 믿는 '목적 원인론' 사이의 뜨거운 논쟁이 이미 오래 전에 추월당했다는 사실을 밝히고 있는 것이다. 그 논쟁은 이미 심리학에 추월당했는데, 맹목적인 충동만 보았던 프로이트가 아니라면, 적어도 융은 그 쟁점을 포착하고 있었다. 융의 원형들(archetypes)은 마치 항해사에게 비치는 항구의 불빛과도 같다. 생물학자들이 근본적으로 주장하는 것은 자동적인 목적론인데, 이는 자연 현상의 맹목적인 상호 작용에 따른 결과이다. 물론 하나님은 여전히 보이지 않는 가운데 계신다! 궤도를 그리며 돌고 있는 천체는 자동적인 목적론에 순응하고 있지 않은가?

그러므로 나는 ESS 이론을 기꺼이 수용하면서, 내 주장을 뒷받침하는 데 그것을 활용하고자 한다. 그렇다면 '진화를 위한 안정된 전략'은 과연 무엇인가? 이제 도킨스의 설명 가운데 가장 단순한 예를 요약해서 소개하겠다. 새들은 종에 따라 알을 한 번에 하나씩 품는 것이 있고, 둘 또는 셋을 품는 것이 있다. 그래서 도킨스는 각각에 대해 '한 알을 품게 하는 유전자' 또는 '두 알을 품게 하는 유전자' 등으로 부른다. 그러면 어느 한 유전자가 그 종을 지배하고 또 계속해서 전이되도록 만드는 것은 무엇인가? 한 번에 품는 알의 숫자가 많을수록 그 유전자의 생존 확률이 더 높은 것은 아닌가? 도킨스는 그렇지 않다고 말하면서, 그 이유는 "알을 많이 품으면 그만큼 충분한 보살핌을 받기 어렵기 때문"이라고 한다. 그리고 이 보살핌은 결코 쉬운 문제가 아니다. "박새과에 속하는 어미 새는 햇빛이 있는 동안 30초마다 하나씩 먹을 것을 보금자리에 갖다 놓는다"고 한다.

따라서 새끼들을 잘 키우기 위해서는 적절한 수를 품어야 한다. 새끼가 너무 많으면 제대로 먹일 수 없기 때문이다. 새끼는 충분한 먹이를 공급받지 못하면 두세 시간 내에 죽어 버리기 때문에, 결국 '알맞은 수'를 품은 어미의 새끼들보다 더 적은 수가 살아 남게 된다. 그러므로 너무 많은 알을 품으려는 '전략'은 '인플레이션'이라고도 부를 수 있는데 결국 실패할 수밖에 없다. 요컨대 그것은 '안정된' 전략이 아니다.

이제 전체 생물학 분야에서 발견할 수 있는, 지속적으로 평균 상태를 유지하는 조절 작용을 살펴보자. 예를 들어, 인간의 체온은 항상 섭씨 37도를 유지하고 있으며, 혈액과 섬유질 속에는 항상 염분, 당, 요소, 호르몬 등이 일정한 비율로 배합되어 있다. 만약 이와 같은 정상적인 상태에서 일탈하면 계속해서 그것을 교정하는 기제가 있음이 많은 연구에 의해 확인되었다. 이 기제들은 분명히 유전자에 의해 통제되고 있으며 복제에 의해 대대로 전이된다.

그러나 이제 색다른 질문 하나를 제기해 보자. 체온이 37도로 유지되도록 교정 작용이 어떻게 진행되는가 하는 질문이 아니고, 왜 체온이 27도나 47도가 아니라 37도로 유지되는 것인가 하는 질문이다. 계속해서 평균을 선택하는 (우리가 이 단어를 사용해도 좋다면) 것은 바로 자연 선택의 원리 및 ESS 원리임을 여기서 다시 보게 된다.

또 다른 예를 들 수 있을 것 같다. 인간의 경우 임신 기간은 약 9개월이다. 물론 조산할 경우나 지체되어 약을 사용하여 분만을 해야 할 경우에는 어느 정도 변동이 있기는 하다. 그런데 왜 하필이면 9개월인가? 알 세 개를 품게 하는 유전자가 있는 것처럼 9개월의 임신 기간을 지정하는 유전자가 있음에 틀림 없다. 이에 대한 설명 역시 아주 유사하다. 9개월에 못 미치도록 하는 유전자는 태아를 조산시켜 곧 죽게 만들 것이고, 9개월 이상 지체시키는 유전자는 태아를 너무 크게 성장시켜 태아와 산모를 모두 죽게 만든다. 따라서 전자나 후자 모두 자손에게 유전자를 전이시킬 기회를 잃어버리는 것이다. 즉 유전자의 성공을 보장하는 것은 선택에 의한 그 유전자의 생존이다.

여기서 나는 도킨스가 대단히 중요시하는 과학자들간의 논쟁에 대해 언급해야겠다. 도킨스는 데이비드 랙(David Lack)이나 다른 과학자들과 더불어, 선택을 통제하는 것은 그 유전자의 생존 기회뿐이라고 주장한다. 그래서 그의 책 제목을 '이기적 유전자'라고 붙였다. 반면에 다윈을 비롯한 윈 에드워즈(Wynne-Edwards) 같은 학자들은 '종이 가진 선한 속성'을 주장했다. 그래서 새 알의 경우, 한 배에 품은 알이 너무 많을 때에는 인구 밀도가 너무 높아 그 종이 기아로 인해 죽게 될 것이라고 주장할 수 있을 것이다. 따라서 그 종의 생존을 위해 스스로를 희생시키는 '이타적인' 유전자가 있음에 틀림없다는 것이다. 이는 마치 전쟁터에서 군인이 조국을 위해 생명을 던지는 것과 같다.

나는 이 두 이론 중 어느 것이 옳다고 판단할 만한 자격은 없지만, 리처드 도킨스의 이론을 선호한다. 왜냐하면 평생 의사와 상담자로 일하면서 남자의 타고난 보편적 이기심을 너무나 확실히 보아 왔고, 또 그 이기심에 희생당한 피해자들을 내가 보살폈기 때문이다. 내 칼빈주의 신학 역시 그 학설을 지지하게 만든다. 나는 어린 시절 계속해서 "우리는 스스로 아무런 선행도 행할 능력이 없사오니, 이러한 비참한 상태에 있는 우리를 도와주시기를 간절히 바라옵나이다"라는 기도문을 들었다. 오늘날같이 인간을 찬미하는 시대에는 많은 목사들이 더 이상 그런 기도를 하지 않는다. 그런데 지금 생물학자들이 개입하여, 모든 강력한 유전자들이 우리를 완전히 이기적 존재로 만들고 있음을 확증시켜 주고 있다! 이타주의를 개발하기 위해 도킨스는 교육에만 의존하고 있는 데 비해, 나는 하나님의 은혜에 의존한다.

이 논쟁을 제쳐 둔다면, 자연 선택은 유전자의 계속적인 복제를 통해 끊임없이 일어나기 때문에 사실 오랜 세월이 걸리는 것이 분명하다. 그 결과 저자는 단기적인 유익과 장기적인 유익을 뚜렷이 구별하고 있는데, 나는 우리 문명 사회의 위기를 분석하고 여성의 사명을 논하는 데 그 구별을 활용하고자 한다.

그래서 그는 '사기꾼'(cheats)에 대해 많은 이야기를 한다. 이 단어가 보통 도덕적인 의미를 가지기 때문에 좀 의아스럽긴 하지만, 도킨스가 사용하는 의미는 주어진 규범에 따라 행동하지 않는 반골들을 가리킨다. 예를 들어, 이것은 서로 몸치장(grooming: 동물이 자기 자신이나 동료를 핥아 주고 긁어 주고 털을 손질해 주는 행위—역주)을 하는 경우에 발생하는데, 어떤 동물 세계에서는 다소 의식화되어 사회적·위생적 역할을 하는 것으로 꽤 중요시되고 있다. '사기꾼'은 바로 자기 손에 닿지 않는 신체 부위를 친구가 치장해 주었음에도 불구하고 자기는 그 친구를 치장해 주지 않는 동물을 일컫는 말이다. 그런데 자기를 치장해 주지 않는 친구에게 원한을 품고 다시는 그 친구를 치장해 주지 않는 동물들이 있기 때문에 문제는 더 복잡해진다. 저자는 복잡한 계산을 통해 사기꾼이 단기적으로는 이익을 얻지만 장기적으로는 그렇지 못하다는 사실을 보여 준다. 속임수로 다른 놈들보다 더 많이 재생산할 수 있는 이점을 획득하기 때문에 단기적 이익을 얻을 수 있지만, 이러한 사기꾼의 수가 점점 증가할수록 속임수로 얻는 유익이 점차 줄어들 것이 분명하고, 결국 모두가 사기꾼이 되어 버리면 누구도 이익을 얻을 수 없기 때문이다. 사기는 단기간에만 효과가 있다. 우리는 플루타르크가 쓴 용어인 '신적 정의의 집행 유예'를 상기하게 된다.

　이 사기 행위는 굉장히 재미있는 주제다. 나는 이미 드뢰셔와 같은 생태학자가 쓴 책을 통해, 동물 세계도 인간 세계처럼 계략과 위장과 속임수가 가득하다는 사실을 알고 무척 놀랐다. 한 동물이 다른 동물의 흉내를 내는 것은 모두 속임수인데, 때로는 그 흉내가 놀라울 만큼 교묘할 때가 있다. 트리베스의 조그마한 '청소부 물고기'는 큰 물고기 입에 들어가 이를 청소해 주기 때문에 큰 고기들이 삼키지 않으려고 조심한다. 이 청소부 물고기는 특별한 줄무늬와 별난 몸놀림으로 쉽게 식별된다. 그런데 다른 물고기들도 잡아먹히지 않으려고 기가 막히게 그 줄무늬를 모방하고 몸놀림도 따라한다.

그 청소부 물고기 이야기는 토요일 아침마다 우리 집에 와서 내가 주중에 늘어놓았던 물건들을 정돈하던 파출부 아주머니를 생각나게 하는데, 그녀는 정돈하는 일을 좋아했다. 이제 이러한 동물학적인 발견을 우리의 문명 사회와 여성 문제에 적용시켜 보기로 하자. 리처드 도킨스는 인간 사회의 문화사(史)는 종의 진화를 이어받은 것이고, 따라서 동일한 법칙을 따른다고 주장함으로써 이런 시도를 격려하고 있다. 이러한 견해는 테이아르 드 샤르댕(Teilhard de Chardin)의 사상을 생각나게 하는데, 그는 생물의 영역에 이어 인간 정신의 영역에서도 진화가 계속되고 있다고 주장한다. 자크 모노는 테이아르의 사상을 반대하지만 여전히 우리가 같은 방향으로 사고하도록 도와준다. 그는 인간의 출현과 함께 새로운 세계가 탄생했으며, "사상의 세계, 새로운 진화, 문화의 진화 등이 가능하게 되었다"고 쓰고 있다.

도킨스는 문화적 규범이 고정된 것도 사실은 대대로 전이되어 온 수많은 복제물들과 그 '복제 기계'에 의한 것임을 보여 준다. 그는 헬라어 어원에 기초하여 '멤므'(meme, 그는 이것이 유전자와 유사한 발음이길 기대했다)라는 단어까지 만들었다. 그러나 단순히 자크 모노가 사용한 단어인 '사상'에 관해 이야기해도 좋겠다. 소크라테스가 죽은 지 오랜 세월이 흘렀지만 "너 자신을 알라"는 그의 사상은 역사 대대로 머리에서 머리로 복사되어 내려와 내 머리에까지 오게 되었다.

또 다른 예로는 내가 콧노래로 부를 수 있는 베토벤 교향곡의 음악적 사상을 들 수 있겠다. 이와 유사하게 "서로 사랑하라"는 예수님의 권면은 수십 세기 동안 복사되어 내려왔고, 본성이 이기적인 인간에게 참 사랑의 시발점이 된 경우가 수없이 많았다. 그리고 여성을 열등한 존재로 여기는 일종의 변이로서의 파격적인 사상은 르네상스 때 선포된 이래, 지난 400년 동안 줄곧 복사되어 내려와 나 자신의 무의식에까지 그 흔적을 남기고 있음을 인정하지 않을 수 없게 되었다.

내가 이미 지적한 것처럼 르네상스는 하나의 선택을 했다. 그것은 하나의 '전략'이었다. 이제 리처드 도킨스의 책이 나에게 그처럼 큰 영향을 미친 이유를 알 것 같다. 나는 이 책에서 주장하고자 하는 바를 뒷받침해 줄 핵심 단어를 찾고 있었는데, 그 책이 바로 그것을 제공해 준 것이다. 나는 도킨스가 사용한 '전략'이란 용어를 그대로 사용할 수 있다. 종의 진화에서 유전자의 전략이 하는 역할과 문화의 진화에서 사상의 전략이 하는 역할이 동일함을 도킨스가 밝히고 있기 때문이다. 단 하나의 차이점은, 유전자의 충동은 '무의식적이고 맹목적인'데 비해 사상의 충동은 의식적인 예측으로 점철되어 있다는 점이다.

그렇다면 르네상스 시대에 무슨 일이 일어났는가? 앞에서 살펴본 대로 당시 끔찍한 혼란과 절망의 와중에서 (장 들뤼모의 묘사에 따르면) 남자들은 하나의 전략, 곧 남성적인 전략을 선택했다. 그들은 모든 남성적인 가치 즉 힘과 전투성, 합리적 사고, 차가운 객관적인 관계, 과학 기술, 사물의 조작 등을 최고로 여겼고, 로마법은 이런 남자다운 가치를 더 잘 발휘하는 남성이 세상을 지배하도록 인가해 주었다. 그 때부터 지금까지 남성은 베르고트(Vergote)의 말처럼 "환상적으로 변화하는 환경에 집중하는 것에 대한 은밀한 두려움"에 시달리면서 살아 왔다. 따라서 남자는 모든 여성적인 가치 즉 느낌과 감각, 이해심, 직관, 인격적 관계, 신비성 등을 억압하고 있다. 동시에 이처럼 거부당한 인간 본성의 화신인 여성은 공적인 영역에서 축출되어 집안일에만 묶여 살게 되었다.

이 모든 것은 "나는 생각한다. 고로 존재한다"는 데카르트의 말에 함축되어 있다. 이 말은 남자가 다른 사람과는 관계없이 유아독존 식으로 자신을 정의하고 있음을 보여 주고 있다. 그의 의도는 무엇보다도 의심을 몰아내고 벽돌을 쌓듯이 과학 문명을 쌓아 올리는 엄격한 방법을 고안하려는 것이었다. 그 때 이후로 자연은 하나의 객체, 곧 연구 대상이자 개발 대상이 되어 버렸다. 여성 역시 남자가 이 거대한 사업을 추진하는 동안 남자를 시중들고, 남자가 잠시 쉬는 동안 그를 위로하고, 남자의 성적인 본능을 만족시켜 주는 도구에 불과한 존재가 되었다. 섹스에서도 남성적인 측면(욕망과 정욕)은 여성적인 측면(부드러움과 인격적인 관계성)보다 강조되었다.

한편 우리는 이러한 문화적 변이가 발생할 수밖에 없었던 르네상스의 시대적 상황을 이해하는 것이 필요하다. 예를 들어 배가 파산하기 직전과 같은 극한 상황에서는 소심한 마음이나 다정다감한 심성을 고려할 여지가 없고, 믿을 만하고 효과적인 행동만 필요할 뿐이다. 그리고 객관적인 과학이 이것을 제공한 것이다. 그것이 바로 비극적인 운명을 극복하는 전략으로서 취한 일관성 있고 논리적이고 대담한 조치다. 갈릴레오, 코페르니쿠스, 베이컨, 데카르트를 비롯한 많은 학자들은 모호한 자연의 신비라는 대적을 과감히 쳐부수고 나섰다. 마침내 인간의 신체가 상속받은 모든 질병에 대항하는 믿을 만하고 객관적인 지식이 획득 가능하게 된 것이다.

이들을 좇아 이 돌파 작전에 몸을 던지는 많은 연구가들과 기동 타격대들이 일어나 사방으로 영역을 확장시키고 승리에 승리를 거듭했다. 지금까지 이해하지 못했던 모든 것을 합리적으로 설명하고 과학 기술을 통해 모든 문제의 해결책을 찾는 것은 그야말로 과학의 웅장한 서사시와도 같은 것이었다. 또 혹성을 탐험하고 미개척지를 식민지화한 무용담들도 있는데, 그 과정에서 원주민들은 여자처럼 천대받아 위대한 일을 하는 주인을 묵묵히 섬기는 종으로 취급받았다. 더구나 그 일에 따르는 모든 부귀 영화는 오직 그 주인들에게 돌아갔다.

당신이 알다시피 이 남성적인 전략은 여러 결과를 낳았다. 여성과 그들의 민감성 따위를 무시하고, 전략에 관한 논의는 남자들에게만 허용한 것이다. 남자들은 총괄적인 이론을 좋아하는 반면 세세한 것이나 느낌 따위는 상관하지 않는다. 그 전략은 너무나 성공적이어서 새로운 믿음과 소망을 불러일으켰다. 언젠가는 과학이 모든 것을 밝히고 이해시킬 것이라는 것, 또 인생의 모든 어려움은 결국 기술의 문제로 환원될 것이라는 것이다. 그 후에는 역사의 통제를 받는 대신 역사를 통제하려는 사상이 나왔고, 변증법을 통해 경제적·사회적 문제를 해결하려는 사상이 등장했으며, 다음으로는 충동을 분석함으로써 심리적 힘의 문제를 해결하려는 사상이 나왔다. 그리고 마침내는 이 지구를 너무 비좁게 느껴 달과 우주를 지구에 합병시키는 시도까지 하게 되었다.

그 전략은 확실히 효과가 있었다. 남자는 힘을 원했고 또 그것을 획득했다. 그들의 힘은 10배나 100배 정도 커진 것이 아니라 핵무기로 인해 수백만 배나 증대되었다. 그러나 그 무기가 순식간에 남성에게 짐이 되어 버리지 않았는가! 그것은 다른 핵무기의 폭발을 예방하는 수단으로만 쓰일 뿐이다. 이 사실이 큰 행운이긴 하지만 여기에는 비극적인 측면도 없지 않다. 바로 이 핵무기가, 우리 위대한 무용담 그리고 자연법 자체에 내재된 한계가 있음을 분명히 확인시켜 주고 있는 것이다.

이제 리처드 도킨스와 그의 ESS로 되돌아가자. 유전학과 생태학에 관한 모든 논의는 변이의 장기적인 효과와 반작용에 관한 연구에 기초를 두고 있다. 그 효과가 장기적으로 유익이 되고, 그 변이가 일어난 본래 상황, 곧 그 전략을 선택한 상황을 변화시키지 않는 한 안정된 상태라 볼 수 있다. 르네상스의 전략은 단기적으로는 지난 400년 동안 이익을 얻었으나, 장기적으로는 그렇지 않을 것이다. 우리는 그 단기적인 이익이 거의 바닥날 때가 되었음을 느끼고 있다.

우리는 이제 도킨스의 사기꾼이 얼마 안 되는 초기에는 이익을 얻지만 그 수가 많아지면 그 이익이 사라지는 '사기꾼의 문제'에 봉착하고 있다. 이것은 최초로 핵무기를 소유했던 경우와 동일하며, 처음에 에너지를 마음대로 썼던 산업혁명이라는 변이로부터 최초로 이익을 얻었던 사람들과도 동일하다. 그러나 다른 국가들도 앞다투어 그것을 흉내내고 있는 지금 우리는 에너지 위기를 맞고 있다. 서구의 번영은 전 인류 중 소수 국가에만 혜택이 주어졌기 때문에 가능한 것이었다.

그러므로 변이의 성공이 연속되다 보면 그 자체가 장기적인 재난을 초래할 수 있다. 왜냐하면 변이의 시기에 시작된 운동은 그 폭과 속력이 증대되면서 냉혹하게 계속 진행되기 때문이다. 필리프 모튀(Philippe Mottu)는 과학 기술의 진보에서 이 가속의 원리가 사실임을 입증했다. "전화가 발명되어 실제로 응용되기까지는 56년이, 라디오의 경우에는 35년이, 레이더는 15년, 텔레비전은 12년이 걸렸다. 그런데 핵분열에서 히로시마의 참상까지는 7년밖에 걸리지 않았고 트랜지스터가 실험실에서 시장까지 가는 데는 5년, 가장 최근의 현대 과학의 소산물이라 할 수 있는 레이저 빔의 경우에는 3년밖에 걸리지 않았다." 우리는 이 운명적인 흐름에 사로잡혀 인류 역사가 파멸을 향해 간다고 느끼고 있다. 어떤 전략들은 '진화적으로 안정된'(the ESS) 것이지만, 어떤 것들은 그렇지 못하다.

르네상스의 전략은 길게 보아 불안정한 것이다. 그것은 과학적·기술적 진보가 이룩한 화려한 영광을 과시했다. 그러나 그것은 마치 발동을 걸었지만 다시는 멈출 수 없는 엔진과도 같다. 새로운 고민이 우리를 사로잡고 있는데, 그것은 인격이 사물에 눌려 질식당하는 비극, 곧 모든 인간성을 결여한 문명에 대한 두려움이다. 왜 이 전략은 결국 안정된 것이 될 수 없는가? 그 이유는 그것이 인류의 반쪽을 배제시켰기 때문이다. 즉 여성만이 줄 수 있는 선물을 상실한 채 문명 사회를 이룩했기 때문이다. 그렇게 함으로써 인간 생활의 반쪽인 감정적이고 합리적이지 않은 본성의 측면과 인격적 관계에 대한 욕구를 전부 버린 셈이다. 더군다나 이 반쪽은 다른 반쪽보다 더 중요한 것이다. 이미 심리학은 인간이 이성이 아니라 감정에 의해 움직이고 있음을 보여 주었기 때문이다.

15. 여성의 사명

이제 우리가 사는 20세기에 새로운 변이가 등장하고 있다. 지금까지 갇혀 있었던 여성들이 문을 박차고 나와 여성 해방을 외치고 있는 것이다. 물론 이 해방은 아직 완성되지 않았지만 매우 크게 진전되어, 현재 문명의 진화에서 가장 중요한 사건 중 하나가 되었다. 또 하나의 사건은 소위 탈식민지 운동인데, 나는 앞에서 이 두 운동간의 밀접한 관계를 지적했다. 이 두 운동은 모두 지금까지 멸시당해 온 피해자가 인격으로서 완전히 인정받으려는 큰 몸부림이라 볼 수 있다.

이것은 과연 도킨스가 말한 대로 하나의 '안정된' 변이가 될 것인가? 더 정확히 말해서, 그 운동이 르네상스의 잘못을 시정함으로써 서구 문명이 파탄에 빠지는 것을 방지하고 문명이 계속해서 조화롭게 발전하도록 만들 것인가? 무엇인가가 변화되어야 하는 것은 분명하다! 여성들이 점차 사회에서 중요한 역할을 담당함에 따라, 여성의 영향으로부터 변화가 올 것을 기대할 수 있겠는가? 만약 그렇게 되지 않는다면, 여성 해방 운동이 장차 이룩할 모든 것은 르네상스 때 형성된 남성적인 체제에 여성을 합류시키는 결과밖에 되지 못할 것이다.

우리가 살펴본 것처럼 중세 말기에 접어들면서 여성은 고대 이래 가졌던 열등한 지위에서 벗어나 부상하기 시작했다. 그러다가 르네상스의 대혼란 속에서 그 움직임이 정지되어 로마법으로 되돌아가고, 남자가 여자를 지배하고 객관성이나 힘과 같은 남성적인 이념이 승리하는 방향으로 급회전한 것이다. 이제 여성은 자기 권리를 되찾는 일을 다시 시작했다. 바로 그것이 여성에게 우리의 문명을 더 안정되게 하기 위하여 문명 발전의 방향을 바꾸어 놓는 의무를 부여했다.

여성들이여, 그것이 결코 쉽지 않은 사명임을 명심하라. 남성들이 지난 400년 동안 모든 결정을 독점한 이상 그 습관을 깨는 것이 결코 쉽지 않을 것이다. 남자들은 여성들이 잠잠하기만 한다면 남자들이 하던 일에 여자를 참여시킬 의향이 있다고 이야기한다. 어떤 남자도, 여자에게서는 조언을 듣고 싶어하지 않는다. 심지어 자기 인생에 대해 함께 책임을 지고 있는 여자의 충고도 듣기 싫어한다. 나는 이를 수없이 체험했다. 아내가 내 의견에 이의를 제기하면 나의 첫 반응은 보통 그녀의 의견은 잘

못되었고 내 의견이 옳다고 생각하는 것이었다. 아울러 이것을 입증할 만한 모든 논리적인 근거가 즉시 떠오르는 것이다.

그리고 나서 생각을 거듭한 후에야 종종 홀로 묵상하는 중에 아내가 옳을지도 모르니 조용하게 좀더 검토해 보자는 생각이 떠오른다. 아울러 아내의 말이 하나님이 주신 경고일지도 모른다는 생각마저 든다. 그러나 그 때 나의 남성적인 허영심이 사탄처럼 그 못된 머리를 쳐들고는, 하나님이 나에게 직접 말씀하실 수도 있는데 무엇 때문에 넬리를 통해 말씀하시겠는가 하고 아내의 의견을 묵살해 버린다.

이 이야기를 하니까 네덜란드에서 있었던 한 사건이 생각난다. 반 덴 스펙(Van den Speck) 교수가 의사들의 집회에서 사회를 보던 중 갑자기 "투르니에 여사의 의견을 듣고 싶습니다"라고 말하면서 아내를 강단에 세웠다. 아내가 한 이야기 가운데 특별히 기억에 남는 것이 있다. "제가 남편에게 어떤 중요한 이야기를 해야 할 경우에는 신중한 자세로 적절한 때를 포착해서 적당한 어조로 말해야 한다는 점을 배웠습니다." 그 말을 들은 의사들이 모두 웃음을 터뜨렸다. 우리가 보통 감추고 있는 진리를 강사가 언급할 때 우리는 항상 웃음을 터뜨린다. 하지만 나는 깜짝 놀랐다. 나는 누구보다도 아내의 말을 귀담아 듣고 있으며 기꺼이 들으려는 자세를 갖고 있다고 자부하고 있었기 때문이다!

그런 실수를 저지르는 남자는 나만이 아니다. 사실은 남자들이 지난 수세기 동안 홀로 전력을 다해 질주해 왔다. 남자들은 자기의 용맹과 기술을 과시하기를 좋아한다! 그들은 매년 4퍼센트의 성장률을 달성하기 원한다. 그들은 그러한 성장이 400년 후에 어떤 결과를 낳을지를 예측했어야 했다. 남자는 숫자에 밝기 때문이다. 그 결과는 단지 과도한 성장뿐이다. 나는 자크 엘룰이 최근에 쓴 「서구의 배신」(*The Betrayal of the West*)을 읽으면서 그것을 깨달았다. 처음에는 그가 배신당한 피해자가 이성(Reason)이라고 말한 것을 읽고 깜짝 놀랐다. 나보다 훨씬 오래 전에 현대의 이성주의와 과학 기술의 지배 현상을 비난한 인물이 바로 자크 엘룰이었기 때문이다.

그러나 내가 곧 알게 된 것은, 그가 말하는 이성은 마음의 지식을 부정하는 이성주의의 이성이 아니라, 월권을 반대하고 비이성의 반대가 되는 이성이라는 사실이었다. 남자에게 지혜와 중용을 가르친 자는 바로 여성(처녀)이었다. 아크로폴리스에 있는 아테네 여신의 신전은 크고 위엄이 있었으나 결코 '거창하고 지나치게 크지' 않았다. 오히려 그것은 당시 황금기의 특징이었던 균형과 조화와 중용의 상징이었다.

남자로 하여금 자신을 알도록 한 자도 여성이었다. 그러나 오늘날 남자들은 주체보다도 객체, 곧 세상을 더 알고 싶어한다. 그래서 달까지 여행하기에 이른 것이다. 인간이 이룩한 놀라운 업적을 깎아 내리려는 의도는 없다. 그것은 실로 굉장한 발전이다. 한 가지 필요한 것은 사물의 과학 기술(남성적인 원리)에 신경을 쓰는 만큼이라도 인격 감각(여성적인 원리)에 관심을 기울이는 것이다. 이제 여성들이 사회에서 제자리를 되찾아가는 시점에서, 여성의 사명은 이 문명 사회에서 여성을 위한 정의를 찾는 것뿐 아니라 정의로운 중용을 요구하는 것이 아닐까?

많은 젊은이들이 그것을 요구하는데 말뿐만 아니라 과격한 행동으로도 도전하고 있다. 나는 최근에 지난 수년 동안 청소년 범죄자들을 대상으로 일한 가톨릭 신부 스탕 루지에(Stan Rougier)가 쓴 훌륭한 책을 읽었다. 그는 자신이 사랑한 반항적이고 절망에 빠진 많은 청소년에게 받은 편지와 글을 인용하면서 그 진실을 파헤치고 있다. 한마디로 비극적인 내용이었다. 그는 슬쩍 개인적인 이야기를 곁들이고 있다. "내가 아끼던 친구가 자살하지만 않았어도 나는 희망을 잃고 절망에 빠진 자들을 지나쳐 버렸을 것이다." 또한 "사악한 공격성은 사랑에 대한 절망 섞인 갈증일 뿐이다"라고 덧붙인다. 그는 인격적 관계를 상실해 버린 이 세상을 비난하면서 책 제목을 「미래는 온유함에 달려 있다」(*L'avenir est à la tendresse*)라고 정했다.

나도 미래는 온유함에 달려 있다는 말에 동의한다. 그러나 이 말에는 오해의 소지가 있어 걱정이 된다. 나는 방금 에큐메니컬 연구소에서 돌아왔는데, 그 곳에서는 교회의 치유 사역에 관한 세미나가 열리고 있었다. 나는 그랜저 웨스베르그 목사를 다시 만나 무척 반가웠는데, 그는 의사와 신학자 간의 진정한 대화를 촉진시키는 데 크게 기여한 사람이다. 자연히 참석자들 몇 명이 내 주위로 모여 내가 쓰고 있는 책에 관해 물었다. 내 말을 통역한 사람은 멋있는 폴란드 여성인 할리나 보트노우스카였다.

그런데 그녀는 갑자기 통역을 중단하더니 흥분해서 나에게 물었다. "온유함이라고요! 여성의 사명이 온유함을 퍼뜨리는 것이라는 소리를 끊임없이 듣다 보면 얼마나 분통터지는지 아세요? 그 말은 여성의 지적이고 객관적인 능력을 부인하는 소리예요. 여자를 사회 중심부에서 구석으로 몰아내어 그저 다른 사람을 위로하는 위안부의 기능(탁아소와 같은 곳에서)만 하는 사람으로 전락시키려는 것 아닌가요?" 나는 그녀를 진정시키기 위해 온유함이란 단어를 훨씬 더 엄격한 상황에다 적용시켜 설명했다.

특히 나는 오해를 풀기 위해 애썼다. 나는 남성도 온유해질 수 있다고 믿는 만큼이나 여성도 객관성을 지닐 능력이 있다고 믿는다. 우리는 온유함을 경멸하는 사회 풍조에 세뇌되어 있다. 우리 사회에서는 온유함을 역겨운 감상이나 남을 진정시키는 포옹, 혹은 삶의 냉혹한 현실에서는 아무 소용없는 부드러움 따위로 전락시킨다. 그러나 온유함은 그런 것이 아니다. 내가 내린 새로운 정의는 '온유함이란 인격에 대한 관심'이라는 것이다. 그것이 내가 이 책에서 줄곧 우리가 재발견해야 할 인격과 인격적인 관계에 관해 이야기하는 이유다. 에리히 프롬의 말처럼 "현대인은 자기 자신으로부터, 동료 인간으로부터, 자연으로부터 소외되어 있다." 이러한 인격적인 접촉이 탁아소에서는 이루어지고 있음이 분명하다. 사실 탁아소를 제외하고는 사회에서, 직장에서, 작업실에서, 실험실에서, 다른 어느 곳에서도 그것을 경험할 수 없는 현실이 너무나 비극적이다. 즉 가는 곳마다 인격에 대한 관심이 결여된 현상을 보게 된다. 만약 내가 여성들이 사회에서 손을 떼어야 한다고 주장한다면, 어떻게 이 사회에서의 여성의 사명에 대해 이야기할 수 있겠는가?

내가 바젤에서 이 주제로 강연할 때에도 똑같은 일이 일어났다. 토론 시간에 첫 번째로 발언한 여성이 오해를 한 것이다. 즉 내가 말하는 여성의 사명은 여성이 남성과는 다른 활동 영역으로 복귀해야 한다는 주장처럼 들린다는 것이다. 그러나 사실 내가 이야기하는 바는 여성들이 남성과 함께 활동하는 바로 그 영역에서 사명을 수행해야 한다는 것이다. 나는 이러한 오해를 피할 수 없다. 이 문제는 너무나 민감해서 많은 사람의 감정을 건드린다. 지금까지 남녀의 차별을 무너뜨리기 위해 어렵게 싸워 온 여성들은 내 말을 듣는 즉시 자기들을 다시 옛날로 복귀시키려는 것으로 의심하기 십상이다. 나는 그들을 이해할 수 있다.

하지만 나는 사실이 그 정반대임을 분명히 밝히지 않으면 안 되겠다. 내가 여기서 말하는 여성의 사명은 모든 여성과 관련된 것으로서, 각자 있는 곳에서 수행할 사명이다. 기혼이든 미혼이든, 가정에서든 직장에서든, 그들은 동일한 사명 곧 인격이 사물보다 우선임을 보여 주는 사명을 갖고 있다. 이것이 가장 무시되고 있는 곳은 공적인 생활과 문화의 영역이다. 따라서 여성들이 그 분야를 뚫고 들어가서 여성의 권위가 존중받도록 하는 것은 그만큼 중요하다.

정치에서도 마찬가지다. 당쟁으로 서로 대립하는 양진영 사이에 인격적인 관계라고는 거의 찾아볼 수 없고, 상대방에 대한 지식과 이해가 부족하기 때문에 그 논쟁이 메마르기 그지없다. 예전에 여당 국회의원을 지낸 한 친구가 자기는 정적(政敵) 중 두 명과 가장 사이좋게 지낸다고 나에게 슬쩍 이야기해 준 적이 있다.

사실 진정한 인격적 관계를 형성한다는 것은 결코 쉬운 일이 아니다. 특히 남자는 남에게 자기 마음을 열 때 따르는 감정을 두려워하기 때문에 여자보다 더 어려워한다. 우리 남자들은 대단히 흥미 있는 문제들인 전문적·학구적인 문제 혹은 직업과 관련된 것들을 논의하면서도 개인과 분리시켜 객관적으로 토론하는 것이 가능하다. 그것은 우호적이고 유쾌한, 혹은 매력적인 분위기를 형성할 수도 있다. 그러나 보기 좋은 외관 배후에 감추인 모든 것을 생각해 보라. 상대방에 대한 판단, 남모르는 상처, 시기, 마음속에 감추인 생각, 두려움, 원한 등이 산재해 있지 않은가.

여성들 사이에서는 자주 불편한 느낌이나 자존심이 상하는 느낌이 생긴다. 우리는 그것을 그저 여자가 남자보다 더 민감한 탓으로 돌린다. 그러나 사실은 여자가 더 인격적이고 직관적이기 때문에 그렇다. 그들의 감정은 항상 경계 상태로 있다. 그들은 은근한 비판을 할 준비가 잘 갖추어져 있으며, 또한 그런 비판을 받을 때 더 민감하게 반응한다. 요컨대, 두 가지 영역이 있다. 하나는 객관적·추상적 관념의 영역으로서 누구의 마음에도 상처를 주지 않고도 격렬한 논쟁이 가능한 영역이고, 다른 하나는 감정이 크게 연루된 개인적인 문제의 영역이다. 후자에 대해 남자들은 너무나 자연스럽게 눈을 감아 버린다. 그들은 이 두 영역 사이에 있는 경계선을 넘지 않으려고 조심한다.

나는 불과 한 달 전에 프랑스에서 그런 경험을 했다. 그 곳에서 인격 의학 모임에서 함께 활동했던 옛 친구들의 모임이 있었다. 참 좋은 모임이었다. 지난 수년 간 우리는 함께 일했기 때문에 인격적인 접촉의 중요성을 모두 알고 있었고, 서로에게 마음을 열고 있었으므로 서로 철저하게 알고 있다고 생각했다. 그런데 나는 바로 그런 이유 때문에 우리 대화가 공중에 붕 떠 있고, 일종의 도취감에 빠져 개인적인 문제는 거론하지 않고 있음을 알았다. 내가 방금 언급한 그 경계선을 넘으려는 모험을 감행하지 않은 것이다.

그러자 갑자기 여성들이 입을 열었다. 그 모임처럼 개방적인 모임에서도 여자들은 매우 신중한 태도로 있었던 것이다(내가 이전에는 한 번도 눈치채지 못했던 사실이다!). 그 여성들은 자기 차례가 오자 대부분 "글쎄요, 남편이 한 이야기에 덧붙일 말이 별로 없군요"라고 예의바르게 말했다. 그러다가 갑자기 그 일곱 여성 모두가 돌아가면서 길게 이야기하기 시작해서 오전 내

내 그들의 이야기만 들었다.

수문을 활짝 연 사람은 시몬 셰르댕(Simone Scherding) 여사였다. 그 날이 프랑스의 어머니 날이었기 때문에, 그녀는 여자만이 겪는 최고의 경험인 출산과 남자들은 평생 알 수 없는 그에 따른 기쁨에 관해 이야기했다. 우리는, 내가 11장에서 여성 저자들이 쓴 책들을 언급할 때 다루었던 주제인 '출산 경험'으로 돌아왔는데, 사실 그것은 클로드 메이야드의 말처럼 '최초의 가치'를 지닌 경험이었다. 오전에 그 주제가 다시 언급되지는 않았지만, 그것이 말문을 여는 요술 지팡이였음이 입증되었다!

나는 그것을 수문을 여는 것에 비유했지만 실제로 벌어진 사건에 비하면 너무 빈약한 표현이라 생각한다. 그것은 마치 큰 산에 있는 거대한 댐이 터져 댐 뒤에 있던 호수의 물이 전부 골짜기로 휩쓸려 내려가는 것과 같았다. 가정마다 안고 있는 개인적인 문제들이 얼마나 많은가! 사실 그 문제에 대해서는 여자들이 남자보다 더 나은 시각을 갖고 있다. 우리는 그들의 이야기에 완전히 몰두했다! 여자들이 말하는 동안 우리는 서로 곁눈질하며 들었다. 마치 그들이 우리 남자들에게 이렇게 말하는 것 같았다. "이것이 당신네들이 볼 수 없거나 볼 생각이 없는 삶의 현실이오." 그 중 한 여성이 자기 집안과 아이들, 손자들에 관련된 모든 문제를 자세하게 이야기하고 있을 때, 내 옆에 앉은 친구가 내 귀에다 대고 "나는 지금까지 저 가정에는 문제가 하나도 없는 줄 알았다네!" 하고 속삭였다.

사실 내가 평생 의사요 상담가로서 일하면서 배운 것은 모든 사람이 밝히 알 수 있는 것인데, 여자가 남자보다 훨씬 더 현실적이며, 남자들은 얼른 눈감아 버리는 문제에 대해서도 여자는 훨씬 용기 있게 그것에 직면한다는 사실이다. 많은 경우 넬리가 내 눈을 열어 주어 우리 부부의 문제, 친구들의 문제, 동료 의사들의 문제, 환자들의 문제 그리고 무엇보다도 나 자신의 문제를 보게 했다. 그리고 넬리뿐 아니라 상담실에서 나와 함께 대화한 많은 여성들이 그렇게 해주었다.

왜 우리는 여자들이 하는 말에 그처럼 관심을 기울이지 않는가? 왜 우리는 여자에게서 그저 듣기 좋은 잡다한 이야기 이상을 기대하지 않는가? 그것은 그들이 느끼는 문제들이 남자들이 좋아하는 전문적인 문제들에 비해 너무 고통스럽거나 너무 어렵기 때문은 아닌가? 회사, 정당, 사회 등 모든 분야마다 그런 문제들이 산적해 있기 때문에 그 곳에서도 비록 여자의 수가 적을지라도 여자의 말에 비중을 두고 그것을 경청해야 한다고 생각하지 않는가? 우리 사회에는 감정적인 문제를 거론하지 않고, 또 그런 이야기는 무조건 덮어 두자는 식의 타협적인 분위기가 만연해 있다. 그래서 오늘날 수많은 현대인들이 심한 고독에 시달리고 있다고 데이비드 리즈만을 비롯한 여러 사회학자들이 진단하는 것이다.

오늘날 서구 사회와 같이 지나치게 전문화되고, 조직화되고, 대량화된 사회에서는 새로운 종류의 고독 곧 군중 속의 고독이 생긴다. 즐길 수 있는 여가가 엄청나게 많은데도 불구하고 우리는 심한 고독감에 몸부림친다. 여자는 이 현대적인 고독으로 인해 남자보다 더 고통받는다. 그렇기 때문에 여자들이 남자보다 더 많이 심리치료 상담실을 드나드는 것 같다.

먼저 기혼 여성들이 상담실을 찾는 경우는, 남편이 객관적인 사실들과 사상에 관한 이야기만 하고 느낌에 대해서는 일체 입 밖에 내지 않는 사람일 때, 즉 남편이 여성을 인격적이고 감정적인 존재보다는 지적인 존재로만 대하는 경우다. 그리고 헤아릴 수 없을 정도로 많은 미혼 여성들이 상담실을 찾아온다. 그들은 사회에서 남자와 깊고 든든한 친구 관계를 맺고 싶은 욕구가 강하지만, 남자들은 그들을 인격으로 존중하기는커녕 하나의 일하는 기계에 불과한 존재로 보기 때문이다. 더군다나 여자는 남자의 정욕에 찬 눈초리로부터 자신을 보호해야 할 형편이다.

나는 많은 심리치료사들처럼 남성적인 시각으로 그런 여성들에게 자신의 고독을 수용하고 자신과 타협하고 자율성에 자부심을 가짐으로써 자기 발로 서도록 오랫동안 격려해 왔다. 그러나 대부분 실패하고 말았다. 여성들은 어떤 자세를 취하든지 간에 자율적인 인간이 되는 것보다는 안정되고 깊고 성공적인 대인 관계 맺는 것을 더 좋아한다. 또한 의존적인 존재가 되기보다는 자신이 참된 자유를 누릴 수 있는 대인 관계를 더 열망하고 있다. 프랑스 퀘레가 정곡을 찌르는 말을 했다. 남자에게는 자유가 자율을 의미하지만 여자에게는 성공적인 대인 관계 속에서만 경험할 수 있는 것이다.

그러므로 여성에게 이 고독을 용납하도록 권유하기보다는 우리의 고독을 치료해 달라고 부탁하는 편이 더 나을 것 같다. 즉 객관성이 지배하는 이 얼어붙은 세계에 따스한 온기를 불어넣고, 이 기계화된 사회에 생기를 넣어 달라고 여성들에게 호소해야 한다. 이것이 바로 내가 여성들에게 제안하는 여성의 사명이며, 여성 해방 운동이 지향할 목표라고 생각한다. 과격한 페미니스트인 클레르 에반스 바이스(Claire Evans-Weiss)도 「여성의 도전」(*Le Défi Féminin*)에서 이것을 이야기하고 있다. 그 책은 그녀가 살 가망이 없는 암에 시달리고 있을 때 쓴 글이기 때문에 일종의 영적인 유언과 같은 책이다.

그녀는 젊은 시절에 경험했던 초기 여성 해방 운동의 성공담에 관해 이야기한다. 그녀와 같이 젊은 여성의 야망은 '…을 해낸 최초의 여성'이 되는 것이었다. 아버지가 시험 조종사였기 때문에 그녀는 "남극과 북극을 경유해서 지구를 한 바퀴 돈 최초의 여자 비행사"가 되고 싶었다고 한다. 그러고 나서 전쟁이 끝난 직후 프랭크 부크먼이 일으킨 영적인 운동(나도 그녀만큼이나 큰 유익을 얻었던)을 접한 다음 자기의 인생이 얼마나 변했는지를 이야기하고 있다.

그리고 그녀는 페미니즘의 의미를 반추한다. "이 운동의 지도자들에게 가서 동료 여성들을 무엇으로부터 해방시키고 있다고 생각하는지 물어 보라. 그러면 전혀 망설임 없이 대답할 것이다. 그들이 열거하는 항목은 길고도 다양한 것들이다. 남자의 착취로부터, 경제적인 착취로부터, 종의 신분으로부터 금기에 이르기까지, 임신이란 노역으로부터, 집안일의 단조로움으로부터, 성적인 차별로부터…." 그녀는 이렇게 덧붙인다. "무엇으로부터의 자유인가에 대한 대답은 쉽다. 그러나 무엇을 **위한** 자유인가는 대답하기가 쉽지 않다."

그것은 여성 해방 운동의 궁극적인 목표의 문제를 제기한다. 아울러 만약 그 운동이 요구하는 여성의 자유로 인해 여성들이 하나의 역사적 사명을 떠맡게 된다면, 이 운동에 새로운 활기를 불어넣을 '두 번째 바람'(second wind)이 무엇인가 하는 문제를 제기한다. 그녀는 이렇게 쓰고 있다. "우리 여성들이 먼저 우리가 얻고자 하는 자유의 목표, 즉 우리 자신과 우리의 한계를 넘어서는 목표, 또한 현세계의 모순과 직접 관련되는 목표를 설정하면 어떨까?"

그것이 바로 내가 이 책을 쓴 이유다. 즉 나는 여성들이 서구 사회에 결핍된 것을 정확하게 보면서, 그들이 남자들에게 기대하는 것 대신 남성이 여성에게 기대하는 바를 더 분명히 분별할 수 있지 않을까 생각한 것이다. 그들의 핵심적인 요구는 인격으로 인정해 달라는 것이라 생각한다. 그 주장은 '인격의 문명'의 도래를 함축하는데, 그 속에서 기술적인 진보는 인격을 위해 봉사하는 데서 그 의미를 발견하게 될 것이다.

그렇다면 인격은 무엇인가? 그것은 하나님이 창조한 인간 즉 하나님이 기대했던 인간이다. 스타크(Stark) 박사의 말처럼 몸과 마음과 정신이 통합된 총체적인 인간, 통일된 인간, '세계성'을 지닌 인간이다. 그것은 또한 고립된 인간이 아니라 관계 속의 인간, 곧 동료와 자연과 하나님과의 관계 속에 있는 인간이다. 왜냐하면 인간은 인격적인 관계 속에서 비로소 한 인격이 되기 때문이다.

끝으로, 인격은 남성만을 가리키는 말이 아니라 남녀 모두를 가리킨다. 에릭 훅스는 「욕망과 자비」(*Le Désir et la Tendresse*)라는 훌륭한 책에서 예수님의 말씀을 상기시킨다. "너희는 창조주께서 태초로부터 남자와 여자로 지으신 것을 읽지 못했느냐…?" 그는 예수님이 사용하신 '태초로부터'란 표현을 먼 옛날이란 시간적인 의미뿐 아니라 '하나님의 본래의 뜻, 곧 창조 시의 뜻을 상징적으로 표현한 말'이라고 해석한다. 따라서 인격의 근본은 스스로 탁월한 인격이신 '하나님의 형상'이며, 인격이란 말 속에 내포된 조화와 충만이란 의미에서 남자와 여자의 불가분의 상호 보완성이다. 생식을 위한 것이냐고 묻겠는가? 물론 하나님이 "생육하고 번성하여 땅에 충만하라.…"고 말씀하신 것은 그런 의미다. 그러나 하나님은 계속해서 "땅을 정복하라"(창 1:28)고 말씀하신다. 인류의 역사 전체와 문명은 바로 이 명령 안에서 구현되지 않았는가? 남자와 여자는 더불어 세계를 건설하도록 창조된 것이다. 다른 말로 하면, 권력을 향한 끝없는 경주로 점철된 남성적인 역사와, 인격보다 사물을 우위에 두는 남성적인 문명을 건설하는 것은 창조주의 의도에 어긋나는 것이다.

인용 도서

Aesop, *Fables*, trs S.A. Handford, Penguin Classics, Harmondsworth 1970. 「이솝 이야기」(교학사).

Aron, Jean-Paul and Perrot, Michelè, 'A propos du destin de la femme du XVIe au XXe siècles', in Sullerot, *Le fait féminin* (q.v.).

Bergson, Henri, *The Two Sources of Morality and Religion*, trs R. A. Audra and C. Brereton, Macmillan, London and New York 1935. 「도덕과 종교의 두 원천」(박영사).

―――, *Creative Evolution*, trs Arthur Mitchell, Macmillan, London 1911. 「창조적 진화」(박영사).

Bernheim, Nicole-Lise, 'Les pommes de terre', *Les femmes s'entêtent*, Gallimard, Paris 1975.

Bertherat, Thérèse, and Bernstein, Carol, *Le corps a ses raisons*, Le

Seuil, Paris 1976.

Buber, Martin, *I and Thou*, trs R. Gregor Smith, T. & T. Clark, Edinburgh 1966. 「나와 너」(대한기독교서회).

Cardinal, Marie, *Les mots pour le dire*, Grasset, Paris 1975.

_____, *Autrement dit*, Grasset, Paris 1977.

Carson, Rachel L., *Silent Spring*, Houghton Mifflin, Boston 1962, Hamish Hamilton, London 1963.

Collange, Christiane, interviewed by Jacqueline Baron in *La Suisse*, 8 March 1979.

_____, *Madame et le management*, Tchou, Paris.

_____, *Je veux rentrer à la maison*, Grasset, Paris 1979.

Daudet, Léon, *The Stupid Nineteenth Century*, trs Lewis Galantière, Payson and Clarke, New York 1928.

Dawkins, Richard, *The Selfish Gene*, Oxford University Press, Oxford 1976. 「이기적 유전자」(을유문화사).

Delumeau, Jean, *La peur en Occident XIVe - XVIIe siècles*, Fayard, Paris 1978.

Descartes, René, *Discourse on Method*, trs J. Veitch, Open Court Publishing Co., Lasalle 1977. 「방법서설」(박영사).

Dolto, Françoise, in conversation with Gérard Sévérin, *L'Evangile au risque de la psychanalyse*, Jean-Pierre Delargue, Paris 1977.

19) Domenach, Jean-Marie, *Emmanuel Mounier*, Le Seuil, Paris 1972.

Doolittle, Hilda, *Tribute to Freud*, Carcanet Press, Oxford 1971.

Dröscher, Vitus B., *They Love and Kill*, trs J. V. Heurck, Dutton, New York 1976, and W. H. Allen, London 1977.

Dürckheim, Karlfried Graf v., *Méditer—pourquoi et comment*, Le courrier du livre, Paris 1978.

Eisenberg, Léon, 'La répartition différentielle des troubles psychiatriques selon le sexe', in Sullerot, *Le fait féminin* (q.v.).

Ellul, Jacques, *The Betrayal of the West*, trs M.J. O'Connell, Seabury Press, New York 1978.

Enjeu, Claude, and Save, Joana, 'Structures urbaines et réclusion des femmes', *Les Femmes s'entêtent,* Gallimard, Paris 1975.

Ernst, Sieger, *Europäische Aerzteaktion*, World Federation of Doctors who Respect Human Life, Postfach 1123, D-7900 Ulm/Donau.

Evans-Weiss, Claire, *Le défi féminin*, Caux, Switzerland 1977.

Fabre, J.-H., *Souvenirs entomologiques*, Delagrave, Paris 1923. 「파브르 곤충기」(삼성출판사).

Franceve, 'Le travail des femmes dans un hypermarché', *Les femmes s'entêtent*, Gallimard, Paris 1975.

St Francis of Assisi, *Little Flowers*, Sheed and Ward, London 1979.

Freud, S., *Beyond the Pleasure Principle*, trs James Strachey, Hogarth Press and Institute of Psycho-Analysis, London 1950.

Friedan, Betty, *The Feminine Mystique*, Penguin Books, Harmondsworth 1965.

Fromm, Erich, *The Art of Loving*, Unwin Books, London 1957. 「사랑의 기술」(문예출판사).

Fuchs, Eric, 'Chance et ambiguité de la famille selon l'Evangile', *Bulletin* du *Centre protestant d'études*, Geneva, September 1977.

———, *Le désir et la tendresse*, Labor et Fides, Geneva 1979.

Gander, Joseph, 'Die Entwicklung der Medizin von Virchow zu

Tournier', *Civitas I Jahrg.*, No.9.

Gelly, Jacqueline, *Moi, Claire*, Stock, Paris 1977.

Groult, Benoîte, *Ainsi soit-elle*, Grasset, Paris 1975.

Halimi, Gisèle, *La cause des femmes*, Grasset, Paris 1973.

Halsell, Grace, *Soul Sister*, Fawcett, Greenwich, Conn. 1969.

Haynal, André, 'Le sens du désespoir', *Revue française de psychanalyse*, Presses Universitaires de France, Paris 1 Feb. 1977.

Héritier, Françoise, Sullerot, *Le fait féminin*을 보라.

Jacob, François, *The Logic of Living Systems*, trs B. Spillman, Allen Lane, London 1974.

Janov, A., *The Primal Scream*, Abacus Books, Sphere Books, London 1973.

Jaspers, Karl., *Great Philosophers*, trs R. Manheim, Harcourt Brace, London 1975. 「소크라테스-불타-공자-예수-모하메드」(종로서적).

Jung, C.G., *Modern Man in Search of a Soul*, trs Dell and H.G. Baynes, Routledge, London 1933.

Koupernik, Cyrille, Sullerot, *Le fait féminin*을 보라.

Kübler-Ross, Elisabeth, *Les derniers instants de la vie*, Labor et Fides, Geneva 1975.

_____, 'Rencontre avec les mourants', *Revue française de Gérontologie*, Paris, No.73ff.

Lack, D., *The Natural Regulation of Animal Numbers*, Clarendon Press, Oxford 1954.

Laslett, Peter, 'Le rôle des femmes dans l'histoire de la famille occidentale', in Sullerot, *Le fait féminin* (q.v.).

Leclerc, Annie, *Parole de femme*, Gallimard, Paris 1974.

_____, *Epousailles*, Grasset, Paris 1976.

Le Garrec, Evelyne, 'Les camarades et la grève des femmes', *Les femmes s'entêtent*, Gallimard, Paris 1975.

Lescaze, Marie-Claire, 'Si les maris et si les femmes⋯', Interview with Dr Tournier, *La Vie Protestante*, Geneva, 26 August 1977.

Levy-Valensi, Eliane Amado, *La communication*, Presses Universitaires de France, Paris 1967.

Lortz, Joseph, *Histoire de l'Eglise des origines à nos jours*, Payot, Paris 1956.

Maillard, Claude, *Le présent des femmes*, Robert Lafont, Paris 1978.

Martin, Eric, 'Ne pas confondre médecine et mécanique', *La Suisse*, 23 October 1977.

Maynard Smith, J., *The Theory of Evolution*, Penguin, London 1975.

Miller, Henry, *Sexus*, Panther Books, Granada Publishing Ltd, St Albans 1970.

Millet, Kate, *Sexual Politics*, Virago, London 1977.

Monod, Jacques, *Chance and Necessity*, trs A.Wainhouse, Fontana, London 1974. 「우연과 필연」(문명사).

Moody, Raymond, *Life after Life*, Stackpole Books, Harrisburg, Pa 1976.

Morgan, Marabel, *The Total Woman*, Spire Books, Revell 1975, and Hodder & Stoughton, London 1975. 「완전한 여성」(보이스사).

Mottu, Philippe, *Le serpent dans l'ordinateur*, La Baconnière, Neuchâtel 1974.

Mounier, Emmanuel, 'Refaire la Renaissance, manifeste', *Esprit* No.1.

Nanchen, Gabrielle, interviewed by J.-M. Bonvin with comments by Georges Plomb, *La Suisse*, 3 March 1979.

Nin, Anaïs, *In Favour of the Sensitive Man and Other Essays*, Harcourt Brace Jovanovich, New York, and W.H. Allen, London 1978.

Nodet, C.H., 'Position de saint Jérôme en face des problèmes sexuels', *Etudes Carmélitaines*, 1952.

Oraison, Marc, *Au point où j'en suis*, Le Seuil, Paris 1978.

Pascal, Blaise, *The Pensées*, trs J.M. Cohen, Penguin Books, Harmondsworth 1961. 「팡세」(육문사).

Péguy, Charles, *Oeuvres en prose*, Gallimard, Paris 1957-1959.

Pernoud, Régine, *Pour en finir avec le Moyen Age*, Le Seuil, Paris 1977.

Perrein, Michèle, *Entre chienne et louve*, Grasset, Paris 1978.

Plato, *Phaedo*, trs and notes by D.Gallop, Clarendon Plato Series, Oxford University Press, Oxford 1975.

Plutarch, *On the Delay of the Divine Justice*, trs A.P. Peabody, Little, Brown & Co., Boston, Mass. 1885.

Portmann, Adolf, 'Mensch und Natur', *Die Bedrohung unserer Zeit*, Friedrich Reinhardt, Basle.

Quéré, France, *La femme avenir*, Le Seuil, Paris 1976.

Ricoeur, Paul, 'Vraie et fausse angoisse', *L'angoisse du temps présent et les devoirs de l'esprit* (Rencontres Internationales de Genève), La Baconnière, Neuchâtel 1953.

Riesman, David, *The Lonely Crowd*, Yale University Press, London 1950. 「고독한 군중」(을유문화사).

de Rougemont, Denis, *L'avenir est notre affaire*, Stock, Paris 1978.

Rougier, Stan, *L'avenir est à la tendresse*, Editions Salvador, Mulhouse 1978.

Sartre, Jean-Paul, *Existentialism and Humanism*, trs P. Mairet, Methuen, London 1948. 「실존주의는 휴머니즘이다」(문예출판사).

Sergy, Denyse, 'Lettre ouverte à l'homme de ma vie', *Réalités*, Paris.

Spitz, René A., *The First Year of Life*, International University Press, London 1965.

Stark, André, 'Expression corporelle et globalité', Doctoral Thesis in the Medical Faculty of Geneva, unpublished.

Sullerot, Evelyne, *et al.*, *Le fait féminin*, Fayard, Paris 1978.

Teilhard de Chardin, Pierre, *The Future of Man*, Fontana, London 1968.

Tournier, Paul, *The Meaning of Persons*, trs Edwin Hudson, SCM Press, London 1957. 「인간 의미의 심리학」(보이스사).

Van der Meersch, M., *Bodies and Souls*, trs Eithne Wilkins, Pilot Press, London 1948.

Vergote, Antoine, *Dette et désir*, Le Seuil, Paris 1978.

Vilar, Esther, *The Manipulated Man*, trs Eva Borneman, Abelard-Schuman, London 1972.

___, *Pour une nouvelle virilité*, Albin Michel, Paris 1977.

Vittoz, Roger, *The Treatment of Neurasthenia by Means of Brain Control*, trs H.B. Brooke, Longmans, London 1913.

Weizsäcker, Viktor von, *Der Begriff der Allgemeinen Medizin*, Enke, Stuttgart 1947.

Westberg, Granger E., *Minister and Doctor Meet*, Harper & Row, New York 1961.

Witelson, Sandra, 'Les diffarénces sexuelles dans la neurologie et la cognition: implications psychologiques, sociales, éducatives et cliniques', in Sullerot, *Le fait féminin* (q.v.).

Wynne-Edwards, V. C., *Animal Dispersion in Relation to Social Behaviour*, Oliver & Boyd, Edinburgh 1962.

Yamaguchi, Minoru, *The Intuition of Zen and Bergson*, Herder Agency, Tokyo 1969.

Zazzo, René, 'Quelques constats sur la psychologie différentielle des sexes', in Sullerot, *Le fait féminin* (q.v.).

옮긴이 **홍병룡**은 연세대학교 정치외교학과와 동 대학원을 졸업했으며, IVP 대표 간사로 일했다. 캐나다 리젠트 칼리지와 기독교학문연구소(ICS)에서 수학했으며, 아바서원의 대표를 역임했다. 옮긴 책으로는 「다원주의 사회에서의 복음」, 「일상, 하나님의 신비」, 「주와 함께 달려가리이다」, 「무례한 기독교」(이상 IVP) 등이 있다.

여성, 그대의 사명은

초판 발행 1991년 11월 15일
개정판 발행 2004년 12월 6일
개정판 12쇄 2024년 5월 30일

지은이 폴 투르니에
옮긴이 홍병룡
펴낸이 정모세

펴낸곳 한국기독학생회출판부
등록번호 제2001-000198호(1978.6.1)
주소 04031 서울시 마포구 동교로 156-10
대표 전화 (02)337-2257 팩스 (02)337-2258
영업 전화 (02)338-2282 팩스 080-915-1515
홈페이지 http://www.ivp.co.kr 이메일 ivp@ivp.co.kr
ISBN 978-89-328-2267-9

ⓒ 한국기독학생회출판부 1991, 2004

책값은 뒤표지에 있습니다.
무단 전재와 복제를 금합니다.